31 Kielce
POLEN
Krakau
TSCHECHOSLOWAKEI
Marchegg
3
Bratislava
7 18 21 37
Wien
KZ Mauthausen
25 Salzburg
KZ Ebensee
Loipersbach
17 Trofaiach
38 Saalfelden
ÖSTERREICH
UNGARN
Krimml
Krimmler Tauern
16 Judenburg
Villach
Tarvisio 6
JUGOSLAWIEN
ITALIEN
29 Rom
Bari
AF537706

Flucht über die Alpen

Die Drucklegung dieses Buches wurde ermöglicht durch
die Südtiroler Landesregierung / Abteilung Deutsche Kultur,
und durch die ZukunftsFonds der Republik Österreich.

BIBLIOGRAFISCHE INFORMATION DER DEUTSCHEN NATIONALBIBLIOTHEK
Die Deutsche Nationalbibliothek verzeichnet diese Publikation in der Deutschen Nationalbibliografie;
detaillierte bibliografische Daten sind im Internet abrufbar:
http://dnb.d-nb.de

Umschlagfoto vorne: Flucht über die Alpen durch Kälte und Schnee © Central Zionists Archives
(Dank an das *Memoriale della Shoah di Milano* und *Proedi Editore* für die Zurverfügungstellung
des Fotos aus dem Katalog der Ausstellung *Navi della speranza – Aliya Bet dall'Italia 1945-1948,*
die im *Memoriale* von April bis Juni 2018 stattgefunden hat).

2021
Alle Rechte vorbehalten
© by Athesia Buch GmbH, Bozen
Umschlaggestaltung: Rothfos & Gabler, Hamburg
Design & Layout: Athesia-Tappeiner Verlag
Druck: Athesia Druck, Bozen

ISBN (Athesia) 978-88-6839-539-1
www.athesia-tappeiner.com
buchverlag@athesia.it

ISBN (Tyrolia) 978-3-7022-3937-4
www.tyrolia-verlag.at
buchverlag@tyrolia.at

HANS-JOACHIM LÖWER

FLUCHT über die Alpen

Wie jüdische Holocaust-Überlebende nach Palästina geschleust wurden

Tyrolia-Verlag · Innsbruck-Wien

INHALT

VORWORT

Was wir von der Geschichte wissen, sind oft nur Daten und Taten. Wir haben Jahreszahlen im Kopf und dramatische Ereignisse, die die Welt verändert haben: 1492 die Ankunft des Kolumbus in Amerika, 1618 der Beginn des Dreißigjährigen Krieges, 1789 die Französische Revolution, 1815 das Ende von Napoleons Herrschaft in der Schlacht bei Waterloo, 1914 der Ausbruch des Ersten Weltkriegs, 1939 der Ausbruch des Zweiten Weltkriegs.

Die Daten ragen wie Stelen aus unserer Erinnerung heraus. Sie stehen aber meist, mit all ihrer überragenden Bedeutung, irgendwie für sich allein. Wir ahnen nur, dass sie Meilensteine, Schluss- und Anfangspunkte für eine ganze Epoche sind. So halten wir uns an ihnen fest, um ein wenig Ordnung in die oft so verwirrenden, nur schwer durchschaubaren historischen Abläufe zu bringen.

In der Mitte des 20. Jahrhunderts haben zwei Ereignisse die Welt erschüttert, von denen uns oft genug nur ein paar Stichwörter im Gedächtnis haften. Die letzten Zeitzeugen, die noch berichten können, werden in den nächsten Jahren sterben. Dann hängen wir wiederum ganz von Archiven und unserem Gedächtnis ab – und den wenigen Daten, die dort gespeichert sind.

Das eine Ereignis war der Holocaust, die politisch gewollte, bürokratisch geplante, industriell organisierte Vernichtung von sechs Millionen Juden in Europa. Wir mögen die Schlüsseldaten dazu noch präsent haben: 1933 Hitlers Machtergreifung, 1935 die Nürnberger Rassengesetze, 1938 die „Reichskristallnacht", wie die Nazis sie zynisch nannten, in der 1400 Synagogen, Betsäle und sonstige Versammlungsräume brannten, 1942 die Wannsee-Konferenz in Berlin, auf der die „Endlösung der Judenfrage" beschlossen wurde. Wir kennen die Orte, deren Namen damit verbunden sind: Buchenwald und Bergen-Belsen, Dachau und Theresienstadt, Mauthausen und Majdanek, Auschwitz und Treblinka.

Das andere Ereignis war die Gründung des Staates Israel 1948 in Palästina. Ein beispielloser Akt in der Geschichte. Für gläubige Juden war es ein Wunder, erklärbar nur als göttlicher Eingriff – zum ersten Mal nach 2000 Jahren sollten sie wieder einen eigenen Staat, eine religiöse, kulturelle, nationale Heimat erhalten. Für die Araber war es ein Landraub, ein schreiendes Unrecht, das sie vom ersten Tag an mit allen Mitteln bekämpften. So begann, nur drei Jahre nach dem Kriegsende, ein neuer, blutiger Konflikt. Er sollte viel länger dauern als Hitlers wahnwitziger Feldzug. Heute, nach einem Dreivierteljahrhundert, ist es schon der längste Konflikt der Welt – und es gibt zahlreiche Zeitgenossen, die glauben, er werde auch die nächsten 2000 Jahre nicht enden.

Der Holocaust und die Gründung Israels sind tatsächlich eng miteinander verbunden. Als Hitler sich erschoss und das Nazireich zusammenbrach, setzten im zerstörten Europa gewaltige Flüchtlingsströme ein. Darunter ist einer, von dem wir gemeinhin nur wenig wissen. An die 250.000 Juden zogen in den Nachkriegsjahren kreuz und quer durch den Kontinent: KZ-Überlebende, Widerstandskämpfer, Flüchtlinge aus dem Osten. Sie alle suchten eine neue Heimat, weil sie in ihrer alten nicht mehr leben wollten.

Ein großer Teil dieser Flüchtlinge wollte nach Palästina, ins Land ihrer biblischen Vorväter. Sie glaubten an die Vision des Zionisten Theodor Herzl, wonach die Juden nur dann sicher vor Verfolgung seien, wenn sie nicht mehr verstreut und als Minderheit, sondern zusammen und als Mehrheit in ihrem eigenen Staat lebten. Doch der Weg nach Palästina, zu jener Zeit noch britisches Mandatsgebiet, war so gut wie blockiert. Die Briten wollten keine jüdische Masseneinwanderung erlauben, weil sie ahnten, dass sie einen blutigen Konflikt mit den dort ansässigen Arabern zur Folge haben würde.

So suchten die Juden nach geheimen Wegen, um die Einwanderungssperre zu umgehen. Viele Routen führten über Frankreich und die Balkanländer. Die wichtigsten Wege aber verliefen über die Alpen. So wurde ein Hochgebirge, von Natur aus eher Barriere, zu einer riesigen Brücke. Von 1945 bis 1948 wurden schätzungsweise 50.000 Juden auf illegalen Wegen von Österreich nach Italien gebracht. Rund 25.000 von ihnen bestiegen dort heimlich, im Dunkel der Nacht, umgebaute Transportschiffe, um auf diese Weise nach Palästina, in das Land ihrer „Träume", zu gelangen. Eine ganze Reihe von jüdischen Untergrundorganisationen organisierte diese Massenflucht durch den „Tiroler Trichter".

Dieses Buch soll erzählen, wie sie ablief und wer dahintersteckte. Es soll die trockenen Daten, die wir kennen, durch Geschichten aus Fleisch und Blut verbinden. Erst dann sind die Stelen in unserem Gedächtnis nicht mehr allein, und wir begreifen ihren Stellenwert. Es sind immer Menschen, die Geschichte machen, und Menschen, die sie erleiden.

Es war nicht das erste Mal, dass Flüchtlingsströme unter Missachtung der Gesetze organisiert über Grenzen geleitet wurden. Schon Ende des 17. Jahrhunderts flohen katholische Jakobiten, Anhänger des entmachteten Königs Jakob II., aus Angst vor Verfolgungen von England über den Ärmelkanal nach Frankreich. Damals verbündeten sich Schmuggler und Schleuser, tief in der lokalen Bevölkerung verwurzelt, um den Flüchtlingen gegen gutes Geld gefälschte Pässe zu besorgen. Bestochene Zollaufseher drückten ein Auge zu, wenn solche Passagiere die Postboote bestiegen, die im Durchschnitt zweimal pro Woche nach Frankreich übersetzten.

Ein Jahrhundert später wurde in den USA ein Netzwerk gegründet, das schwarzen Sklaven zur Flucht aus den Süd- in die Nordstaaten und nach Kanada verhalf. Sie übernachteten in Scheunen und verlassenen Häusern, aber auch in Wohnungen von Sympathisanten, und wurden mithilfe von Spendengeldern neu eingekleidet, damit sie in Zügen und auf Schiffen nicht auffielen. Auf diese Weise erhielten zwischen 1810 und 1850 schätzungsweise 100.000 Sklaven ihre Freiheit.

Im Ersten Weltkrieg retteten evangelische Missionare 2700 armenischen Frauen das Leben. Das Schweizer Ehepaar Jakob und Elisabeth Künzler, das für eine Klinik in Urfa arbeitete, wurde Augenzeuge des Vernichtungsfeldzugs, den die diktatorisch regierenden Jungtürken gegen die christlichen Armenier unternahmen. Dank ihrer guten

Beziehungen brachten sie die Flüchtlinge auf geheimen Wegen nach Aleppo, das damals im französischen Mandatsgebiet Syrien lag.

Im Spanischen Bürgerkrieg wurden Tausende von Freiwilligen aus rund 50 Ländern von Frankreich aus über die Pyrenäen geführt. Von 1936 bis 1938 kämpften sie als „Internationale Brigaden" aufseiten der Republikaner gegen die Truppen des faschistischen Putschgenerals Francisco Franco. Die Organisation dieser illegalen Bergtouren lag in den Händen der „Kommunistischen Internationalen".

Das Schleusernetz aber, das die Juden für die Überlebenden des Holocaust aufbauten, ist schon von seiner Größe und Effizienz her einzigartig in der Geschichte. Es erstreckte sich über ein Dutzend Länder und vier Besatzungszonen, die von den Siegermächten des Zweiten Weltkriegs in Deutschland und Österreich eingerichtet worden waren. Die jüdischen Zionisten, die das Netz betrieben, lieferten einen Beweis dafür, was der Glaube an ein großes Ziel, gepaart mit Fantasie und Raffinesse, Organisationstalent und einem Schuss *chuzpe*, zustande bringen kann.

Dieses Buch führt den Leser an 50 Schauplätze eines Dramas, das manchmal wirkt wie ein Kriminalroman. Doch alle Ereignisse, die hier geschildert werden, und alle handelnden Figuren sind „echt". Ich habe sie aus alten Zeitungsartikeln, aus jüdischem Archivmaterial in Deutschland, Österreich und Italien, in Israel und den USA sowie aus rund 130 Publikationen (Büchern, Aufsätzen, Gedenkschriften, Augenzeugenberichten) herausgefiltert. Die Szenen, die hier beschrieben werden, sollen den Leser ganz nah an das Geschehen heranführen – trotz oder gerade wegen des zeitlichen Abstands von rund 75 Jahren.

Ich will darstellen, wie Europas Juden nach dem Holocaust noch einmal einen Kampf um ihre physische und kulturelle Existenz führten. Sie mobilisierten dafür die letzten Kräfte, die ihnen geblieben waren. Die Alpenpässe wurden für sie zu Toren, die ihnen den Weg in eine Zukunft öffneten. *Eretz Israel*, der ersehnte neue Staat in Palästina, war das lockende Fernziel, das sie antrieb. Um es zu erreichen, nutzten sie bewusst das Chaos, das auf dem kriegsverwüsteten Kontinent herrschte. Sie nutzten die Sympathien, die ihnen häufig – wenn auch bei Weitem nicht überall – entgegenschlugen. Sie nutzten das schlechte Gewissen, das besonders die Amerikaner plagte, weil sie zwar Hitler besiegt, den Holocaust aber nicht verhindert hatten. Im neuen Staat Israel erlebten diese Juden, wie tief die Wunden der *Schoah* in ihnen klafften. Sie waren so tief, dass manchmal aus Opfern schon wieder Täter wurden.

Bozen/Innsbruck, Frühjahr 2021
Hans-Joachim Löwer

TRECK INS NIRGENDWO

Seefeld, April 1945

Es sind lebende Skelette, die da die Straße entlangtaumeln. Die Augen liegen in tiefen Höhlen, die Backenknochen stechen spitz aus den Gesichtern. Die dünnen Beine sind mit Papier und Lumpen umwickelt, die Füße schlurfen in Holzschuhen über den Asphalt. Blauweiß gestreifte Häftlingsanzüge flattern an den ausgemergelten Gestalten. Lautes Stöhnen dringt in die Häuser hinein, wo die Menschen entsetzt durch die Fenster nach draußen blicken. Noch nie im Leben haben sie eine solche Kolonne von Gespenstern gesehen. Bisher hat man über die Konzentrationslager ja immer nur gemunkelt, und wer Genaueres wusste, hielt wohlweislich den Mund. Jetzt aber haben die Dorfbewohner an der deutsch-österreichischen Grenze das Drama plötzlich direkt vor den Augen.

Eine Woche vor seinem Untergang zeigt das Naziregime noch einmal seine fürchterliche Fratze. Es will die letzte Trumpfkarte, die es in den Händen hat, in ein vermeintlich sicheres Refugium schaffen. Mehr als 25.000 Insassen des KZ Dachau und dessen Außen-

Heimlich fotografiert: Häftlinge des KZ Dachau auf dem Marsch in Richtung Alpen (links).

Leichen im Waggon: Entsetzliche Bilder bieten sich den US-Soldaten bei ihrer Ankunft im KZ Dachau (rechts).

lagern werden durch das bayerische Oberland zu den Alpen hingetrieben. Ein paar Tausend sind in Züge verfrachtet, die nur nachts fahren, um den alliierten Luftangriffen zu entgehen, und tagsüber auf Nebengleisen abgestellt werden. Die anderen Häftlinge müssen laufen, so sie es noch können. In Allach und Pasing, am Stadtrand von München, hat man diese Todesmärsche gesehen, in Starnberg, Wolfratshausen und Bad Tölz. Mal stoßen Kolonnen aus mehreren Richtungen zusammen, mal splitten sie sich wieder auf. SS-Leute mit Hunden flankieren die Elendsfiguren. Wenn es zu langsam vorangeht, rammen sie den Menschen Gewehrkolben in die Rücken und treten ihnen von hinten in die Hacken. Wer vor Schwäche zusammenbricht, wird kurzerhand erschossen.

Es ist ein apokalyptischer Treck, der sich durch die Bergidylle bewegt. Wo, um Himmels willen, sollen diese Leute hin? Sind sie ein Faustpfand für Kapitulationsverhandlungen, die nur noch eine Frage von Tagen sind? Oder Arbeitssklaven für ein allerletztes Fantasieprojekt, das doch noch den Endsieg bringen soll? Wilde Gerüchte von einer Alpenfestung machen die Runde. Im Ötztal wurde ein Tunnel ins Gebirge gesprengt, Deckname „Zitteraal", da soll das Wasser der Ötztaler Ache zu einer Turbine geleitet werden, die einen hydrodynamischen Windkanal antreibt – ein Experiment für die finale Wunderwaffe, ein strahlengetriebenes Flugzeug, das den Krieg zugunsten Hitlers entscheiden soll.

Stollen im Ötztal: Planten die Nazis eine „Alpenfestung"?

Aber nichts läuft mehr richtig zusammen in diesen letzten Kriegstagen. Amerikanische Truppen stoßen in Österreich auf den Fernpass und in Deutschland auf Garmisch-Partenkirchen vor. Die Befehle bei der Wehrmacht und der SS, in den Lagerkommandanturen und Parteileitungen gehen wirr durcheinander. Ein Zug mit 1700 Gefangenen bleibt am 28. April in Seefeld stecken, die Weiterfahrt nach Innsbruck ist nicht mehr möglich, weil die Gleise bei Reith durch Luftangriffe zerstört worden sind. Franz Hofer, der Gauleiter von Tirol-Vorarlberg, will diese Leute gar nicht mehr haben, denn offensichtlich weiß er wirklich nicht, was er mit ihnen noch anfangen soll.

Die Häftlinge, meist Juden und Zwangsarbeiter, werden ausgeladen und über das Seefelder Plateau in Richtung Mösern getrieben. 300 gelangen bis ins Inntal zum Bahnhof Telfs, dort sollen sie offenbar wieder in einen Zug. Eine Dorfbewohnerin fragt, wohin diese Männer denn gebracht werden würden. „Zur Erholung in die Schweiz", antwortet ein uniformierter Wachposten. „Wenn Sie noch weiterfragen, können Sie gleich mit."

Ein paar Wagemutige schaffen es, den Bewachern zu entkommen. Die anderen müssen die Nacht in Heustadeln verbringen und am nächsten Tag nach Seefeld zurück. Ein Zug soll sie wieder über die Grenze nach Bayern bringen, der aber bleibt auf halber Strecke zwischen Scharnitz und Mittenwald plötzlich stehen, weil die Front offenbar schon zu nahe gerückt ist. Also wieder heraus aus den Waggons, hinab an die Isar. Ein paar Häftlinge, die noch halbwegs bei Kräften sind, stürzen sich in den Fluss, um schwimmend das andere Ufer zu erreichen und von dort zu flüchten – die meisten werden von SS-Leuten erschossen, die an der Böschung auf sie zielen.

In der Nacht zum 30. April schlägt das Wetter um. Die Temperaturen fallen, und es beginnt zu schneien. Die Häftlinge zittern vor Kälte und Angst, denn aus der Ferne sind Detonationen zu hören. Am Tag darauf wird das knapp 30 Kilometer entfernte Garmisch-

Vormarsch in den Bergen: US-Soldaten bei Scharnitz.

Partenkirchen von US-Truppen kampflos besetzt. Was wird passieren, wenn die Amerikaner in Mittenwald eintreffen? Ist das die Rettung – oder werden die Gefangenen diesen Moment nicht mehr erleben?

Am 1. Mai wird ein weiterer Häftlingstrupp, vom Bahnhof Kochel kommend, an einem Teich bei Krün in einen Kreis gepfercht. Es sind rund 2000 Häftlinge aus dem KZ Dachau. Um den Amerikanern nicht in die Hände zu fallen, sollen sie offenbar liquidiert werden. Auf einem Hügel über ihnen ist schon ein Maschinengewehr aufgebaut. Da tritt eine Frau auf den SS-Befehlshaber zu, umarmt ihn und fleht ihn unter Tränen um Erbarmen an. Die Todgeweihten trauen ihren Augen nicht – es gelingt ihr, den Kommandanten zu erweichen, sie zieht ihn von der Stelle weg und fährt in einem Auto mit ihm davon. Ist es seine Frau? Oder seine Geliebte? Oder eine einfache Bäuerin? Es bleibt für immer ein Geheimnis. Nach diesem Vorfall machen sich die SS-Leute davon, und bald sind dann auch die Amerikaner da.

„Warum kommt ihr so spät?“, ruft ihnen ein torkelnder Jude zu. „Warum seid ihr nicht zwei Jahre früher gekommen?“

Meyer Levin, ein amerikanischer Kriegsreporter, ist mit den US-Soldaten in den Raum Seefeld gelangt. Er trifft zwei spindeldürre tschechische Juden, die sagen, dass sie aus Dachau kämen.

„Wohin geht ihr?“, fragt sie der Zeitungsmann.

„Wohin kann ein Jude gehen?“, lautet die Antwort.

KISTEN MIT BEUTEGUT

Bozen, Mai 1945

Kann das wahr sein? Plötzlich frei? Sogar noch mit einem Entlassungsschein in der Hand, da steht es sogar Schwarz auf Weiß. 4000 Häftlinge kriegen auf einmal so ein Papier. Bisher führten die Wege vom Polizei-Durchgangslager in Bozen, wie es offiziell heißt, zu ganz anderen Orten: Mauthausen, Ravensbrück, Flossenbürg, Dachau, Auschwitz. Sind die Nazis wirklich am Ende? Warum hat sie auf einmal diese Großmut befallen? Oder ist das ein geheimer Deal, ausgehandelt hinter den Kulissen?

Die Häftlinge, die man in Bozen zwischenlagerte, waren Mitglieder von Widerstandsgruppen, Personen in Sippenhaft, vor allem aber Juden. Sie stammten aus dem italienischen Alpenvorland, aus Ligurien und der Lombardei, aus Venetien und dem Piemont, aus der Toskana und dem Aostatal. In acht Außenlagern, die Bozen angegliedert waren, haben sie schuften müssen, bevor es auf die Weiterreise ging. In Sarnthein und Sterzing wurden sie für die Rüstungsproduktion eingesetzt, in Toblach und im Passeiertal für den

Plötzlich der Entlassungsschein: Im Nazi-Durchgangslager Bozen waren Tausende von Juden und Oppositionellen untergebracht.

Straßen- und Eisenbahnbau, in Karthaus und Gossensaß für die Lagerung von geraubten Waren. Sie arbeiteten im Virgltunnel und auf den Feldern rund um Bozen, dazu in Kasernen und Wohnungen der SS. Vor zwei Wochen aber hat die Wehrmacht von der SS die Kontrolle übernommen. Und dann kam der Befehl, alle Zellen zu weißen, alle Lagerblöcke aufzuräumen und zu putzen. Was steckt hinter dieser Schönfärberei?

Der Krieg ist noch ein Stück weg von Südtirol. Aber was da abseits des Kanonendonners gelaufen ist, hat so erstaunliche Folgen, dass die Menschen sich die Augen reiben. Hätte Hitler davon erfahren, wären sicher noch ein paar Verschwörer an die Wand gestellt worden. Schon im Februar nahm SS-General Karl Wolff über Schweizer Mittelsmänner Kontakt zu Allen W. Dulles auf, der in Bern für den US-Geheimdienst *Office of Strategic Services* arbeitete. Er und ein paar andere hochrangige Nazis waren offensichtlich nicht mehr auf den Endsieg aus, sondern auf die Rettung der eigenen Haut. Sie boten an, alle verbliebenen Häftlinge in Bozen freizulassen. Die Wehrmacht kapituliert in Norditalien schon am 2. Mai, sechs Tage vor dem offiziellen Waffenstillstand.

Da gibt es einen besonders zwielichtigen Typen. Er ist ein Schrank von Mensch, breite Schultern, großer Kopf, wulstige Lippen, hängende Backen wie Säcke. Welche Rolle hat er bei dem sogenannten „Unternehmen Sunrise" gespielt? Seit ein paar Wochen schon hat er den Häftlingen zusätzliches Essen gebracht, nun fährt er Freigelassene mit einem Lastwagen eigenhändig nach Meran – und statt in kargen Zellen wohnen einige von ihnen plötzlich im Schloss Labers. Das kann doch eigentlich gar nicht wahr sein ...

Der Mann ist offensichtlich reich, handelt mit Juwelen und Kunst. Er besitzt einen holländischen Pass, ausgestellt auf den Namen Jaac van Harten, geboren 1901 in Schlesien. Doch in Wahrheit hieß er Julius Levy, wie er erzählt. Die Gestapo habe ihn 1938 deportiert, weil er Jude ist, ihn aber gegen Geld mit dem holländischen Reisedokument ausgestattet. Über Amsterdam reiste er in die Schweiz, bis er dort als Naziagent verdächtigt und ausgewiesen wurde. 1940 ließ er sich in Ungarn nieder, und seit Januar 1945 residiert er mit Frau und Kindern im noblen Meraner Sanatorium „Stephanie". Er war offensichtlich einer der Mittelsmänner zwischen Wolff und Dulles und hatte den Auftrag, deren Abmachungen in die Tat umzusetzen. Was hat ihn in diese Rolle gebracht? Und was bringt ihn jetzt dazu, so offenherzig den Holocaust-Überlebenden zu helfen?

Der Jude Jitzhak Tamari, Fahrer und Übersetzer für britische Truppen, kommt mit einer Waffenstillstandskommission nach Bozen. Die Gruppe wird dort im Hauptquartier der Gestapo untergebracht. Kaum sind sie angekommen, fährt im Hof eine Mercedes-Limousine vor. Eine schöne, stilvoll gekleidete Dame

Doppelspiel in Südtirol: Der Geschäftsmann Jaac van Harten (mit Schnurrbart) laviert zwischen den Fronten (oben).

US-Panzer am Brennerpass: In Norditalien kapituliert die Wehrmacht schon einige Tage vor dem offiziellen Kriegsende (unten).

steigt aus, das ist Viola Boehm, ein Spross der jüdischen Großunternehmersippe Schocken. Als ihr Lebensgefährte das Auto verlässt, salutieren die SS-Leute. Es ist van Harten, der spricht Tamari auf Hebräisch an, und das in den Mauern der Gestapo. Er drängt ihn dazu, einen Ex-Minister des faschistischen Ungarnregimes hinzurichten – der habe Judentransporte nach Auschwitz organisiert und wohne jetzt in Bozen. Es kommt nicht mehr dazu, weil noch in der nächsten Nacht die Amerikaner den Ungarn verhaften. Später jedoch stellt sich heraus, dass er einst ein Geschäftspartner van Hartens war und die beiden sich zerstritten.

Der Jude Erich Wektor, ein Ex-Häftling, wird ein paar Tage nach seiner Befreiung in das Büro der schillernden Figur eingeladen. Van Harten öffnet für ihn eine Kiste, die voll von Banknoten aus mehreren Ländern ist. „Das alles habe ich für euch gesammelt", sagt er. „Ich habe außerdem Gold, Juwelen und wertvolle Steine, bestimmt für loyale Hände, ein Komitee soll ihren Wert schätzen. All diese kostbaren Sachen gehören Juden, die überlebt haben – ihr Ursprung ist jüdischer Reichtum."

Der Jude Alex Moskowitz, der als Hauptmann mit den britischen Truppen kämpfte, stellt in Meran Kontakte zu jüdischen Agenten her, die in Europa unterwegs sind. Van Harten drückt ihnen 40.000 bis 50.000 britische Pfund Sterling in die Hände, damit sollen sie überlebenden Juden zur Flucht aus Europa verhelfen. Was ist das nur für Typ? Ein Humanist aus tiefstem Herzen? Oder ein ganz gerissener Drahtzieher? Woher hat er denn all das Gold und das Geld?

DIE SCHICKSALSBRÜCKE

Marchegg, Mai 1945

Kurz vor ihrer Mündung in die Donau ist die March gesäumt von sumpfigem Land. Störche schweben hier ein, um in den weiten Schilf- und Auenstreifen nach Nahrung zu suchen. Vom 25 Kilometer entfernten Bratislava auf der slowakischen Seite führt eine holprige Dammstraße am östlichen Flussufer entlang. Da trotten sie fast jeden Tag, Tornister, Rucksack oder Leinenbeutel auf dem Rücken, viele haben als Proviant auch noch zwei Brotlaibe über den Schultern hängen. Die Menschen werden zu der einzigen Stelle geleitet, an der man hier die March nach Österreich überqueren kann.

Am Sammelpunkt zieht ein Führer der Gruppe eine Liste hervor und beginnt, Namen aufzurufen. Rosenblum, Jacob, Adler, Rifkah, Itzik, Abramowitsch ... Die Aufgerufenen heben die Hand, treten nach vorn, reihen sich in eine Schlange ein. Die Grenzbeamten, die diesem Treiben tatenlos zusehen, amüsieren sich über die Vielfalt der Bezeichnungen. Sie wissen ja, so ziemlich alle Namen sind falsch. Wenn die sowjetischen Besatzungstruppen nichts dagegen unternehmen – warum sollen dann ausgerechnet sie sich einmischen?

Bei Marchegg, einer kleinen Grenzstadt auf der österreichischen Seite, überspannte einst eine Eisenbahnbrücke den Fluss. Sie wurde vor wenigen Wochen von den zurückweichenden deutschen Truppen gesprengt. Die Sowjets ordneten daher an, dass die einheimische Bevölkerung eine Behelfsbrücke bauen sollte. Die Zimmerei Durry musste die dafür nötigen Balken und Bretter zur Verfügung stellen. Es ist eine schmale, knarrende und wackelige Konstruktion, die bei Hochwasser immer wieder weggerissen wird und dann neu zusammengeflickt werden muss. Für die schwächlichen, von ihren Traglasten gebeugten Menschen aber, die auf ihr von Osten und nach Westen jonglieren, ist es die Brücke in eine neue Zukunft – wie immer und wo immer die auch sei.

Die Einzelschicksale, die hier im Marchfeld zusammentreffen, sind von einer erdrückenden Last. Es ist, als läge sie mit in dem Gepäck, unter dessen Gewicht die Menschen vor sich hin keuchen. Die Juden, die sich über die Holzbrücke schleppen, sind die Reste von mehr als acht Millionen, die in Osteuropa bis zum Beginn von Hitlers Vernichtungsfeldzug das größte Judengebiet der Welt besiedelt haben. Sie waren noch am Leben, als die Sowjetsoldaten in Auschwitz und Majdanek eintrafen, so wankten sie aus den Vernichtungslagern hinaus in die Freiheit und hinein in eine neue, verwüstete Welt. Oder sie

Balancieren auf Brettern: Einwohner von Marchegg haben eine Behelfsbrücke aus Holz über den Grenzfluss March gebaut.

Die ganze Habe im Koffer: Jüdische Flüchtlinge aus Polen warten auf den Weitertransport.

überstanden die Ghettos in Warschau, Lemberg, Litzmannstadt, aus denen üblicherweise die Wege in die Gaskammern führten. Sie haben oft ihre ganze Familie, fast immer ihren ganzen Besitz und manchmal auch den Verstand verloren. Von nun an gelten sie im englischen Wortschatz der Siegermächte als *Displaced Persons,* „vertriebene Personen" – Menschen, die im Ursinn des englischen Wortes von ihrem Platz verdrängt wurden.

Es mögen 60.000 oder 80.000, vielleicht auch mehr als 100.000 sein, die dieser Hölle des Ostens entronnen sind. In dem Chaos, das auf den Holocaust folgt, ist niemand in der Lage, eine genaue Zahl zu ermitteln. In den westlichen Besatzungszonen kommen schätzungsweise 20.000 KZ-Überlebende dazu – ein paar Prozent von 500.000 Juden, die es vor Hitler im Deutschen Reich gab.

Es sind meist jüdische Freiwillige, die diesen Flüchtlingsstrom dirigieren. Sie haben sich jahrelang in Wäldern, Scheunen und Heuhaufen versteckt, um den SS-Kommandos zu entgehen; als Nahrung kauten sie Insekten, Pflanzen und Baumrinde, und sie stahlen, was sie auf Feldern und in Gärten fanden. Oder sie haben als Partisanen gegen die deutschen Truppen gekämpft und sind durch unfassbares Glück mit heiler Haut aus diesem Krieg herausgekommen. Nun fühlen sie sich berufen zu retten, was noch zu retten ist.

Vom Fluss zum Bahnhof Marchegg sind es gut vier Kilometer. Dort steigen fast jeden

Tag Scharen von Juden in 3.-Klasse-Waggons. Der Zug bringt sie zunächst ins 20 Kilometer entfernte Gänserndorf. Von dort geht es weiter nach Wien. Österreichs Hauptstadt ist eine Trümmerlandschaft, besetzt von der Roten Armee. Aber für diese Juden ist sie das Ziel ihrer verzweifelten Träume.

Zygmunt Linkowsky ist einer aus dem Heer der Gestrandeten. Ein polnischer Jude, der das Ghetto von Krakau überlebte. Er hat dort seine Eltern, seine Frau und seinen Sohn verloren. Ein Betreuer fragt ihn, weshalb er lieber ins Ungewisse als nach Hause fahren will. „Ich kann nicht zurück in ein Land, das nur noch ein Friedhof ist", sagt er. „Ich kann nicht zurück in ein Land, wo die Vergangenheit mich immer verfolgen wird."

Schleichwege: Flüchtlinge queren im Wald einen Wildbach (links).

Huckepack: Ein Junge trägt seinen kleinen Bruder (rechts).

PAKT MIT DEM TEUFEL

Meran, Mai 1945

Wer im Schloss Labers residiert, blickt hinaus auf eine schier unvergängliche Tiroler Zauberwelt. Im Krieg ist hier keine Bombe gefallen, weil Meran Lazarettstadt war. Das Antlitz der Stadt hat jenen Charme behalten, der das noble Publikum schon seit fast einem Jahrhundert betört. Die Laubengänge und das Glockengeläut, die Weinberge und die romantischen Villen, die Luxushotels mit den klangvollen Namen „Palace“ und „Parkhotel“, „Austria“ und „Astoria“, „Bellevue“ und „Continental“. Es scheint, als habe eine höhere Macht all die Orgien der Gewalt von diesem Talkessel ferngehalten, die den Boden Europas sechs Jahre lang mit Blut getränkt haben. Die Schlachtfelder, wo die Armeen aufeinander losgingen, lagen weit im Norden und weit im Süden. Meran, das Mekka der Traubenkuren, brauchte sich nur still zu ducken, und der Himmel schützte es vor all diesem Unheil, so wie die Gipfel der Texelgruppe und der Sarntaler Alpen die kalten Nordwinde von den Menschen fernhalten, die zu ihren Füßen leben.

Jüdische Geistesgrößen sind im Kurregister dieser Stadt verzeichnet: der Psychoanalytiker Sigmund Freud, die Schriftsteller Franz Kafka, Stefan Zweig und Arthur Schnitzler. Blaublütige und Politprominenz, berühmte Forscher und Ärzte haben die milde Luft eingesogen, die vom Mittelmeer kommt und durch das breite, flussabwärts hin offene Etschtal heranströmt. Die feine Gesellschaft trifft sich Jahr für Jahr an der Pferderennbahn, mit fünf Kilometer Länge die größte in ganz Europa. Und beruhigt die strapazierten Nerven mit dem stark mineralisierten Thermalwasser, das in seiner Ursprungstiefe, mehr als 2000 Meter unter der Erde, 90 Grad heiß ist.

Die Einwohner hatten keine Ahnung, wie eng Meran trotzdem mit dem Kriegsgeschehen verbunden war. Auf Schloss Labers gingen seit 1943 Leute ein und aus, die für eine der wichtigsten Geheimoperationen der Nazis tätig waren. „Aktion Bernhard“ lautete ihr Name, sie war die größte Geldfälschaktion, die es bislang in der Geschichte gab – ein Papierkrieg im wahrsten Sinn des Wortes. Lieferwagen brachten Kisten, die mit britischen Banknoten gefüllt waren, über mehr als tausend Kilometer hierher in die Alpen. Eine kleine, auserlesene Schar von 142 jüdischen Häftlingen im KZ Sachsenhausen, bei Oranienburg nördlich von Berlin gelegen, musste sie unter Anleitung von Fachleuten produzieren. Es waren Scheine im Wert von fünf, zehn, 20 und 50 Pfund Sterling. In den Baracken mit den Nummern 18 und 19 wurde bis Kriegsende ein Nennwert von 135 Millionen Pfund hergestellt, das entsprach 15 Pro-

Vom Krieg scheinbar unberührt: Auf Meran fiel keine Bombe. Stattdessen war die Kurstadt ein Schauplatz zwielichtiger Geschäfte.

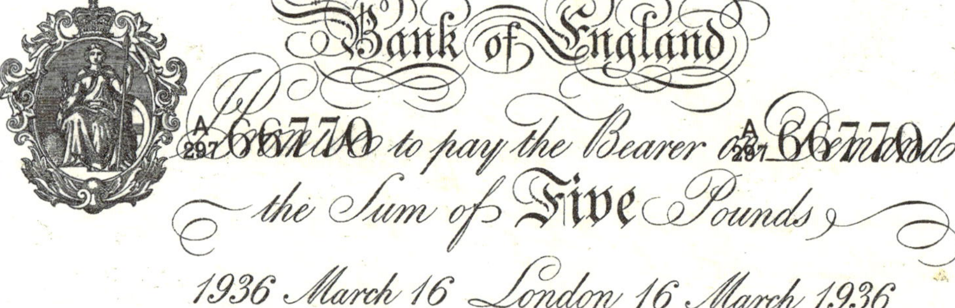
Bank of England
A 297 66770 to pay the Bearer on Demand A 297 66770
the Sum of Five Pounds
1936 March 16 London 16 March 1936

£ Five
For the Gov:rs and Comp:a of the
BANK of ENGLAND.
A 297 66770
K.O. Peppiatt
Chief Cashier.

Geldwäsche zwischen Weinbergen: Die Nazis transportierten gefälschte Banknoten mit Lastwagen ins Schloss Labers hoch über Meran (oben).

Blüten aus Baracken: eine gefälschte Fünf-Pfund-Note. Für die „Aktion Bernhard" wurden Häftlinge des KZ Sachsenhausen eingesetzt (unten).

zent des britischen Bargeldumlaufs. Der Plan, damit die Volkswirtschaft des Kriegsgegners England zu destabilisieren, ging nicht auf. Aber immerhin konnte man das Geld von Meran aus waschen. Das machte es den Nazis möglich, sich Devisen zu beschaffen, um auf dem Schwarzmarkt Waffen und Rohstoffe für die Rüstungsindustrie zu kaufen.

Ein schwäbischer Geschäftsmann, in den Rang eines SS-Sturmbannführers erhoben, war sozusagen der Vertriebsleiter. Friedrich Schwend, geboren 1906 in Böckingen, hatte sein Büro im obersten Stockwerk von Schloss Labers. Der alte Tiroler Adelssitz, 1886 zu einer stilvollen Fremdenpension umgebaut, war eine perfekte Tarnung. Ein Wachkommando, 24 Mann aus der Waffen-SS, riegelte die Anlage nach außen hin ab. Schwend durfte ein Drittel der Blüten für sich behalten, musste damit allerdings auch die Unterhändler bezahlen, die das Falschgeld in Umlauf brachten.

Wer krumme Geschäfte macht, der muss flexibel sein. Dem dürfen keine Dogmen und keine Skrupel im Weg stehen. Einer der Unterhändler war der Jude Albert Crastan. Der hat sogar seine eigene Burg, das Schloss Rametz, nur einen Kilometer weiter in der Nachbarschaft gelegen. Die Zierde dieses Baus ist eine spätgotische Stube im Hochparterre sowie ein Raum mit Renaissancegetäfel und Kassettendecke im ersten Stock. Edle Weinreben säumen die Hänge ringsum, hier wachsen Riesling, Blauburgunder und Cabernet-Sauvignon. Ein standesgemäßes Ambiente für diesen weltgewandten Finanzjongleur, der auch jetzt, kurz nach Kriegsende, noch als Schweizer Konsul und als Vertreter des Internationalen Komitees vom Roten Kreuz (IKRK) auftritt.

Für Schwend ganz besonders wichtig aber war ein zweiter Unterhändler. Der verfügte offensichtlich über sehr gute Kontakte zu allen möglichen Leuten, die für ihre Geschäfte diskrete Wege gehen mussten. Dieser Mann hieß Jaac van Harten. Er wohnte in derselben Pension wie Schwend und hatte sich auf Schloss Rametz ein Büro eingerichtet. Als die Front sich von Norden und Süden immer mehr den Alpen näherte, ahnten beide, dass es mit Hitler und dessen Traum schon bald zu Ende gehen würde. So begannen sie, nicht mehr so sehr ans Tausendjährige Reich, sondern an sich selbst zu denken.

Um fremde Agenten wie auch die eigenen Parteileute zu täuschen, führte Schwend einen falschen Namen. „Dr. Fritz Wendig" nannte er sich. So beschloss er, seiner Tarnbezeichnung alle Ehre zu machen, denn wendig war er wirklich genug. Er begann, seinen Abgang vorzubereiten, und das Netzwerk, das er kommandierte, war ihm natürlich von Nutzen. Er legte seine Pfundnoten in Aktien und Immobilien an, erwarb Anteile an einer spanischen Bank, richtete Konten bei Geldinstituten in der Schweiz, in Liechtenstein und Lateinamerika ein.

Mal Felle, mal Seidenstrümpfe: US-Soldaten entdecken in Meran mehrere Lager mit Luxusartikeln – alles SS-Raubgut (oben).

„Die meisten sind Hochstapler": Delegierte des Internationalen Roten Kreuzes zu Besuch in Bozen (unten).

Sein Geschäftsfreund mit dem holländischen Pass hatte Formulare in seinem Büro, die ihm behilflich sein konnten. Kurz bevor die deutschen Truppen in Norditalien kapitulierten, stellte ihm van Harten eine Bescheinigung aus, wonach der SS-Mann „dem Komitee des Roten Kreuzes geholfen hat". Und fügte hinzu: „Jede gewünschte Auskunft über den genannten Herrn Schwend" erteile „van Harten IKRK in Meran". Mit diesem Papier in den Händen stellt sich der Schwabe am 12. Mai den US-Besatzungstruppen. Es wird ihm gelingen, ihnen nun zwar nicht Falschgeld, dafür aber sein Wissen zu verkaufen. Erst wird er für den amerikanischen Spionagedienst *Counter Intelligence Corps (CIC)* tätig sein – und sich dann nach Südamerika absetzen.

Fünf Tage nach Schwends Festnahme, am 17. Mai, wird van Harten von den amerikanischen Besatzungstruppen verhaftet, sein Freund Crastan folgt ihm am 25. Mai. An der Grenze zur Schweiz sind SS-Leute gefasst worden, die mit gefälschten Rotkreuzdokumenten ausgestattet waren – die Papiere trugen van Hartens Unterschrift. Nun entdecken die Amerikaner in Meran mehrere Warenlager, in dem sich SS-Raubgut stapelt – alle tragen sie Schilder mit der Aufschrift „Unter dem Schutz des IKRK". Man findet 248.000 IKRK-Ausweisformulare, von denen van Harten offensichtlich intensiven Gebrauch gemacht hat.

„Ich bin der Meinung, dass hier die meisten Delegierten des Internationalen Roten Kreuzes Hochstapler sind", schreibt William McBratney, der amerikanische Provinzkommissar für die Provinz Bozen, verärgert an die IKRK-Zentrale in Genf. „Van Harten in Meran ist sicherlich einer davon, und es gibt wahrscheinlich noch viele mehr. Das IKRK sollte offizielle Vertreter schicken, um die angeblichen Delegierten auffliegen zu lassen."

Van Harten wird nach Terni in der Provinz Umbrien gebracht, in ein Gefangenencamp für Nazis und deren Kollaborateure. Aber er hat noch immer seine Frau, und die steht ihm weiterhin treu zur Seite. Viola hält den Kontakt zu den Gruppen, die sich um jüdische Auswanderer kümmern. Und es fließt über sie auch weiterhin Geld. So wird sie erreichen, dass einflussreiche Leute eine schützende Hand über ihren Mann halten. Sein Geld ist der erste große Grundstock für ein Geheimprojekt, das sich quer durch die Alpen ziehen und noch Millionen kosten wird.

Die Juden sind hin- und hergerissen, was sie von diesem Hansdampf in allen Gassen halten sollen. „Es ist wichtig, seine Glaubwürdigkeit, Ehrlichkeit usw. abzuklären, denn er besitzt viele Möglichkeiten", schreibt der 30-jährige Elijahu Ben Cohen, einer ihrer Aktivisten in Europa, an seine Frau Nadia. „Er macht einen guten Eindruck, er ist zu allem bereit, es gibt jedoch etwas Seltsames in seinem Verhalten, und deshalb ist diese Nachforschung wichtig – es eilt. Er ist entweder sehr gut oder sehr gefährlich."

„WIR SIND NOCH IMMER TOT“

St. Ottilien, Mai 1945

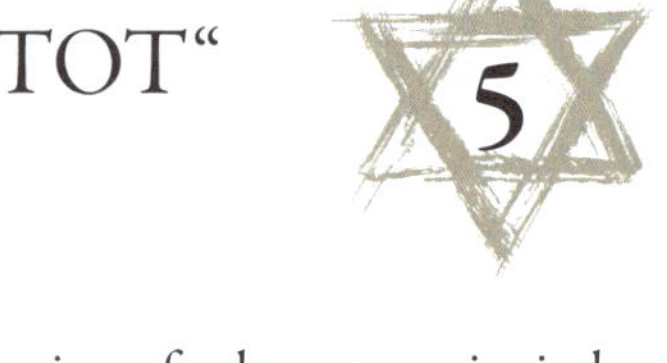

Die Menschen, die da im Saal sitzen, sind Leidensfiguren, wie man sie von Hungersnöten her kennt. Unheimliche, fleischlose Gestalten mit geschrumpelter Haut. Knochen, die nur noch locker zusammengehalten scheinen. Starre, ins Leere gerichtete Blicke, die eine schier endlose, grausige Tiefe nach außen transportieren. So wie diese Gestalten in den Stühlen hängen, wirkt es, als hätten sie nicht die Kraft, auch noch ein einziges Mal wieder aufzustehen.

Ein Monat ist vergangen, seit sie in Freiheit kamen. Dass sie das noch erleben durften, ist ein unfassbares, messianisches Wunder. Sie können sich noch nicht einmal ausgiebig darüber freuen, denn dafür fehlt ihnen schlicht die Kraft.

Die meisten von ihnen sind litauische Juden. Bevor Hitlers Schergen nach ihnen griffen, hatten sie einen kulturellen Stolz, der sie abhob von fast allen anderen Glaubensgenossen, die in Europa lebten. Sie wollten sich nicht assimilieren, um dadurch besser in die Mehrheitsgesellschaft zu passen, so wie die deutschen Juden es taten. Allein in Kaunas,

Zuflucht im Kloster: Die bayerische Benediktinerabtei St. Ottilien nimmt ein paar Hundert Juden aus dem KZ Dachau auf.

der zweitgrößten Stadt des Landes, hatten sie fünf jiddische Zeitungen, ein jiddisches und ein hebräisches Theater. Sie hatten ihre eigenen Jugend- und Sportvereine, Banken und Berufsverbände. Ihr *schtetl* sahen sie nicht als Anhängsel, sondern als Zentrum der Stadt. Sie sahen sich nicht als Litauer, sondern als Juden. Der Schulunterricht fand im *cheder* statt, im Haus des Lehrers, das gleich neben der Synagoge stand. Und am Sabbat herrschte, wie es die *Tora* befahl, heilige Ruhe.

Fast die Hälfte der einst 40.000 Juden von Kaunas war noch am Leben, als die russischen Truppen sich im Juli 1944 der Stadt näherten. Sie hausten im Ghetto und in mehreren Außencamps, wo sie seit drei Jahren zwangsweise zusammengepfercht waren. Nun liquidierte die SS einen großen Teil der Insassen, ehe sie die Häuser aus Holz in Brand steckte und die Häuser aus Stein sprengte. Ungefähr 6000 Häftlinge wurden mit Zügen nach Deutschland geschafft, die Frauen kamen ins KZ Stutthof, die Männer nach Kaufering, in elf Außenlager des KZ Dachau. Als von dort vor vier Wochen einer der Todesmärsche in Richtung Tirol begann, wurden 500 dieser Juden in Eisenbahnwaggons verladen. Bei Schwabhausen bombardierten US-Flugzeuge den Zug, weil die Piloten ihn für einen Truppentransport hielten. Der Zug blieb stehen, die SS-Wächter suchten das Weite. 150 Häftlinge waren tot, der Rest schleppte sich durch die Wälder der Umgebung, die Schwerverletzten lagen wimmernd auf den Feldern.

Es war die Stunde von Zalman Grinberg, einem der klügsten Köpfe in dieser Häftlingsschar. Der Ghetto-Arzt aus Kaunas fand ein Telefon und rief in der nahe gelegenen Benediktinerabtei St. Ottilien an, das von der Wehrmacht in ein Kriegslazarett verwandelt worden war. Er sei ein Repräsentant des Roten Kreuzes, log er, und forderte Ambulanzen an, um die Schwerverletzten zu bergen. Ein paar Tage lang lagen die Juden in der Abtei neben 1000 verwundeten deutschen Soldaten. Bei

Wortführer der Juden: der Arzt Zalman Grinberg aus Litauen.

Opfer eines Fliegerangriffs: Der Pilot hielt den Häftlingszug für einen Truppentransport.

Kriegsende wurden die Wehrmachtsangehörigen aus dem Kloster weggebracht, seither haben sich hier 800 versprengte Juden aus den umliegenden Lagern gesammelt.

Was an diesem 27. Mai in St. Ottilien geschieht, hat eine Wucht, die alles ringsum zu erschlagen scheint. Die Augen der gebrochenen, aber noch nicht zerbrochenen Menschen krallen sich hungrig an Bilder, die auf der Bühne vor ihnen aufgestellt sind. Sie zeigen Theodor Herzl, den Begründer des politischen Zionismus, den Mann, der vor einem halben Jahrhundert von einem Judenstaat träumte. Grinberg tritt ans Mikrofon und hält eine Rede, bei der er selber um Fassung ringen muss. „Welche Logik hat das Schicksal, dass wir am Leben blieben?", ruft er aus. „Wir gehören in die Massengräber derer, die in Charkow, Lublin und Kaunas erschossen wurden. Wir gehören zu den Millionen, die in Auschwitz und Birkenau verbrannt und vergast wurden. Wir gehören zu den Zehntausenden, die unter dem Stress der härtesten Arbeit starben. Wir gehören zu denen, die von Millionen Läusen, von Schlamm und Hunger gequält wurden, von der Kälte in Lodz, Kielce, Buchenwald, Dachau, Landshut, Utting, Kaufering, Landsberg und Leonsberg." Jedes Wort, das er sagt, ist wie ein Glockenschlag der Geschichte. „Wir sind nicht am Leben – wir sind noch immer tot."

„Ja, jetzt sind wir frei", fährt er fort, mit Düsterkeit statt Jubel in der Stimme. „Aber

Konzert im KZ-Anzug: Michael Hofmekler, Leiter des Ghetto-Orchesters von Wilna.

wir wissen nicht, wie und womit wir unser freies und doch unglückliches Leben beginnen sollen. Uns scheint, dass die Menschheit gar nicht versteht, was wir während dieser Zeit durchgemacht und erfahren haben. Uns scheint, dass wir auch in der Zukunft nicht verstanden werden. Wir haben verlernt zu lachen. Wir können nicht mehr weinen. Wir verstehen unsere Freiheit nicht. Das ist wahrscheinlich der Grund, weshalb wir unter unseren toten Kameraden sind." Als die Rede zu Ende ist, spricht ein Rabbi das *Kaddisch*, das jüdische Totengebet.

Dann kommen acht Musiker auf die Bühne, die den Holocaust überlebt haben. Alle haben sie ihre gestreiften Häftlingsanzüge an. Es sind acht von 45 Mitgliedern des Ghetto-Orchesters von Kaunas. Als Neunter tritt der Dirigent Michael Hofmekler, der es 1941 gegründet hat, ans Pult. Er hebt seinen Stab, und dann wehen Melodien durch den Saal, die die starren Augen eben doch nass werden lassen. Es ist das erste Konzert nach der *Schoah*. Auf dem Programm stehen die Hymnen der Siegermächte, denen die Rettung zu verdanken ist, dazu Stücke von Edvard Grieg und Georges Bizet – sowie hebräische und jiddische Lieder, die im Ghetto gesungen wurden.

Im Publikum sitzt Abraham Klausner, ein 30-jähriger Rabbiner, der mit den US-Truppen nach Dachau kam. Überlebende gaben ihm dort Nachrichten an Verwandte mit, die in den Vereinigten Staaten leben. Seither fühlt er sich berufen, etwas für die Zukunft dieser Versprengten zu tun. Er wird insgesamt 17 Camps in Bayern besuchen und ihre jüdischen Insassen auf Namenslisten erfassen. Niemand hat ihn dazu autorisiert, er nutzt schlicht das Chaos dieser Tage aus. Seine Datensammlung wird auf sechs Bände mit insgesamt 25.000 Namen anwachsen. Und einen hebräischen Titel tragen: *Sche'erit Hapletah* – „Der übrig gebliebene Rest".

WEGE ZUR ERLÖSUNG

Tarvisio, Juni 1945

Im italienischen Kanaltal passieren Dinge, die bis vor wenigen Wochen auch in den kühnsten Gedanken nicht auftauchten. Sie können diejenigen, die Zeugen davon sind, fast am eigenen Verstand zweifeln lassen. Da ist die Sache mit dem Davidstern, diesem magischen und tragischen Hexagramm. Es sind zwei blaue, gleichseitige, ineinander verwobene Dreiecke, die das Judentum symbolisieren. Das nach unten weisende Dreieck bedeutet, der Mensch hat sein Leben von Gott erhalten. Das nach oben weisende Dreieck bedeutet, der Mensch wird zu Gott zurückkehren. Die zwölf Ecken stehen für die zwölf Stämme Israels. Bis vor wenigen Wochen stand der Davidstern aber auch für den Versuch, alle Juden in Europa auszurotten. Als Judenstern, wie die gelbe, schwarz umrandete Variante hieß, machte er jede Person, die ihn tragen musste, zu einem Paria und Todeskandidaten.

Nun ist die Welt wie auf den Kopf gestellt. 5000 jüdische Freiwillige, die als Teil der 8. Britischen Armee in das Alpenstädtchen Tarvisio einrücken, tragen den Davidstern auf ihren

„Kein Reich, kein Volk, kein Führer“: Soldaten der Jüdischen Brigade mit jungen Holocaust-Überlebenden (links).

Symbol des Widerstandes: ein Davidstern, geformt aus Waffen (rechts).

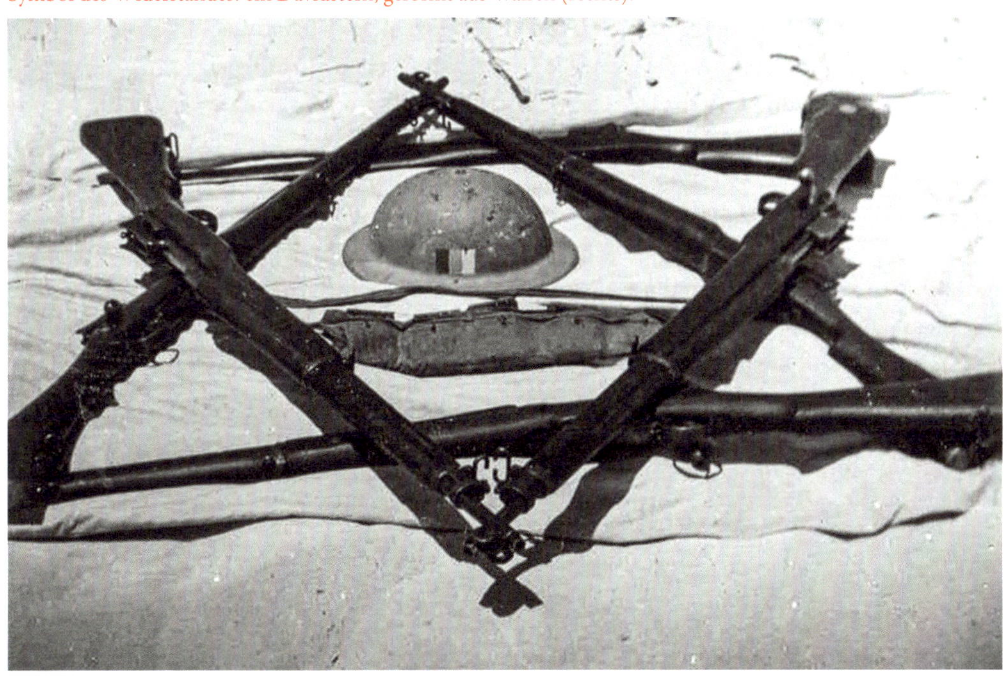

Uniformen. Sie haben ihn, mit Erlaubnis des Kriegsministeriums in London, in leuchtend gelber Farbe auf ihre olivgrünen Lastwagen gemalt. Blau-weiß gestreifte Flaggen flattern aus den Fahrerkabinen. Was auf den Lkw-Seitenflächen und den Segeltuchplanen im Laderaum geschrieben steht, haben die jungen Soldaten, die sich in Palästina rekrutieren ließen, eigenmächtig im Siegesrausch gemalt. „Die Juden kommen!“ verkünden große Graffiti-Buchstaben provozierend in deutscher Sprache. „Kein Reich, kein Volk, kein Führer!“

Die Briten haben lange gezögert, diese Jüdische Brigade aufzustellen. Sie ahnten den Hass, der aus den Reihen dieser jungen, hoch motivierten Kämpfer hervorbrechen könnte, sie fürchteten Vergeltungsakte und Lynchjustiz. Am Ende aber gaben sie dem Druck des *Jischuw* nach, wie die 500.000 Juden ihre Pioniergemeinschaft in Palästina nennen. In dem Endkampf der Alliierten gegen Hitler hat die Jüdische Brigade kaum eine Rolle gespielt. Um so größer aber ist ihre symbolische Wirkung – und zwar für Freund und Feind.

Auf der Fahrt vom Po nach Norden begegnet ein Konvoi der Jüdischen Brigade kurz vor Tarvisio einer Fahrzeugkolonne mit deutschen Kriegsgefangenen, die auf dem Weg nach Süden ist. Auge in Auge gleiten Sieger und Besiegte aneinander vorbei. „Die lachen ja!“, ruft plötzlich jemand auf Hebräisch. Da bricht die blanke, aufgestaute Wut sich ihre Bahn. Die Juden bombardieren die Deutschen mit Margarine- und Marmeladebüchsen. Sie reißen Holzbretter aus den Lkw-Böden und schleudern sie samt Nägeln auf die Gegenseite. Sie machen Pfähle und Spitzhacken, Schraubenschlüssel und Baumaterial zu Geschossen der Rache. *„Aleichum, aleichum!"*, schreien die jungen Männer aus Palästina, „auf sie, auf sie!" Ein paar ihrer Vorgesetzten rufen, sie sollten aufhören, unbewaffnete und wehrlose Gefangene zu attackieren – sie werden niedergebrüllt. Erst als die Offiziere den Judenkonvoi stoppen und sich als menschliche Barriere zwischen die beiden Fahrzeugschlangen stellen, hört der Wurfhagel auf.

Der Krieg ist aus, was sollen die Soldaten der Jüdischen Brigade jetzt noch tun? Sind sie nach Europa gekommen, um die frische Luft des Friaul zu genießen? Was sollen sie hier an diesem pittoresken Fleck, wo sich träge das Wasserrad einer Mühle dreht, wo dunkle Holzdächer von weiß gekalkten Hauswänden abstechen? Tarvisio ist ein altes Handelsstädtchen, umschlossen von den Karawanken, den Karnischen und Julischen Alpen, fern der Gaskammern und Krematorien, in denen die Eltern und Großeltern, die Onkel und Tanten dieser jungen Juden ihr Leben ließen. Was immer die Briten hier mit ihnen vorhaben – sie

Nur noch Haut und Knochen: befreite Häftlinge des KZ Ebensee.

fangen an, in ihrer Mission einen neuen, höheren Auftrag zu sehen.

Hat die Katastrophe, die über ihr Volk hereingebrochen ist, vielleicht doch einen epochalen Sinn? Ist das Leiden die Voraussetzung dafür, dass die Erlösung kommt? Führt der Weg zum Heil durch das Unheil? Ist das am Ende der göttliche Plan? Die Gedanken rasen in diesen Tagen, und den Rest tut die Geografie – denn so abgelegen, wie es zunächst scheint, ist Tarvisio keineswegs.

Die Grenze zu Österreich ist gerade mal zehn Kilometer entfernt, bis 1918 gehörte die Gegend zum Habsburgerreich. Von Kärnten führen sowohl eine Straße als auch eine Bahnlinie herüber, auf beiden Strecken wimmelt es seit Wochen von Transportfahrzeugen. Flüchtlinge mischen sich mit Heimkehrern, es ist einer der zahllosen Menschenströme, die auf dem ausgebluteten, vom Krieg zerrütteten Kontinent unterwegs sind. Um diesen Transit wenigstens halbwegs kontrollieren zu können, haben die britischen Besatzungstruppen einen zehn Kilometer langen Streifen zur „Verbotenen Grenzzone" erklärt. Wer ihn durchqueren oder sich darin aufhalten will, muss dafür einen besonderen Ausweis haben.

Die jungen Juden, die hier stationiert sind, nutzen die Chancen, die ihnen die Lage und das System bieten. Offiziell sind sie zur Grenzkontrolle eingesetzt, das gibt ihnen Bewegungsspielraum. Dutzende von ihnen arbeiten als Dolmetscher, sie geben alle nützlichen Informationen weiter, die sie auf ihren Reisen mit hohen Militärs erhalten. Massenhaft werden Urlaubsanträge eingereicht, damit man sich von der Truppe entfernen kann. So gehen die jüdischen Soldaten ihre eigenen Wege, aber immer in Uniform. Sie wollen, oft gegen den Willen ihrer Eltern, erst mal gar nicht nach Palästina zurück. Das bringt sie in eine Rolle, die sie sich nicht haben vorstellen können, als sie sich freiwillig zum Kriegseinsatz meldeten.

Johanan Peltz trifft mit ein paar Kameraden am Bahnhof von Tarvisio eine Gruppe ukrainischer Juden. Sie drängen sich um einen improvisierten Herd und kochen eine Suppe in einem umgedrehten Soldatenhelm. „Wir sind von der jüdischen Armee", so stellt sich einer der Brigadisten den Flüchtlingen vor. Die Leute prusten ein bitteres Lachen heraus und sagen, das sei ein ziemlich guter Witz. „Na, sicher doch", entgegnet schließlich einer. „Ich habe die jüdische Armee selbst gesehen. Sie ist komplett in Rauch aufgegangen."

Hans Lichtwitz fährt als Wache mit einem Versorgungszug hinüber nach Klagenfurt. Mit ein paar Kameraden zieht er durch die von Bomben schwer gezeichnete Stadt. Auf Plakatsäulen prangt noch die Parole „Adolf Hitler führt uns zum Sieg!", und an Wänden von Hausruinen steht: „Trotzig bleiben und aushalten!" geschrieben. Plötzlich steht die Gruppe 120 Juden gegenüber, die meist aus Ungarn und Karpatho-Russland stammen und angeben, aus Admont hierhergekommen zu sein. Sie bleiben „wie versteinert stehen", schreibt Lichtwitz später in einem Brief nach Hause. „Sie hatten vordem keine Ahnung von unserer Existenz." Von diesem Tag an gibt es „für sie kein quälendes Ernährungsproblem mehr wie bei den anderen Flüchtlingen", so sein

Chaos statt Kontrolle: britische Militärpolizisten am österreichisch-italienischen Grenzübergang bei Tarvisio.

Bericht. „Listen werden angelegt und weitergeleitet. Das Rad der Hilfe ist in Bewegung gesetzt, und sie spüren genau, sie sind nicht mehr verloren."

Israel Carmi macht sich mit Peltz auf den Weg nach Polen. Sie wollen dort nach Spuren von Verwandten suchen. Auf dem Weg dorthin kommen sie nach Mauthausen in Oberösterreich. Von den 200.000 Menschen, die in dem dortigen KZ und dessen Nebenlagern inhaftiert waren, sind 100.000 ums Leben gekommen. Die Juden sehen die Duschräume, in denen nicht Wasser, sondern Zyklon B aus den Leitungen kam. Sie sehen die riesigen Ventilatoren, die in den Krematorien die Flammen anfachten. Der Militärjeep, den sie am Lagertor geparkt haben, trägt einen Davidstern. Ein Dutzend ausgemergelte Männer, zum Teil noch in Häftlingskleidung, drängt sich verwirrt um dieses Symbol. Als Carmi und Peltz zum Auto zurückkommen, brechen die Gespräche der Überlebenden abrupt ab. Ängstliche Blicke richten sich auf die Uniformierten.

„Habt keine Angst", sagt Carmi auf Jiddisch. „Wir sind Juden."

Einer der befreiten KZ-Insassen hat einen zweiten Davidstern entdeckt, und zwar auf Carmis Uniformärmel. „Seid ihr jüdische Engel?", fragt er zögernd.

„Nein, wir sind nur Soldaten", sagt Carmi. „Soldaten aus Palästina."

Peltz, der kein Jiddisch spricht, streckt stumm seine Hände aus. Einer aus der Gruppe tritt auf ihn zu und berührt sie vorsichtig mit seinen Fingerspitzen. So als wolle er sichergehen, dass da tatsächlich kein übernatürliches Wesen, sondern ein Mensch aus Fleisch und Blut vor ihm steht.

Es sind Szenen wie diese, die Mitglieder der Jüdischen Brigade in den Bann schlagen. Die Juden, die sie treffen, wollen alle nicht in die alte Heimat zurück. Sie wollen weg, nur weg, irgendwohin, wo sie hoffen, dass nichts mehr sie erinnern möge an das, was sie erlebt haben.

Die drei westlichen Siegermächte haben begonnen, Lager für *Displaced Persons (DP)* einzurichten. Das sind vor allem befreite Zwangsarbeiter, Kriegsgefangene und KZ-Insassen, registriert entsprechend ihrer Nationalität. Die Juden tauchen als eigene Kategorie nicht auf, schließlich will man ja nicht die Rassenpolitik der Nazis fortsetzen. Amerikaner, Briten und Franzosen gehen anfangs davon aus, dass fast alle Lagerbewohner früher oder später nach Hause wollen. Doch mit jedem Monat, der vergeht, wird deutlich, dass das nicht für die Juden gilt.

Die Sowjets haben von Anfang an die Leute eiskalt vor die Wahl gestellt, sich entweder

„Ein Geschenk an Hitler": Joseph Wald, Soldat der Jüdischen Brigade, mit einem beschrifteten Artilleriegeschoss.

repatriieren zu lassen oder eben zu verhungern – sie haben nicht das geringste Interesse, so etwas wie DP-Lager einzurichten und Hunderttausende von Entwurzelten durchzufüttern. Die vom Schicksal gebeutelten Juden aber haben wenig Lust, nach dem Nationalsozialismus nun auch noch den Kommunismus zu erleben. So ist nach Kriegsende die erste jüdische Fluchtwelle von Ost nach West entstanden.

Die Soldaten der Jüdischen Brigade beginnen zu ahnen, wohin sich diese Welle bewegen wird. Sie gehören zu den Ersten, die sie zu kanalisieren versuchen. Bei Valbruna und Pontebba, zwei Ortschaften westlich von Tarvisio, errichten sie in nur fünf Tagen je ein Lager als Zwischenstation, um 1600 befreite Juden aus dem KZ Ebensee nach Italien zu transportieren – ohne Erlaubnis der Briten, aber mit Zustimmung der Amerikaner. Bald darauf bringen sie, in mehreren Gruppen, Überlebende des KZ Theresienstadt von Salzburg nach Süden. Und in Klagenfurt packen sie Flüchtlinge auf Lkws, breiten sie dort liegend auf der Ladefläche aus, überziehen sie dann mit Planen – am Checkpoint in Richtung Grenze steckt der Brite Joe Golan, einer ihrer heimlichen Helfer, seinen Kamera-

Stützpunkt für Schleuser: der italienische Grenzort Tarvisio im Kanaltal (alte Postkarte).

den Whiskyflaschen zu, damit sie die Ladung nicht inspizieren.

Nun merken die Briten, dass die Nordostecke Italiens wohl nicht unbedingt der beste Einsatzort für die Jüdische Brigade ist. Sie sind schlicht nicht in der Lage, das Geschehen rund um Tarvisio effektiv zu kontrollieren. So verlegen sie die Truppe im Juli nach Belgien und in die Niederlande. Doch die ersten Tore für Schleuseraktionen sind hier geöffnet worden. Mindestens 3000 Juden, so die offizielle Schätzung, vermutlich aber rund 8000 gelangen über Tarvisio illegal nach Italien.

Etliche jüdische Soldaten schaffen es sogar, die Verlegung nachträglich wieder zu unterlaufen. Sie wollen Menschen schmuggeln statt einen Dienst zu schieben, den sie als langweilig und sinnlos empfinden. Daher suchen sie von ihren neuen Standorten aus in nahe gelegenen deutschen Flüchtlingscamps nach Juden, die ihnen vom Gesicht wie von der Statur her ähneln. Bieten ihnen eine Karriere in Uniform an, für manche Insassen eine ziemlich verlockende Alternative. Bringen ihnen das Strammstehen, das Salutieren, das militärische Vokabular bei, damit sie den Vorgesetzten nicht auffallen. Fälschen dann die nötigen Dokumente so, dass die Identitäten getauscht werden – aus Lagerbewohnern werden Soldaten und aus Soldaten jüdische Flüchtlinge.

So mustern sich Kämpfer der Jüdischen Brigade sozusagen selber aus. Mit den neuen Papieren kehren sie in die Alpenregion zurück. Sie wissen längst, welche Kontakte es zum Untergrund gibt. Bald sind sie Agenten, die ganz bestimmte Aufträge bekommen. Es fängt meist damit an, dass sie sich in DP-Camps als Flüchtlinge melden. Sie werden dort zu Wortführern, Vertrauensleuten, Ansprechpartnern. Sie bekommen Posten, die wichtig sind im Rahmen der Lagerverwaltung. Sie bauen die Strukturen, die sie brauchen für den Tag X.

„Dies wird ein Krieg der Verzweifelten werden", notiert Chaim Dan, einer der jungen Aktivisten, in sein Tagebuch. „Es geht um ihre Zukunft und ihr Überleben."

„Wir sind in der Lage, große Dinge zu tun", schreibt Mosche Argow in einem Brief nach Hause. „Einige von uns glauben, dass dies nun die Hauptsache ist – wichtiger noch als unser Mitwirken an der Front."

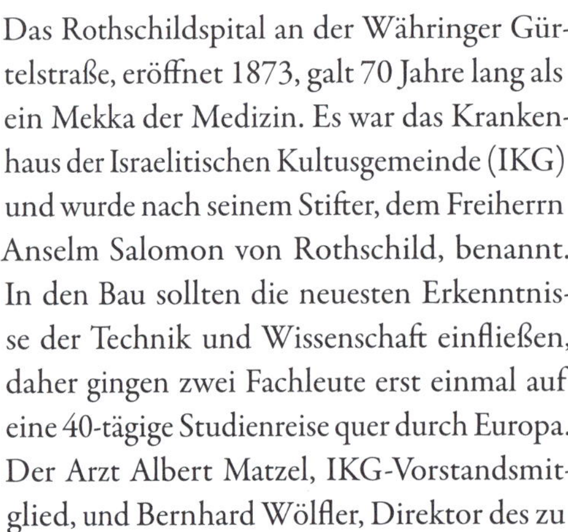

HOSPITAL DER HOFFNUNG

Wien, Juni 1945

Das Rothschildspital an der Währinger Gürtelstraße, eröffnet 1873, galt 70 Jahre lang als ein Mekka der Medizin. Es war das Krankenhaus der Israelitischen Kultusgemeinde (IKG) und wurde nach seinem Stifter, dem Freiherrn Anselm Salomon von Rothschild, benannt. In den Bau sollten die neuesten Erkenntnisse der Technik und Wissenschaft einfließen, daher gingen zwei Fachleute erst einmal auf eine 40-tägige Studienreise quer durch Europa. Der Arzt Albert Matzel, IKG-Vorstandsmitglied, und Bernhard Wölfler, Direktor des zu klein gewordenen Spitals in der Seegasse, besuchten 61 Kliniken in 19 Städten, um Ideen und Informationen zu sammeln.

Was der Wiener Architekt Wilhelm Stiassny, ebenfalls Jude, daraufhin entwarf, war damals der letzte Schrei: ein Pavillonsystem mit sechs Krankensälen für je 20 Patienten, helle Räume mit Luftheizung, Gasbeleuchtung und Ventilation nach dem Pulsionsprinzip. Es gab Wasserspültoiletten und Dampfkochapparate für Küche und Wäscherei. Selbst in der untersten von drei Behandlungsklassen war der

Holzbretter im Hof: Das Wiener Rothschildspital ist überfüllt mit Flüchtlingen.

Standard noch höher als in allen anderen Kliniken der Stadt. Nach außen hin aber war der zweigeschossige Bau, gestaltet im Stil der italienischen Renaissance, ganz schlicht und ohne jeden Protz.

Als die Nazis in Wien die Macht übernahmen, war das Rothschildspital für die jüdischen Einwohner so etwas wie eine rettende Oase. Seine Kapazität war auf 350 Betten gestiegen, es hatte Telefon- und Kühlanlagen sowie eine Station für Radiumbehandlung bekommen. Es war das einzige jüdische Krankenhaus der Stadt, das weiterarbeiten konnte, nur durften die dort tätigen Mediziner sich nicht mehr Ärzte, sondern nur noch „Krankenbehandler“ nennen. Um den Deportationen zu entkommen, ließen sich zahlreiche Juden hier einweisen, daher gab es immer wieder Razzien mit dem Ziel, solche Simulanten zu erwischen, und Patienten, die sich das Leben zu nehmen versuchten, um nicht den Weg ins KZ anzutreten. Schließlich konfiszierte die SS das Hospital und machte es zu einem Lazarett für die Wehrmacht, die Juden mussten den Betrieb in die ehemalige Talmudschule an der Malzgasse verlegen.

Vom Glanz vergangener Zeiten ist wenig geblieben. Eine Bombe hat das Spital schwer beschädigt, die Dächer sind undicht geworden, die Heizungen zerstört, viele Fensterscheiben zersplittert. Die Kellerräume haben

Kraft durch den Glauben: ein jüdischer Flüchtling beim Gebet.

kein Entlüftungssystem, die Duschen kein warmes Wasser, die sanitären Einrichtungen sind alles andere als gut. Jedes Stockwerk hat nur ein einziges Bad, und weil es keinen Speisesaal gibt, müssen die Insassen in ihren Zimmern essen. Im Mitteltrakt, der noch am besten erhalten ist, sind festgenommene Nazis samt deren Bewachern untergebracht. So bleiben nur noch die desolaten Gebäudeteile, um Flüchtlinge unterzubringen.

Das Rothschildspital wird wiederum zu einem Refugium für Juden. Die Amerikaner lassen es wenigstens notdürftig renovieren, dann wird es zum wichtigsten DP-Lager der Stadt. Anfangs ist es für 600 Insassen angelegt, doch in Spitzenzeiten werden hier bis zu 8000 hausen. Alle kommen sie aus dem Osten, aus Polen, Ungarn und der Ukraine, aus Böhmen, Mähren und der Slowakei. Alle wollen sie unter die Fittiche der Amerikaner, weil sie hoffen, dass die Siegermacht USA ihnen am ehesten helfen wird. Die Sowjets lassen sie durch ihre Besatzungszone ziehen. Sie sind offensichtlich froh, sie auf diese Weise loszuwerden, und wenn es wirklich mal Probleme mit der Roten Armee gibt, hilft ein kleines Handgeld fast immer weiter.

Um diese Menschenmassen zu betreuen, fehlt an allen Ecken und Enden Personal. So versucht man, die Tatkräftigsten unter den Lagerbewohnern mit einzuspannen: als Feuerwehrleute, Polizisten und Pförtner, als Lehrer, Doktoren und Krankenpfleger. Das ist die Chance für all die Gruppen, die Juden illegal schleusen wollen. Sie bringen ihre Kontaktleute aus den Lagern in Gremien, die über Stempel, Formulare und Fahrzeuge, über Geld und Kommunikationsstränge verfügen.

Der Davidstern wird auch im Rothschildspital wieder zu einem Symbol der Hoffnung. Deutsche Soldaten haben zwar versucht, ihn aus der Fassade komplett herauszuhacken. Ein einziger Stern aber hat die Zerstörungsaktion überlebt. Er ziert noch immer die Kacheln am Toreingang – ein Willkommensgruß aus Stein, der wie ein Licht am Ende eines langen, dunklen Tunnels wirkt.

Hoffnung zwischen Trümmern: Für Zehntausende von Juden aus Osteuropa wird das zerstörte Wien zum ersten Ziel auf dem Weg in ein neues Leben.

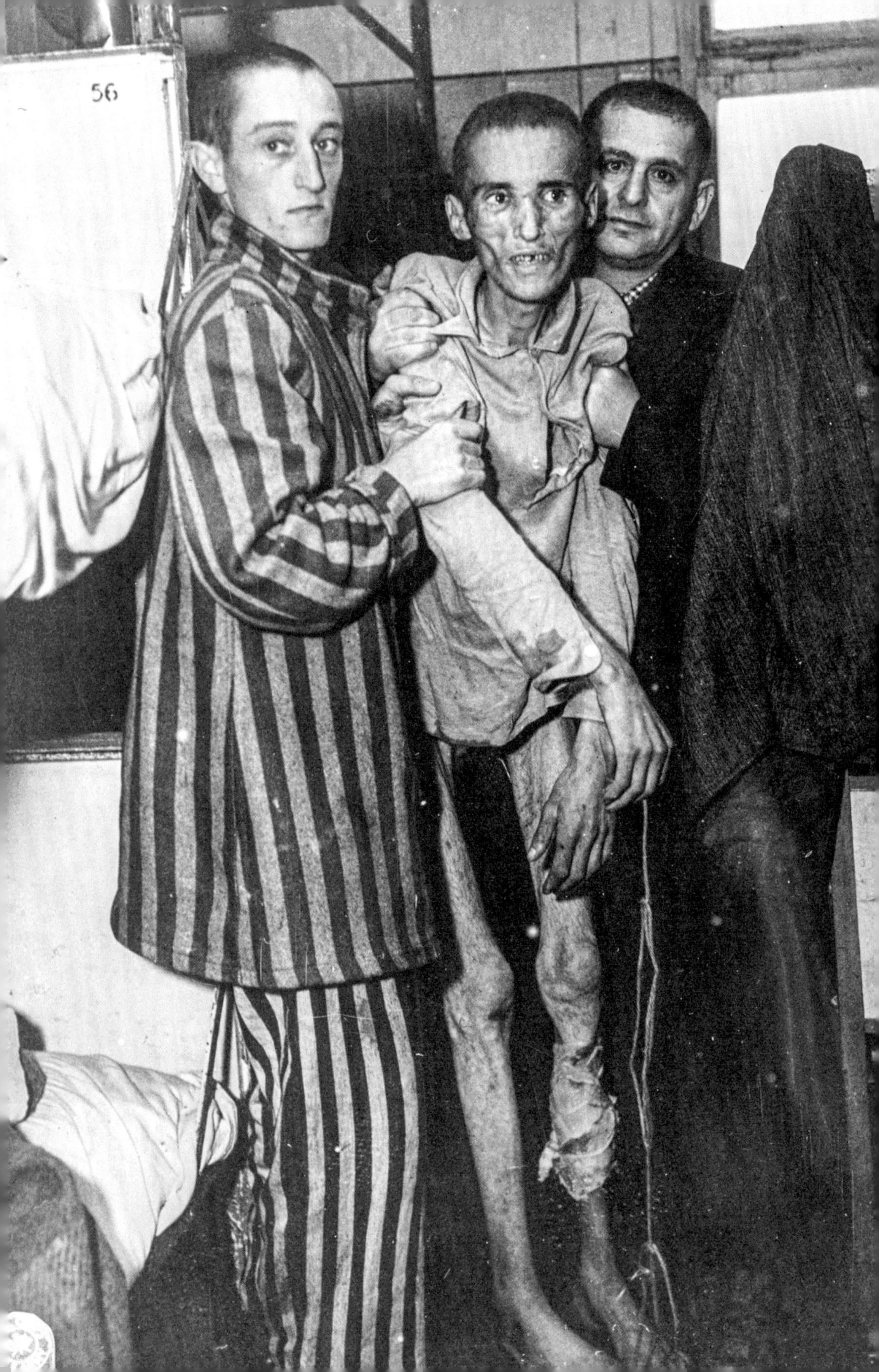
56

VERKRÜPPELTE SEELEN

Feldafing, Juli 1945

Was geht in diesen Menschen vor, die dem Inferno entkommen sind? Mal sind sie völlig in sich versunken, starren wortlos und apathisch vor sich hin. Mal explodieren sie plötzlich, zappeln und schreien und rasten aus wie kleine Kinder. Wenn sie sprechen, klingt es, als würden sie von ihren Gedanken gehetzt. Sie erzählen die ewig gleichen Geschichten, suhlen sich in ihrem Leid und rollen dabei furchterregend mit den Augen. Sie haben Schweißausbrüche und Schlafstörungen, können sich nicht konzentrieren, tigern wie Geistesgestörte umher – haltlos, ziellos, ruhelos.

Manchmal bringt ihr Verhalten die Lagerleitung aus der Fassung. Sie benutzen die Toiletten, um ihre Wäsche zu waschen. Sie schmieren Exkremente an die Wände und urinieren in den Fluren. Sie kopulieren in aller Öffentlichkeit, so wie sie es offenbar taten, als sie noch in ganz anderen Lagern waren. Hühner laufen durch ihre Ess- und Schlafräume, den Unrat räumen die Bewohner auch nicht weg.

„Wir haben keine Vorstellung davon, was unsere Feinde in diesen Seelen angerichtet haben", schreibt ein Betreuer, der aus Palästina gekommen ist, in einem Bericht. Die KZ-Jahre haben diese Juden nicht nur physisch, sondern auch psychisch entstellt. Sie gieren nach Zigaretten, Essen und Sex und merken wohl schon gar nicht mehr, wie sehr sie ihre Würde verloren haben. Sie sind auf das Niveau gesunken, wo die SS-Leute sie haben wollten.

Ständig haben sie etwas zu meckern. Mal ist es die Kleidung, mal die Unterkunft. Am meisten beschweren sie sich über das Essen, sei es die Menge, sei es die Qualität. Sie empören sich, wenn sie amerikanisches Weißbrot oder die verhassten grünen Erbsen bekommen. Manche weigern sich zu baden, das hat mit dem geringen Unterschied zwischen den Großbuchstaben I und J zu tun: Die Seife, die sie erhalten, trägt als Prägung die Abkürzung RIF („Reichsstelle für industrielle Fettversorgung") – im Lager jedoch geht das Gerücht, es stünde für „Rein Jüdisches Fett".

Das oberbayerische DP-Lager Feldafing, am Westufer des Starnberger Sees gelegen, wurde von den Amerikanern auf einem Gelände eingerichtet, wo einst die Hitlerjugend Sommerlager veranstaltete und die Reichsschule der SA stand. Hier leben die Flüchtlinge, deren Zahl bis auf 4000 steigt, zum Teil sogar in komfortablen Räumen, und trotzdem grassieren, wie in allen Camps, Tuberkulose, Typhus und Diphtherie. Aber die Hälfte der Bewohner lässt sich weder ärztlich untersuchen noch gar gegen diese Seuchen impfen. „Ich habe am Eingang zum Krematorium gestanden", kriegen die Krankenschwestern zu hören. „Mir kann gar nichts mehr passieren.

Menschliche Wracks: ein befreiter Häftling aus dem KZ Flossenbürg.

„Kaum eine Spur von Zusammenhalt“: das Lager Feldafing am Westufer des Starnberger Sees (oben).

„Niedergeschlagene Stimmung“: Leben auf engstem Raum in einer Lagerwohnung (unten).

Angst vor Infektionen? Habe ich nicht.“ Die Impfnadel, die die Juden auf der Sanitätsstation erblicken, bedeutet für sie mehr als einen Stich ins Fleisch. „Genau so haben das die SS-Leute mit mir gemacht“, sagen sie. „Ich halte das einfach nicht mehr aus.“

Was sich abspielt in diesen Lagern, ist eine Revolte gegen jede Art von organisiertem Leben. Die Insassen haben einen Hass auf Uniformen, rebellieren fast reflexartig gegen Anordnungen und Disziplin. In ihre Gefühlswelt tief eingebrannt ist die Erfahrung, dass Regeln und Kommandos nie etwas Gutes bedeuten – das KZ überleben konnte nur, wer einen Weg fand, sie zu missachten oder zu unterlaufen. Paul Friedman, ein Psychoanalytiker aus den USA, wird monatelang Forschungen über diese traumatisierten Juden anstellen. Er kommt zu dem Schluss, dass es bei ihnen „kaum eine Spur von Zusammenhalt, von Kameradschaft oder Freundschaft“ gebe. „Was sie eint, sind nur Verbitterung und Feindschaft gegenüber der Außenwelt.“

„Arbeit macht frei“, stand über den KZ-Eingängen in Auschwitz und Dachau, in Sachsenhausen und Neuengamme. Die Häme dieses Spruchs haben sich die Juden gemerkt. Sie mussten bis zur Erschöpfung in Stollen und Steinbrüchen schuften, bewacht von Schäferhunden, gedemütigt, getreten und geprügelt von SS-Aufsehern. Nun weigern sie sich, Holz zum Heizen für den kommenden Winter zu schlagen. Sie weigern sich, ihre Räume zu säubern, dafür werden deutsche Putzfrauen ins Lager geholt. Sie weigern sich vor allem, für irgendein deutsches Unternehmen tätig zu sein. Die meisten verweigern jede Art von Arbeit überhaupt, schließlich haben die Siegermächte ihnen das Recht dazu gegeben. „Wir sind lange genug Sklaven der Deutschen gewesen“, sagen sie. „Jetzt sollen sie unsere Sklaven sein.“

Der Zynismus wirkt nach: Spruch am Toreingang des KZ Theresienstadt.

Earl Harrison, Dekan der juristischen Fakultät an der Universität von Pennsylvania, ehemals Leiter des US-Amtes für Einwanderung und Einbürgerung, sieht das Lagerelend mit ganz anderen Augen. Er kommt aus einem Land, das Demokratie und Humanität nach Europa zurückbringen will – und doch von einem schlechten Gewissen geplagt wird, weil es den Völkermord nicht verhindert hat. Jüdische Organisationen und Kongressabgeordnete haben in den USA Protestnoten verfasst, weil den jüdischen Holocaust-Überlebenden kein spezieller Status zugestanden wurde. Sie sind offiziell Deutsche oder Polen oder Ungarn, aber keine Juden. So kommt es manchmal vor, dass sie in den Camps Seite an Seite mit Leuten leben müssen, die noch vor Kurzem ihre Peiniger waren – als Vorgesetzte, Aufseher, Nazikollaborateure. Die jüdische Lobby in Amerika hat deswegen immer stärker die Öffentlichkeit mobilisiert – mit dem Erfolg, dass Harrison von Präsident Harry S. Truman nach Europa geschickt wurde, um die Zustände in den Lagern zu untersuchen und Lösungsvorschläge zu erarbeiten.

Dem 46-jährigen Rechtsanwalt steht ein Mann zur Seite, der die jüdischen Interessen besonders nachdrücklich vertritt. Joseph Schwartz ist Direktor der Europa-Abteilung des *American Jewish Joint Distribution Committee*, einer finanzkräftigen jüdischen Hilfsorganisation mit Sitz in New York. Der *Joint*, wie er in Kurzform heißt, hat im Krieg vom neutralen Lissabon aus auf verschlungenen Wegen Geld und Nahrungsmittel nach Osteuropa geschickt, um Juden in den von der Wehrmacht besetzten Gebieten zu unterstützen. Nun treibt er in den USA, wo die Hälfte aller Juden der Welt lebt, Millionen von Dollar für die Juden in Europa auf, die der Vernichtung entkommen sind.

Harrison reist 18 Tage durch Deutschland und Österreich und sieht fast alle wichtigen Camps. Er ist erschüttert, als er sieht, dass die Juden wieder hinter Stacheldraht gehalten werden, „in völliger Trägheit, ohne eine Möglichkeit, es sei denn heimlich, mit der Außenwelt Kontakt aufzunehmen, wartend, hoffend auf ein Wort der Ermutigung und Hilfe“. Er sieht, dass viele von ihnen noch immer den hässlichen Pyjama aus ihrer KZ-Zeit tragen: Halbleinen, blau-weiß gestreift, das war für den Sommer, und Zellwolle, blaugrau gestreift, das war für den Winter. Harrison entgeht, dass sie sich davon Vorteile bei der Versorgung erhoffen. Und er sieht, dass ein Großteil der täglichen Essensration aus „schwarzem, nassem, äußerst unappetitlichem Brot“ besteht.

Sein Bericht, den er vier Wochen nach Ende der Reise vorlegt, zeichnet von der Lage der Juden ein so düsteres Bild, dass die Empörung in den USA weiter wächst. „Abgesehen davon, dass sie die Gaskammern, Foltern und andere Formen des gewaltsamen Todes nicht mehr fürchten müssen, hat sich wenig verändert. Unter denen, die staatenlos sind oder nicht in ihre Heimatländer zurückkehren wollen, herrscht eine niedergeschlagene Stimmung. Sie waren Zeugen großer Aktivität und Effizienz bei der Repatriierung von Menschen gewesen, aber sie vermissen jegliche Planung für ihr eigenes Schicksal – und fragen sich deshalb, was ‚Befreiung‘ eigentlich bedeutet.“

Der Harrisonreport ist eine einzige Anklageschrift gegen die Armee seines Landes. Er gipfelt in dem ziemlich übertriebenen Satz: „Wir scheinen die Juden wie die Nazis zu behandeln – mit der Ausnahme, dass wir sie nicht vernichten."

Einer von Harrisons Vorschlägen ist, einen „Berater für jüdische Angelegenheiten" einzusetzen, der als Mittelsmann zwischen der Armee und den DP-Lagern tätig sein soll. Ein zweiter ist, eigene Lager nur für Juden zu errichten – und ihnen auf diese Weise erstmals so etwas wie einen Status als nationale Gruppe zuzubilligen. Der dritte Vorschlag lautet, den Juden eine neue Heimat in Palästina zu schaffen und dafür so schnell wie möglich 100.000 Visa auszustellen. „Viele haben dort noch Verwandte, während andere, mit der Erfahrung von Intoleranz und Verfolgung, fühlen, dass sie nur in Palästina willkommen sein werden, um ein Leben in Frieden und Ruhe aufzubauen."

Harrison weiß, dass kein westliches Land, auch nicht sein eigenes, so eine Massenimmigration über die eigenen Grenzen will. Daher macht er sich zum Verbündeten der Zionisten,

„Tore nach Palästina öffnen": Dwight D. Eisenhower, Generalstabschef der amerikanischen Truppen (Bildmitte), besucht das Lager Feldafing.

Halt finden in der Tradition: Juden im Lager Leipheim mit eingehüllter Torarolle, Gebetsschal und Gebetsriemen.

die nach dem Holocaust so laut wie nie einen jüdischen Staat Israel fordern. „Die zivilisierte Welt schuldet es dieser Handvoll Überlebender, sie mit einem Heim zu versehen, wo sie sich aufs Neue niederlassen und als Menschen zu leben beginnen können."

Mit allen drei Forderungen stößt er bei Truman auf offene Ohren. Der US-Präsident gibt entsprechende Direktiven an Dwight D. Eisenhower, den Generalstabschef der amerikanischen Truppen. Und kündigt in seinem Brief an Eisenhower an: „Ich werde direkt mit der britischen Regierung kommunizieren, um sie dazu zu bewegen, die Tore nach Palästina für alle DPs zu öffnen, die dorthin gehen möchten."

Nun läuten in London alle Alarmglocken. Die Briten fühlen sich von ihrem wichtigsten Verbündeten hintergangen. Sie ahnen, was auf sie zukommen wird, wenn sie das Weißbuch, das seit 1939 ihre Politik im Mandatsgebiet Palästina bestimmt, außer Kraft setzen. Das *White Paper* hat zum Ziel, innerhalb von zehn Jahren einen gemeinsamen Staat für Juden und Araber zu gründen – den zahlenmäßigen Anteil des *Jischuw* aber auf ein Drittel der arabischen Bevölkerung zu begrenzen.

Der britische Premier Clement Attlee erinnert den US-Präsidenten daran, dass ihre beiden Amtsvorgänger, Winston Churchill für die Briten und Franklin D. Roosevelt für die

Amerikaner, den Arabern zugesichert haben, dass für Palästina keine abschließende Entscheidung über deren Köpfe hinweg getroffen werde. Die Ausstellung von 100.000 Visa, so Attlee, würde „den Nahen Osten in Flammen setzen“. So hält London hartnäckig an seiner Linie fest, dass alle DPs repatriiert werden sollen – und lässt jüdische Flüchtlinge in den britischen Besatzungszonen weiterhin nach dem Land ihrer Herkunft registrieren.

In Feldafing am Starnberger See riecht es nach Hühnerkot, und die Juden dösen dumpf vor sich hin. Isidor Feinstein Stone, ein amerikanischer Journalist, beschreibt sie als „menschlichen Schrott“. Doch es ist ein Schrott, der die Sprengkraft einer politischen Bombe hat.

Lobby in den USA: Joseph Schwartz (links) sammelt Geld für den jüdischen Hilfsfonds Joint. Earl Harrison (rechts) zeichnet ein dramatisches Bild von den Lagern – und fordert 100.000 Visa für Palästina.

„UNSER SCHRITT WIRD DRÖHNEN“

München, Juli 1945

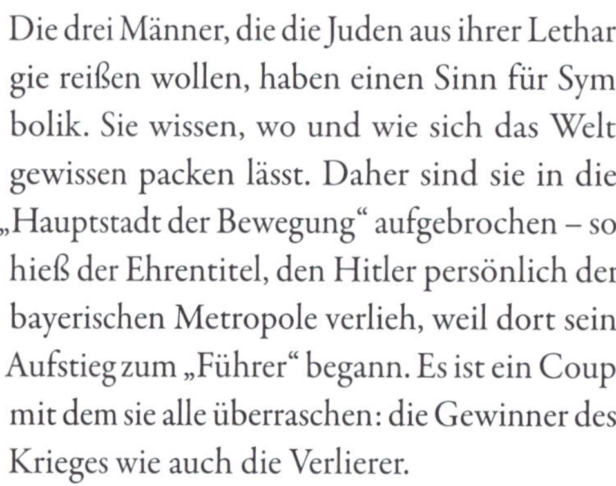

Die drei Männer, die die Juden aus ihrer Lethargie reißen wollen, haben einen Sinn für Symbolik. Sie wissen, wo und wie sich das Weltgewissen packen lässt. Daher sind sie in die „Hauptstadt der Bewegung“ aufgebrochen – so hieß der Ehrentitel, den Hitler persönlich der bayerischen Metropole verlieh, weil dort sein Aufstieg zum „Führer“ begann. Es ist ein Coup, mit dem sie alle überraschen: die Gewinner des Krieges wie auch die Verlierer.

Die drei Männer sind von 94 Delegierten umgeben. Sie repräsentieren rund 40.000 Juden aus 46 Lagern. Es fing damit an, dass sich am 1. Juli in Feldafing ein Komitee bildete, das sich als Vertretung der befreiten Juden in Bayern verstand; an seine Spitze wurden diese drei Männer gewählt. Knapp vier Wochen später gab es im Kloster St. Ottilien eine jüdische Generalkonferenz für alle westlichen Besatzungszonen Deutschlands und Österreichs. An dem

Kampf für „Eretz Israel“: Repräsentanten von 40.000 befreiten Juden in der amerikanischen Besatzungszone treffen sich in München zu ihrem ersten Kongress (rechts).

Tagungsort als Botschaft: Der Münchner Bürgerbräukeller war jahrelang Schauplatz nationalsozialistischer Massenversammlungen (links).

Ort, wo das Konzert des Ghetto-Orchesters stattfand, haben sie ein 14-Punkte-Programm verfasst. Es soll, ein Vierteljahr nach Hitlers Ende, den Juden eine neue Stimme geben.

Zwei der drei Männer sind Juden aus Litauen. Da ist der Arzt Zalman Grinberg, der in St. Ottilien die erschütternde Rede hielt, er vertritt das Lager Feldafing. Da ist der Jurist Samuel Gringauz, ein nicht minder wortgewaltiger Intellektueller, er kommt aus dem Lager Landsberg. Und da ist der Rabbiner Abraham Klausner, der rastlose, allgegenwärtige, manchmal auch nervende Kämpfer für den Zionismus, er wurde zum Ehrenpräsidenten des Komitees ernannt. Für das, was die drei Männer vorhaben, brauchen sie eine epochale Bühne.

Ihr Sinn für Symbolik führt sie in den Bürgerbräukeller an der Rosenheimer Straße. Dort sprengte am 8. November 1923 ein Nazitrupp unter Führung von Adolf Hitler, Erich Ludendorff und Hermann Göring eine Gedenkfeier zum fünften Jahrestag der November-Revolution; tags darauf marschierten die drei mit 2000 Bewaffneten zur Feldherrnhalle – es war Hitlers erfolgloser Versuch, sich frühzeitig an die Macht zu putschen. Eineinhalb Jahre später, im Februar 1925, gründete Hitler in dem mehr als 1800 Besucher fassenden Brauereisaal seine NSDAP, die wegen des gescheiterten Staatsstreichs verboten worden war, aufs Neue – und hielt seine berühmte, aufpeitschende Rede, in der er ganz offen ankündigte, dass er seine Gegner

Sechs Bände, 25.000 Namen: Der Rabbiner Abraham Klausner kam mit amerikanischen Truppen nach Dachau – und listete überlebende Juden in 17 bayerischen Camps auf.

mit rücksichtsloser Härte bekämpfen werde. Nach seiner Machtübernahme 1933 kehrte Hitler jedes Jahr am 8. November in den Bürgerbräukeller zurück, um den Jahrestag seiner ersten großen politischen Aktion, für ihn die Geburtsstunde seiner Bewegung, mit rhetorischem Feuerwerk zu zelebrieren. Von 1940 an fand sein jährlicher Auftritt im Löwenbräukeller am Stiglmaierplatz statt. Aber es ist eben der Bürgerbräukeller, der diese unvergessene, historische Aura hat.

Nach der Kapitulation der Wehrmacht wurde die unterirdische Bierhalle, die einst unter den Donnertiraden des „Führers" erzitterte, zu einer großen Kantine für die US-Armee. Die jüdischen Delegierten betreten sie mit einer Gänsehaut und rollen demonstrativ zerrissene Exemplare der *Tora* aus: Textfragmente aus den fünf Büchern Mose, geschändet vom antisemitischen Mob. Dann verlesen sie vor einem Pulk von Reportern ihre Resolution, mit der die Holocaust-Überlebenden zum ersten Mal öffentlich das Recht auf eine neue Heimat im Nahen Osten fordern. Sie rufen „das ganze jüdische Volk zur Einigung" auf, „zum Vergessen der alten Parteikämpfe, die das Judentum so viel Kraft und Blut gekostet haben, auf dass es mit vereinten Kräften einen jüdischen Staat aufbaue". Sie fahren fort: „Wir, die wir auf eigenen Schultern so viel Leid durchgetragen haben, sind in den finsteren Tagen der Ghettos und Konzentrationslager nicht nur gedanklich unserer gemeinsamen Sache nähergekommen – nun wollen wir sie auch verwirklicht sehen." Und sie enden mit dem Gelöbnis: „Wenn wir nach Palästina kommen, werden wir uns mit all unseren Kräften für die heilige Arbeit der Einigung einsetzen."

So feierlich, wie sie diese Sätze vortragen, klingt es fast, als seien sie der hebräischen Bibel entnommen. Der hehre Tonfall passt zu der Bezeichnung, die sich dieses neue Zentralkomitee gibt. Es ist der Name, den Klausner auf seine sechs Namensbände geschrieben hat: *Sche'erit Hapletah*. Der Begriff findet sich in alten jüdischen Schriften, im Buch der Chronik, im Buch Esra, im Buch Nehemia. „Der übrig gebliebene Rest" sind dort die Juden, die nach der Zerstörung des ersten Tempels in Jerusalem 587 v. Chr. durch Truppen Nebukadnezars II. nicht ins Babylonische Exil gehen mussten, sondern im Reich Juda bleiben durften.

Die Juden, die jetzt in DP-Lagern leben, haben fast alle – sei es zur Gänze, sei es zu großen Teilen – ihre Familien verloren. In ihrem Fühlen wird das neue „Heim", die neue Heimat, die neue Nation zu einer Art Großfamilie, in der sie alle geborgen sein können. „Wir Juden müssen wieder eine integrierte Familie sein", lautet einer der Sätze, die in den Lagern die Runde machen, „denn die Zerstreuung in alle Welt ist unsere Schwäche und unser Verderben." Ihm folgt, ganz logisch, ein zweiter: „Wir können keine Familie sein ohne ein eigenes Zuhause." Und ein dritter heißt: „Wir können nur dort zu Hause sein, wo unsere Vorväter ihre ersten und tiefsten Wurzeln hatten."

Es ist die Abwendung vom Kosmopolitismus, der zwei Jahrtausende lang ihr Schicksal geprägt hat. Die religiösen Juden aller Couleur, die sich in den osteuropäischen *schtetlech* zusammendrängten, waren für die Nazis von Anfang an ein unerträglicher Fremdkörper. Doch auch für die säkularen Juden Mitteleuropas, vor allem die in Deutschland, war der Holocaust das Ende der Hoffnung, die sie seit einem Jahrhundert angetrieben hatte: durch Loslösung von ihren strengen Traditionen, durch Patriotismus, kulturelle Leistungen und soziales Engagement zu allseits anerkannten Staatsbürgern zu werden.

Es half ihnen nicht, dass fast 100.000 deutsche Juden als Soldaten für die Heimat in den Ersten Weltkrieg zogen und viele davon dort ihr Leben ließen. Es half ihnen nicht, dass sie

„Das jüdische Leben in Europa": zeitgenössische Karikatur.

der deutschen Wissenschaft zu Weltruhm verhalfen, wie der Mediziner Paul Ehrlich, der Physiker Albert Einstein, der Philosoph Martin Buber. Und dass sie das deutsche Geistesleben befruchteten wie die Schriftsteller Lion Feuchtwanger, Kurt Tucholsky und Christian Morgenstern. Ganz im Gegenteil, ihre Bildung, mit der sie an den Schulen bestachen, und die daraus folgenden Karrieren im Beruf brachten ihnen mehr Neid als Beifall ein. Der stille, dumpfe Judenhass, der seit dem Mittelalter in der deutschen Seele saß, und die daraus sprießende krause Nazitheorie von der arischen Rassenhygiene waren in den Zeiten der Wirtschaftskrise stärker – sie machten angesehene Bürger zu Parasiten, die geächtet und gejagt werden mussten.

Die Zionisten, die solche Fakten aussprechen, rühren an Wunden in der jüdischen Seele. Sie holen sozusagen den Nationalismus nach, der sich im 19. Jahrhundert in Europa ausbreitete und dem sie schon vor Hitler oft genug zum Opfer gefallen waren. Nur Herzls geistige Nachfolger haben ein Programm, das Heilung verspricht. Aus ihren Reihen kamen die wenigen Helden, die sich mit der Waffe in der Hand gegen einen übermächtigen Feind wehrten. Jetzt sind sie unter den Juden

Lernen für ein neues Leben: Flüchtlinge werden an Nähmaschinen ausgebildet.

die einzige Gruppe, die motivieren, organisieren, einen Zukunftsplan präsentieren kann. Sie sind die Einzigen, die einander zurufen: „Hört auf zu weinen!"

Sie gründen die jiddische Zeitung *Undzer Veg*, das Blatt wird für die *Sche'erit Hapletah* zum Forum nach innen und zur Stimme nach draußen; jede Woche werden 20.000 Exemplare in den DP-Lagern verbreitet. Im Camp Landsberg entsteht die *Landsberger Lager Cajtung*; sie wächst von vier Seiten und 1000 Exemplaren in der ersten Ausgabe auf bis zu 30 Seiten und ebenfalls 20.000 Exemplare an. Im Camp Föhrenwald folgt *Bamidbar*, die *Wochncajtung fun di bafraiten Jidn*. Im Lager gibt es keine Schreibmaschine für hebräische Buchstaben, aus denen das jiddische Alphabet besteht, daher müssen die Autoren lateinische Lettern verwenden. Ihr Motto erinnert an das biblische Leben der Israeliten: „In der Wüste. In der Wildnis. Auf der Durchreise. Wir werden nicht umkehren. Es gibt nur ein Ziel, *Eretz Israel*." So wurde in den alten Schriften das Gelobte, von Gott verheißene Land genannt.

Die Zionisten haben in Palästina Organisationen, die dort den *Jischuw* dominieren. Da ist die *Jewish Agency*, offizieller Ansprechpartner der britischen Mandatsverwaltung, zuständig aber auch für Siedlungsbau und Krankenhäuser, für Schulwesen, Kultur und wirtschaftliche Entwicklung. Da ist die *Hagana*, eine paramilitärische Untergrundtruppe, die vor Angriffen der Araber schützen soll. Da ist der *Mossad Le-Alija Bet*, meist nur kurz *Mossad* genannt, ein geheimes Einwanderungsbüro mit dem Ziel, die britischen Beschränkungen zu unterlaufen.

Nun werden aus Palästina *Schlichim* geschickt, Emissäre mit dem Auftrag, in den DP-Lagern erste Strukturen eines Schul- und Berufsausbildungswesens aufzubauen. Jüdische Soldaten, die aus dem Heimaturlaub nach Europa zurückkehren, schmuggeln sie mithilfe von gefälschten Papieren über die Grenzen.

In den Köpfen der zionistischen Führer reift eine Idee. Sie greift die Träume der *Sche'erit Hapletah* von der Ostseite des Mittelmeers her auf. „Der übrig gebliebene Rest" in Europa soll aus seiner Opferrolle heraus. Birgt er nicht ein Potenzial von Pionieren, die der neue Judenstaat dringend braucht?

So wird München, ausgerechnet München, wieder zur Hauptstadt einer Bewegung. Die Repräsentanten der *Sche'erit Hapletah* richten sich notdürftig im Deutschen Museum ein, das durch Bomben schwer beschädigt ist. Das Signal, das sie aus München in die Lager senden, drückt sich in einem Slogan auf Jiddisch aus: *Mir zaynen do* („Wir sind da"). Es stammt aus einem Partisanenlied, das der junge Dichter Hirsch Glik nach dem Aufstand im Warschauer Ghetto komponierte. Die deutsche Übersetzung lautet:

„Das Lied wurde mit Blut und nicht mit Blei geschrieben.
Darum sage niemals, dass du den letzten Weg gehst,
Wenn auch bleierner Himmel den blauen Tag verdeckt.
Unsere ersehnte Stunde wird noch kommen,
Unser Schritt wird dröhnen – Wir sind da!

ZUGEDRÜCKTE AUGEN

Mailand, August 1945

Die Stadt ist von dem Schock noch immer gelähmt. Die Szenen, die sich hier abgespielt haben, drücken auf die Gedanken der Menschen wie ein Alb. Die Straßen sind voll von Bombenschutt. Banden machen die Wege unsicher, ab und zu peitschen gar Schüsse von Dächern durch die Luft. Gerüchte schwirren umher, das seien versprengte Faschisten, die letzten Anhänger des *Duce,* die nicht wahrhaben wollen, dass die Geschichte nicht mehr auf ihrer Seite steht.

Das Erschrecken darüber, sich geistig verirrt zu haben, lähmt die Stadt so wie das ganze Land. 1936 schloss Italien, geführt von seinem theatralischen Diktator Benito Mussolini, ein Bündnis mit Hitler. 1943, nach der Landung und dem Vormarsch der Alliierten von Sizilien nach Norden, zerbrach die sogenannte „Achse", die Rom und Berlin verband. Mussolini wurde gestürzt und eingesperrt, eine Militärregierung unter Marschall Pietro Badoglio schlug sich auf die Seite der Amerikaner und Briten. Als Reaktion darauf besetzten die Deutschen den Norden des Landes, befreiten Mussolini aus dem Gefängnis und setzten mit ihm eine Gegenregierung mit Mailand als

Stadt in Ruinen: Das Zentrum von Mailand, hier der Corso Vittorio Emanuele, ist von Bomben verwüstet (links).

Land unter Schock: Die Leichen erschossener Faschisten, darunter Diktator Benito Mussolini und dessen Geliebte Clara Petacci, wurden in Mailand mit den Köpfen nach unten aufgehängt (rechts).

Hauptstadt ein. Eineinhalb Jahre lang tobte von den Alpen bis zum Apennin ein zusätzlicher Krieg zwischen Partisanen, die Anschläge auf die Wehrmacht verübten, und deutschen Truppen, die in italienischen Dörfern blutige Rache nahmen und massenweise völlig unschuldige Zivilisten erschossen.

In Italien sind 8000 Brücken zerstört, 40 Prozent der Eisenbahnstrecken, 50 Prozent der Schulen und Krankenhäuser, 60 Prozent der Straßen, 70 Prozent der Hafenanlagen. Verwüstet ist aber auch die politische Kultur. Das Erwachen aus dem Rausch des Faschismus ist so fürchterlich wie das nach einem Drogentrip. Dem Entsetzen, einem Showman wie Mussolini zugejubelt und sich mit einem Massenmörder wie Hitler verbündet zu haben, folgt nun die Demütigung durch Besatzungsmächte. Das Königshaus, einst die einigende Klammer der Nation, ist durch seine Allianz mit den Faschisten so diskreditiert, dass die Tage der Monarchie gezählt sind. Italien ist, materiell wie auch geistig, eine Trümmerlandschaft.

Hier in Mailand fand die Irrlichterei der jungen Nation ihr schauriges Ende. Mussolini und seine Geliebte Clara Petacci, am Comer See von Partisanen geschnappt und erschossen, wurden Ende April als Leichen zum Piazzale Loreto gebracht, an einer Tankstelle drei Tage lang mit den Köpfen nach unten aufgehängt und tätlichen Attacken einer tobenden Menge preisgegeben. Der tote, verstümmelte *Duce* lag dann ein paar Tage auf einem anonymen Gräberfeld des *Cimitero del Musocco*, ehe drei Anhänger ihn heimlich ausgruben und dreieinhalb Monate lang in einem Kloster nördlich von Pavia versteckten. Dort wurde er entdeckt und ins Kapuzinerkloster Cerro Maggiore bei Legnano verlegt.

Die Ruinen von Mailand muten an wie eine perfekte Tarnung für Menschen, die den Glauben an die Zukunft nicht verloren haben. Einer von ihnen ist Raffaele Cantoni, der Motor der jüdischen Gemeinde. Er ist ein glühender Zionist, ein Energiebündel aus Vision und Aktion. Im Faschismus sah er ein System von Ignoranten, einen Verrat an den humanistischen Idealen der italienischen Freiheitskämpfer des 19. Jahrhunderts. Er hatte enge Kontakte zu Widerstandsgruppen im Untergrund wie auch zum katholischen Klerus. 1926 wurde er beschuldigt, ein Attentat auf Mussolini zu planen, kam jedoch nach sechs Monaten hinter Gittern wieder frei. Als der Krieg ausbrach, half er jüdischen Flüchtlingen, und dank seiner guten Verbindungen fanden jüdische Waisenkinder Unterschlupf in christlichen Klöstern. 1943 lieferte ihn ein Spitzel den Nazis aus, die SS steckte ihn in einen Zug Richtung Auschwitz. In der ersten Nacht wartete er, bis seine Bewacher eingeschlafen waren, dann sprang er bei Padua aus dem Waggon – er hatte das Glück, in einem Heuhaufen zu landen und sich nur leicht zu verletzen. Cantoni schlug sich in die Schweiz durch, gleich nach Kriegsende aber kehrte er nach Mailand zurück – denn dort gab es nun ganz besonders viel zu tun.

Der Palazzo Erba Odescalchi liegt in der Via Unione, unweit der Kathedrale. Er ist ein Werk des Architekten und Malers Pellegrino Tibaldi, der im 16. Jahrhundert in Mailand

Feldbetten und dicke Luft: Der Palazzo Erba Odescalchi in Mailand wird zu einem Durchgangslager für jüdische Flüchtlinge.

den erzbischöflichen Palast restaurierte und den Mailänder Dom neu gestaltete. Die Büsten von zwölf römischen Kaisern zieren die Fenster der Fassade. Unter Mussolini war in dem Bau ein Truppenkontingent untergebracht. Wie durch ein Wunder blieb er fast unzerstört, als Mailand unter dem Bombenhagel der Alliierten lag. Cantoni hat erreicht, dass die Stadtverwaltung das Gebäude nach dem Abzug der Deutschen der jüdischen Gemeinde zur Verfügung stellte. Nun ist es die wichtigste Transitstation für Juden, die über die Alpen und durch Südtirol nach Italien geschleust werden.

Das Gebäude wird zu einem Auffanglager, in dem jeden Tag neue Menschentransporte ankommen. Der Innenhof hat sich in einen Fahrzeugpark verwandelt. Im Erdgeschoss wurden ein Speisesaal und eine Ambulanz eingerichtet, im ersten Stock Büros, im zweiten Stock ein Schlafsaal mit Feldbetten. Alle Neuankömmlinge werden desinfiziert, damit keine Seuchen ausbrechen. Sie stehen Schlange bei der Kleiderausgabe, dann suchen sie sich eine freie Ecke, wo sie die Tage bis zur Weiterreise verbringen können. 600, 800, ja bis zu 1000 Flüchtlinge sind hier zusammengepfercht, aus Mangel an Liegeplätzen schlafen Leute auf Fluren und Treppen, auf Toiletten und Terrassen. Ein feuchter, stickiger, beißender Geruch weht durch die Gänge. Dicke Luft, in der sich menschliche Dramen wie finstere Gewitterwolken zusammenballen. Auf den Esstischen sind nur Gabel und Löffel erlaubt – aber keine Messer.

Ein paar Straßen weiter, in der Via Cantù, hat sich der *Mossad* eingerichtet. Die Leute, die hier ein und aus gehen, haben gefälschte Militärpapiere. Jüdische Soldaten sind offenbar allgegenwärtig. Von diesem Offiziersclub aus, wie man die Räumlichkeiten deklariert, soll die *Alija Bet,* die geheime Einwanderung nach Palästina, gesteuert werden.

Kein Staat in Europa hat eine so lange Küste wie diese stiefelähnliche Landmasse, die sich von den Alpen ins Mittelmeer erstreckt. Italiens Gestade summieren sich auf 7600 Kilometer und bergen Hunderte von Buchten, in denen Boote beladen werden können. Die Behörden des Landes sind außerstande, jeden geografischen Winkel zu überwachen. Zum einen herrscht bei ihnen noch ein großes Durcheinander, zum anderen hat das besetzte Land ohnehin nur eine eingeschränkte Souveränität. Und die Bevölkerung sieht die jüdischen Aktivitäten mit einer Sympathie, die dem schlechten Gewissen entspringt. Man will so schnell wie möglich aus dem Geruch des Faschismus heraus, feiert sich lieber als Volk der Partisanen – und ist nebenbei auch nicht unglücklich darüber, dass diese Flüchtlingsmassen aus dem Norden das Land möglichst bald wieder verlassen wollen.

Für einen Frontgänger wie Jehuda Arazi ist dieses Ambiente wie geschaffen. Seine Eltern, überzeugte Zionisten, wanderten mit ihm schon 1924 vom polnischen Lodz nach Palästina aus. Als Polizist stand er dort offiziell im Dienst der Briten. De facto aber nutzte er ab 1936 seine Kontakte, um Waffen für die *Hagana* zu beschaffen – erst in seiner Jugendheimat Polen, dann im Nahen Osten und in Nordafrika. 1943 stahl er gar für die jüdischen Untergrundkämpfer 5000 britische Polizeigewehre. Die Mandachtsmacht

Kontakte zum Untergrund: Italienische Partisanen feiern in Verona das Ende des Faschismus.

stellte daraufhin einen Haftbefehl aus, doch Arazi gelang es, sich mehr als zwei Jahre zu verstecken. Im Juni 1945 fuhr er, getarnt als britischer Militäringenieur, nach Kairo. Dort schiffte er sich, gekleidet in eine Uniform der polnischen Flugzeugcrew, nach Bari ein.

Für die *Alija Bet* aus Italien braucht man einen dynamischen, furcht- und skrupellosen Typen. Abgebrüht und abgeklärt, wie er ist, baut Arazi in Mailand den *Mossad* zu einem Netzwerk aus, dessen Verbindungen sich über ganz Europa erstrecken. Arazi wird Verhandlungen über den Ankauf von Schiffen und das Anheuern von Mannschaften führen, den Ort und Zeitpunkt für die Abfahrt von Schiffen bestimmen. Und immer dann, wenn es nötig ist, die Zahlung von Bestechungsgeldern beschließen.

Damit sind die Zeiten, in denen Juden und Briten gemeinsam kämpften, endgültig vorbei. Solange es gegen Hitler ging, arbeiteten die *Hagana* und britische Geheimagenten Hand in Hand. Jetzt aber sind sie zu Feinden geworden – weil ihre Pläne für Palästina in entgegengesetzte Richtungen zielen.

Die Juden aus Palästina, die im Sold der Briten stehen, werden nachgerade zu Saboteuren. Sie stehlen aus Militärbeständen massenweise Kraftstoff- und Proviantmengen, die für die Schiffe benötigt werden. Sie stellen für den Transport der Flüchtlinge Jeeps und Lastwagen zur Verfügung und fälschen die dafür nötigen Einsatzpapiere. Sie opfern ihre Wochenration von je einer Flasche Whisky und Gin und liefern sie an einer geheimen Sammelstelle ab –

Gerissener Agent: Jehuda Arazi soll den Ankauf und Umbau von Schiffen organisieren (links).

Energiebündel mit Visionen: Raffaele Cantoni ist der wichtigste Repräsentant der italienischen Juden (rechts).

mit drei Flaschen Schnaps lässt sich auf dem Schwarzmarkt eine ganze Lkw-Ladung gepökeltes Rindfleisch erwerben, und mit einer Kiste Whisky wird sich Arazi bei der italienischen Admiralität in Tarent eine Seekarte verschaffen, in die alle Minenfelder vor Italiens Küsten eingezeichnet sind.

Italiens Regierung schließt davor die Augen. Das wird deutlich, als Giuseppe Nahon, ein Repräsentant der Vereinigung italienischer Juden, sie um grünes Licht für 3000 jüdische Flüchtlinge bittet, die über die Alpen ans Mittelmeer gebracht werden sollen. Ministerpräsident Ferruccio Parri schreibt ihm zurück, man sehe es als „gerecht und gebührend an, den Juden beizustehen, die andere Länder wegen rassischer Verfolgung verlassen" müssten. „Wir bedauern, dass es die derzeitigen Verhältnisse nicht erlauben, materielle Hilfe zu leisten. Doch wir vertrauen darauf, dass die Eingewanderten in unserem Land zumindest jenen Geist der Freiheit und menschlichen Solidarität finden, der das italienische Volk bei seinem Wiederaufleben beseelt." Die Botschaft, die zwischen den blumigen Zeilen steht, ist praktisch ein Freibrief für die Schleuser.

EIN PASS UND FALSCHE PÄSSE

Brenner, August 1945

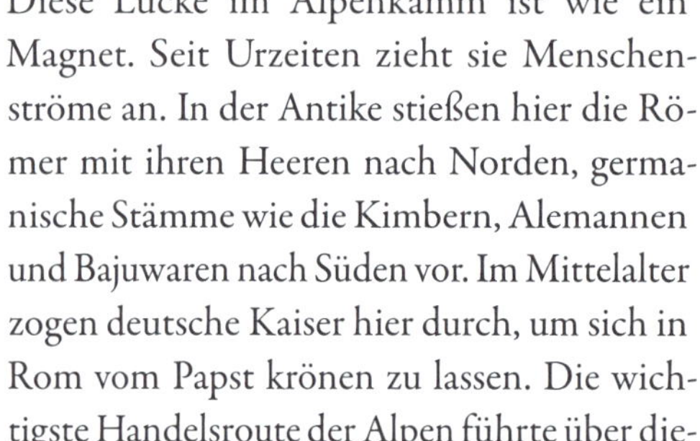

Diese Lücke im Alpenkamm ist wie ein Magnet. Seit Urzeiten zieht sie Menschenströme an. In der Antike stießen hier die Römer mit ihren Heeren nach Norden, germanische Stämme wie die Kimbern, Alemannen und Bajuwaren nach Süden vor. Im Mittelalter zogen deutsche Kaiser hier durch, um sich in Rom vom Papst krönen zu lassen. Die wichtigste Handelsroute der Alpen führte über diese Höhe, und als das Schwarzpulver erfunden war, wurden an den Zufahrtswegen Felsen weggesprengt, um Platz für breitere Straßen zu schaffen. Zur Blütezeit der Städte Augsburg und Venedig waren jedes Jahr 6500 Frachtwagen unterwegs, um Waren durch das Wipptal und über diesen Pass zu transportieren. Denn der Durchschlupf zwischen den Gipfeln Sattelberg und Wolfendorn ist das ganze Jahr über offen. Er liegt nur 1370 Meter hoch, verführerisch niedrig im Vergleich zu anderen wichtigen Alpenpässen – 636 Meter tiefer als der Simplon, 737 Meter tiefer als der St. Gotthard, 999 Meter tiefer als der Große St. Bernhard.

Waggons mit menschlicher Fracht: Juden werden im Zug nach Italien transportiert (links).

Offene Grenze: Der Brenner ist in den ersten Wochen nach Kriegsende eine begehrte Transitstation (rechts).

Was sich hier seit ein paar Wochen abspielt, sieht aus wie eine neue Völkerwanderung. Lastwagen, vollgestopft mit Menschen, röhren aus Richtung Innsbruck hier hoch. Sie bleiben ein paar Hundert Meter vor der Grenze zwischen Österreich und Italien stehen, dann macht sich eine wabernde Masse mit Sack und Pack zu Fuß auf den Weg, und drüben auf der anderen Seite wird ein neuer Konvoi zusammengestellt. Lange Züge rollen über die Eisenbahnschienen, sie bringen Scharen von italienischen Zwangsarbeitern und Kriegsgefangenen in die Heimat zurück. Aber seltsam, die Passagiere in den hinteren Waggons sprechen untereinander oft Jiddisch, Polnisch und Russisch, Tschechisch, Ungarisch und Deutsch. Obwohl die Papiere, die sie haben, italienische Namen tragen. Die Waggons wurden angekauft, drunten im Inntal an den Zug gehängt – und manchmal sogar versiegelt.

Der Brenner, dieser zentrale Alpenpass, ist zu einem Tor für Schleuser geworden. Die Geografie und die Politik haben sich zusammengetan, um ihm diese neue Rolle zu geben.

Eine sehr beliebte Masche ist der „griechische Bluff". Polnische Juden legen Schriftstücke vor, auf denen bestätigt wird, dass sie Griechen seien. Sie seien von den Nazis gefangen genommen und interniert worden – und nun auf dem Rückweg, der sie über Italien zu ihren Familien in Athen oder Saloniki führen solle. Wenn sie etwas gefragt werden, antworten sie weder auf Polnisch noch auf Jiddisch, sondern auf Hebräisch – sie können fest darauf

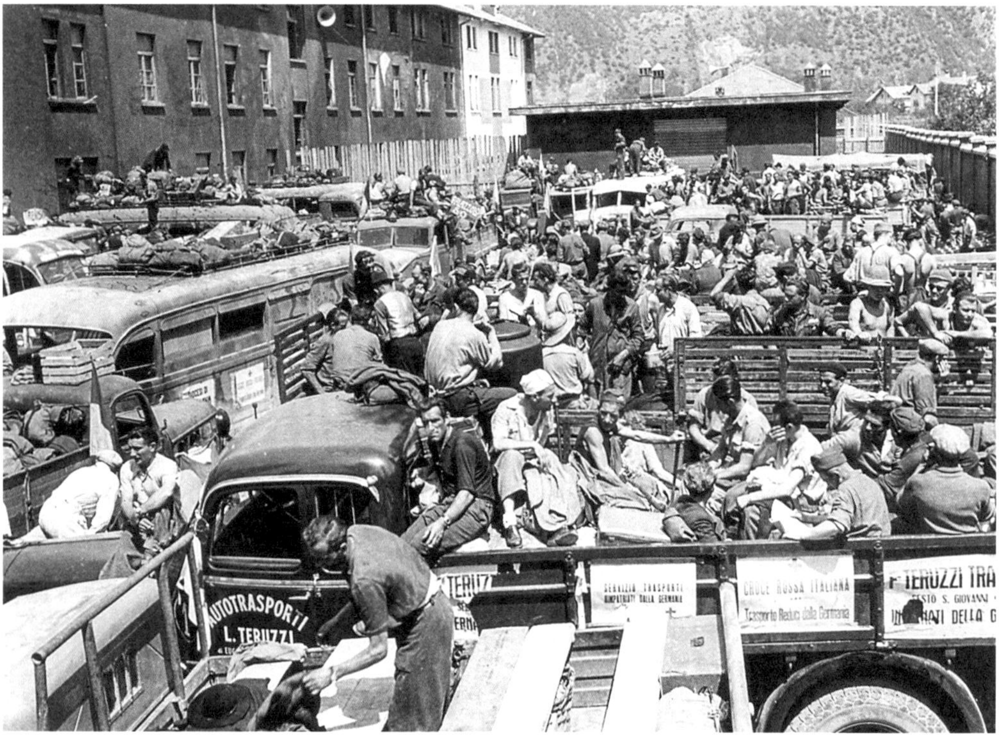
AUTOTRASPORTI
L. TERUZZI
SERVIZIO TRASPORTI
RIMPATRIATI DALLA GERMANIA
CROCE ROSSA ITALIANA
Trasporto Reduci dalla Germania

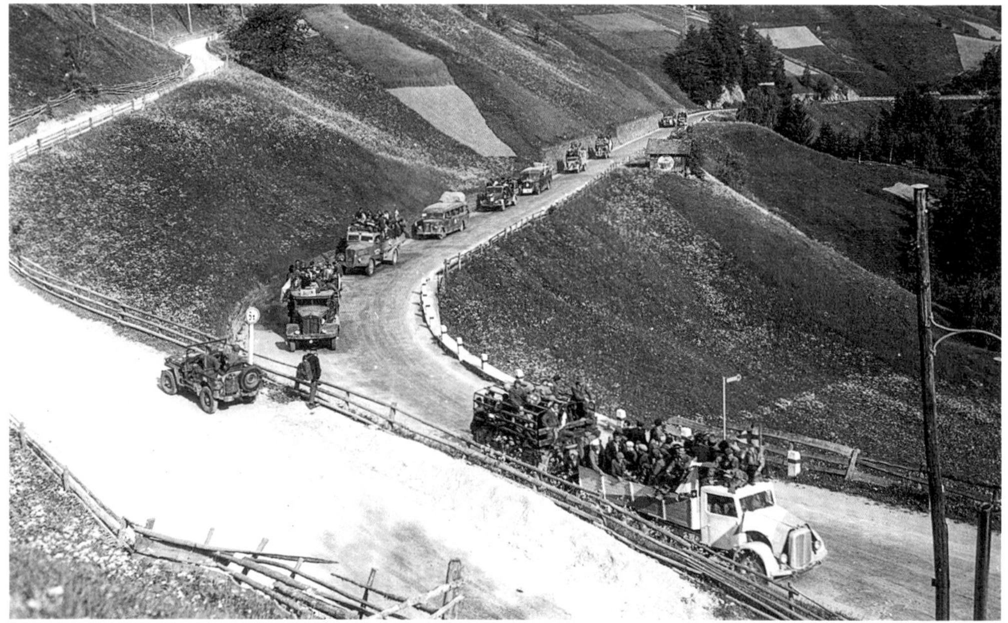

Gewimmel auf Ladeflächen: Jeden Tag kommen Tausende mit Lastwagen durch Bozen – Kriegsheimkehrer und Flüchtlinge sind kaum voneinander zu trennen (oben).

Blechschlangen in den Bergen: Vollgestopfte Transporter rollen über die Brennerstraße (unten).

vertrauen, dass die Grenzposten den Unterschied zur griechischen Sprache nicht kennen. Und nirgendwo in der Nähe gibt es ein griechisches Konsulat, in dem man die Echtheit der Papiere überprüfen könnte.

Die Grenze am Brenner ist so gut wie offen. 3000, 4000, 5000 Menschen kommen jeden Tag hier durch. Die Kontrollen sind, wenn es sie überhaupt gibt, meist ziemlich lasch. Es gibt wichtigere Dinge zu tun an dieser Strecke: Gleise reparieren, Trümmer wegräumen, Signale funktionsfähig machen. Wenn wirklich jemand Fragen stellt, helfen die Schleuser mit einem Geldschein nach, mit einer Flasche Wein oder einer Schachtel Zigaretten, der allgegenwärtigen Ersatzwährung der Nachkriegszeit. Die italienischen Grenzbeamten haben Mitleid mit den mageren Gestalten und außerdem wenig Lust, sich wegen irgendwelcher Formalitäten mit den Militärs der Siegermächte anzulegen. Gefälschte Ausweise haben Hochkonjunktur, der Renner ist ein Formular des Internationalen Roten Kreuzes, das in Innsbruck ziemlich leicht zu bekommen ist. Das IKRK-Papier bescheinigt, dass der Inhaber ein Flüchtling ist, und wird oft auch als Reisepass anerkannt.

Wer zieht hier im Hintergrund die Fäden? Woher kommen die hohen Summen an Geld, das da im Spiel sein muss? Nur wenige ahnen in diesen Wochen, dass es in Europa nicht nur Menschen-, sondern auch Finanzströme gibt. Sie sind verzweigt über mehrere Länder – doch alle haben sie dieselbe Quelle, und die liegt jenseits des Atlantiks, ein paar Tausend Kilometer entfernt.

Der *Joint* hat sich lange Zeit als rein humanitäre, überparteiliche Hilfsorganisation verstanden. Sie wehrte sich dagegen, zum Förderer irgendeiner politischen Gruppe zu werden. Ihr Ziel war, die Not der Juden zu lindern, die den Holocaust überlebt hatten. Aber der Druck der Zionisten, die weit über Europa hinaus denken, ist im Lauf der Zeit immer größer geworden. Wenn Amerika die *Schoah* schon nicht verhindern konnte, so argumentieren sie, habe es jetzt die Pflicht, den Übriggebliebenen zu einer neuen Heimat zu verhelfen. Für Amerikas Juden, die auf der Sonnenseite des Lebens gestanden hätten, folge daraus ein moralisches Gebot: die Einwanderung von Juden nach Palästina mit allen Mitteln zu unterstützen. Mit jedem Monat, der vergeht, macht sich der *Joint* die Logik der Zionisten ein Stück mehr zu eigen. Sie lautet: Es geht nicht mehr darum, in Europa ein Restjudentum zu retten. Es geht darum, einen jüdischen Staat zu gründen. Letztlich, so das Kalkül, koste diese Strategie auch deutlich weniger Geld. Die Finanzierung der illegalen Einwanderung sei ein einmaliger, zielorientierter Kraftakt – die Finanzierung eines endlosen, hoffnungslosen Lagerlebens aber wie ein Fass ohne Boden.

Was die zwielichtige Figur Jaac van Harten gleich nach dem Kriegsende in Südtirol tat, war eine Art Anschubfinanzierung. Nun

Spenden von Juden für Juden: ein Warenlager des *Joint* (Kurzform). Die amerikanische Organisation wird zur wichtigsten Finanzquelle der Schleuser (oben).

Kisten mit Kalorien: Am Rand von München werden vom *Joint* Lebensmittelsendungen aus den USA verladen (unten).

aber beginnt die Finanzquelle *Joint* zu sprudeln, und das Projekt nimmt viel größere Dimensionen an. Ze'ev Schind, Verbindungsmann des *Mossad*, ist die Schlüsselfigur, er treibt das Geld in Amerika ein. Pino Ginsburg, Finanzchef des *Mossad* für Europa, leitet von Genf aus die Geldströme quer durch den Kontinent. Joseph Schwartz, Chef der Europa-Abteilung des *Joint*, knüpft von Paris aus die nötigen Kontakte – er ist ein weltgewandter Wissenschaftler, der nicht nur Jiddisch und Hebräisch, sondern auch Deutsch, Englisch, Französisch und Arabisch spricht.

Codewörter werden benutzt, um Transaktionen zu tarnen und mögliche Kontrolleure zu verwirren: Die Schweiz zum Beispiel heißt „Natan", Frankreich „Ruth", Österreich „Ben Zion". Die Akteure profitieren von enormen Unterschieden bei den Wechselkursen: Die Summen, die aus den USA eintreffen, werden in der Schweiz zum offiziellen Kurs von 4,30 Franken getauscht. Auf dem Schwarzmarkt hingegen ist der Dollar nur 1,50 Franken wert. Daher kaufen die *Mossad*-Leute dort für gerade mal ein Drittel des Preises Dollar zurück – und machen dadurch einen gewaltigen Gewinn.

So treiben Spendengelder aus den USA die erste massenhafte Schleusung von Menschen über die Alpen an. Der *Joint* bessert mit seinen Zuschüssen die Verpflegungsrationen in den Lagern auf. Er finanziert die geheimen Transporte, die nötigen Schmiergelder eingeschlossen. Nebenbei fällt auch für die Einheimischen, die das Gebirge gut kennen, etwas ab. Da es nur wenige Telefone gibt, schlägt die Stunde von Kurieren, die schriftliche und mündliche Nachrichten überbringen. Und es ist die Stunde von Führern, die Schleichwege von Österreich nach Italien kennen. Sie schleusen jeden, der sich auf eigene Faust durchschlagen will und dafür zu zahlen bereit ist. Die Tarife sind allgemein bekannt. Nazis, die sich aus dem Staub machen wollen, möchten fast immer alleine über die Grenze, das kostet 1000 Schilling pro Person. Bei Juden wird meist gewartet, bis sich eine Gruppe von sechs Leuten gebildet hat, der Pauschalpreis liegt bei 4000 Schilling. Der Brenner ist wieder das, was er im Mittelalter war: ein Treffpunkt für Händler, die das große Geschäft wittern.

A CONSOMMER AVANT
FIN JANVIER 1946
ACCWCE 22
EN SUISSE
SIGNAL CORPS

GERECHTIGKEIT FÜR TIROL
NORD-TIROL
OST-TIROL
SÜD TIROL
TRENTINO

DIE TIROLER KLAMMER

Innsbruck, September 1945

So festlich und farbenreich ist Innsbruck schon lange nicht mehr gewesen. Schier endlos lange Schlangen von Menschen in bunten Trachten ziehen vom Hauptbahnhof ins Zentrum der Hauptstadt Tirols. Sonderzüge haben Abordnungen aus allen Teilen der Region hierhergebracht: Musikkapellen mit klingendem Spiel, Kirchenverbände mit Kreuzen, Schützenvereine mit traditionsreichen Uniformen. Fahnen überwehen die Narben des Krieges, in dem Innsbruck 22-mal bombardiert worden ist.

Die jüdischen Schleuser spüren, dass der Boden unter ihren Füßen brodelt. Der Krieg ist aus, der Friede aber noch nicht da. Es geht um neue Grenzen wie überall in Europa. Diese Grenze aber, die da oben am Brenner verläuft, ist eine, die besonders tief in die Herzen schneidet.

In Innsbruck sind Balkone mit Blumen geschmückt, im Burggraben, am Rennweg und an der Maria-Theresien-Straße. In Schaufenstern sind speziell für diesen Tag Landkarten ausgelegt, auf denen Sprachgrenzen markiert sind – hier Deutsch, dort Italienisch. Dieser Aufmarsch soll ein Signal an die ganze Welt senden. Er steht unter dem Motto: „Österreich ruft Südtirol, Südtirol ruft Österreich."

„Etsch und Inn – ein Land, ein Sinn": 32.000 Menschen demonstrieren in Innsbruck für eine Wiedereingliederung Südtirols nach Österreich.

Um fünf Uhr nachmittags beginnt die Kundgebung auf dem Platz vor dem einstigen Stadttheater, das bald als Tiroler Landestheater neu eröffnet werden wird. Seit vier Uhr sind alle Betriebe und Läden der Stadt geschlossen. Radio Innsbruck wird das Ereignis live übertragen. 32.000 Menschen drängen sich zusammen, alle haben sie nur eine Botschaft. Sie steht auf Transparenten, die über ihren Köpfen ausgerollt werden, in deutscher, englischer und französischer Sprache.

„Gebt Südtirol frei!", lesen die Zeitungsreporter, die sich in Scharen eingefunden haben.

„Verlorene Heimat – kehre zurück!"

„Etsch und Inn – ein Land, ein Sinn!"

Alle drei Parteien, die im Österreich der Nachkriegszeit eine Rolle spielen, stehen hinter diesen Forderungen. Jede schickt einen Redner aufs Podium, und jeder Satz wühlt die Gefühle aufs Neue auf. „Mit der Wegnahme Südtirols hat man uns das Herz aus dem Leibe gerissen", ruft Adolf Platzgummer von der Österreichischen Volkspartei in die Menge. „Wir wünschen nicht, dass auch nach diesem Krieg wieder Stacheln zurückbleiben, die die Zusammenarbeit der Völker und damit die Völkervereinigung gefährden", sagt Karl Kunst von den Sozialdemokraten. Selbst der Kommunist Josef Ronczay springt ihnen, in der Sprache des Klassenkämpfers, zur Seite – er drückt die Hoffnung aus, „diese Frage nie

Sehnsucht nach Einheit: Plakat der Österreichischen Volkspartei in der Nachkriegszeit.

wieder zu einem Schacherobjekt faschistisch-reaktionärer Elemente werden zu lassen".

„Gebt uns Tirolern, gebt unserem leidgequälten, aus tausend Wunden blutenden Tiroler Volk das Herzstück unseres Landes, unser Südtirol", verlangt der provisorische Landeshauptmann Karl Gruber mit bebender Stimme. „Wenn diese schwärende Wunde, die die Beziehungen zwischen Österreich und Italien dauernd vergiftet hat, geheilt ist, steht einer möglichst engen wirtschaftlichen und politischen Verbindung der beiden Länder nichts mehr im Wege." Andernfalls aber würde Südtirol „ein dauernder Unruheherd im italienischen Volkskörper sein".

Als die Kundgebung zu Ende ist, beginnen die Kirchenglocken zu läuten. In der einbrechenden Dunkelheit leuchten an der Nordkette, wie die mächtige Felsbarriere des Karwendel hoch über Innsbruck heißt, acht Buchstaben wie ein Fanal in großen Feuerflammen auf: „Südtirol".

Die *Tiroler Tageszeitung* kennt in diesen Tagen kaum ein anderes Thema. „Heute ist die Sehnsucht aller Tiroler stärker denn je auf die Beseitigung jener verderblichen Grenzpfähle gerichtet, die im Jahre 1919 am Brenner in das lebendige Fleisch des Tiroler Volkes eingerammt wurden", schreibt Eduard Reut-Nicolussi, Professor für Rechtsphilosophie und Völkerrecht an der Universität Innsbruck, einer der vehementen Kämpfer gegen die Italianisierung seiner Heimat, aus der er 1927 vor dem Regime der Faschisten geflüchtet ist. Das Lokalblatt druckt ein Foto der Drei Zinnen, das berühmteste aller Dolomiten-Motive, und darunter ein Gedicht, das mit folgenden Versen schließt:

Hart an des Brenners Scheide recken wir die Hände,
wir, die Jugend, auf zum Himmelspol:
„Herrgott, sieh die Eide, mach der Schmach ein Ende,
schaffe neu dein treues Land Tirol!"

Die Franzosen, die seit Kriegsende in dem österreichischen Bundesland das Sagen haben, hatten gute Gründe, diese Demonstration zu erlauben. Sie wissen, welche Macht der Mythos des Freiheitshelden Andreas Hofer hat und worauf er sich seit fast 150 Jahren gründet.

1809 schlugen Tiroler Schützen und ein Bauernheer, das mit Picken, Sensen und Morgensternen bewaffnet war, die Truppen Napoleons am Bergisel bei Innsbruck dreimal in die Flucht. So wollen die Militärs möglichst nicht als Besatzer, sondern als Beschützer auftreten. Die Tiroler glauben, mit den Franzosen wenigstens schon mal eine wichtige Regierung auf ihrer Seite zu haben.

Zweimal haben die Südtiroler erlebt, dass über ihre Köpfe hinweg Entscheidungen getroffen wurden, die schicksalschwere Folgen für sie hatten. 1919, nach Österreichs Kapitulation im Ersten Weltkrieg, wurde ihr Land Italien zugeschlagen. 1939, im Jahr des Hitler-Mussolini-Paktes, wollten die beiden Diktatoren das leidige Problem dadurch aus der Welt schaffen, dass sie eine „Option" beschlossen, die die deutschsprachige Bevölkerung zwischen Brenner und Bozen vor die Wahl zwischen Pest und Cholera stellte. Die Südtiroler konnten entweder in der Heimat bleiben – um den Preis, sich im italienischen Faschismus vollständig zu assimilieren und kulturell unterzugehen. Oder sie konnten ins Großdeutsche Reich auswandern – um den Preis, Haus und Hof und Heimat zu verlieren.

Der Konflikt zwischen „Optanten" und „Dableibern", der daraufhin ausbrach, zerriss Freunde, Familien, ganze Dörfer. 75.000 Südtiroler glaubten den Versprechen der Nazis, dass sie nach dem Endsieg neues, fruchtbares Land bekommen würden – mal war von Galizien, mal von Polen, mal von der Halbinsel

Geschlossene Schranke, offene Wunde: Grenzübergang Brenner im Jahr 1939.

pedizioni e trasl

Einst Feinde, jetzt Freunde: Tiroler Schützen besuchen General Antoine Béthouard, den Oberkommandierenden der französischen Truppen (oben).

Emotionen und Illusionen: „Optanten“ am Bahnhof von Brixen. 75.000 Südtiroler verließen 1939 nach dem Hitler-Mussolini-Abkommen ihre Heimat (unten).

Krim, mal von einem Mustergau im französischen Burgund die Rede. Stattdessen mussten sie nördlich der Alpen in Notunterkünften leben wie in Absam-Eichat bei Hall. Nun, da alle Träume zerbrochen sind, klammern sie sich an die Hoffnung, dass die alten Wunden wieder heilen und die alte Einheit wiederhergestellt werden kann: die Einheit der Familie, die Einheit des Dorfes, die Einheit Tirols, so wie es seit Jahrhunderten war.

Nach der Demonstration in Innsbruck wird eine Entschließung an die Siegermächte geschickt. Darin steht die „inständige Bitte, bei Neuregelung der europäischen Grenzen Südtirol wieder in den hundertjährigen Verband mit Österreich zurückzuführen“. Ein paar Wochen später fasst die provisorische, freilich nur halbsouveräne Staatsregierung von Wien aus mit einer diplomatischen Note an den Alliierten Rat nach. „Das gesamte österreichische Volk hat seit jeher die Trennung von seinen Landsleuten schmerzlich empfunden, und dieses Gefühl wirkt weiter nach“ heißt es darin. „Italien, das seine eigene Einheit dem Zusammengehörigkeitsbewusstsein verdankt, sollte am besten verstehen, was diese offene Wunde für das österreichische Volk bedeutet.“

Zu diesem Zeitpunkt ahnen die Tiroler nicht, dass fremde Mächte auch ein drittes Mal über ihre Köpfe hinweg entscheiden werden. Die Außenminister der Alliierten werden schon zehn Tage später in London, wo sie sich zur Vorbereitung von Friedensverträgen treffen, beschließen, dass Südtirol bei Italien bleiben soll. Diese grundsätzliche Absprache bleibt noch monatelang geheim, die ganze Wahrheit soll die Bevölkerung erst im nächsten Jahr erfahren. Italien wird zwar den größten Teil seiner Flotte verlieren, alle Kolonien, ganz Istrien samt der Dalmatinischen Küste und Gebiete an der Grenze zu Frankreich – nicht aber die Region, die Roms Verhandlungsführer stets mit besonderer Zähigkeit verteidigt haben. Die große Politik, so die erneute, schmerzliche Lehre, ignoriert schlicht und einfach den kleinen Mann.

Doch was immer die Siegermächte da beschließen mögen – die kulturelle Klammer bleibt, die Nord- und Südtiroler zusammenhält. Man ist durch die Geschichte und familiäre Beziehungen verbunden, man kennt sich und spricht dieselbe Sprache, man weiß, wo in den Bergen Schleichwege sind und welche Taktik bei Zöllnern hilft. Die Schleuser, die Menschen von der einen auf die andere Seite bringen wollen, machen sich das zunutze. Sie haben mit den Tirolern den Wunsch gemein, die Grenze so oft und so leicht wie möglich zu überwinden – wenn auch aus ganz anderen Gründen.

„DAS LAND WARTET AUF EUCH!“

Landsberg, Oktober 1945

Wie schnell die Dinge sich wenden können! Manchmal schleudert die Geschichte durch so irre Kurven, dass einem schon fast schwindlig wird.

Die Festung Landsberg, hoch über dem beschaulichen Städtchen am Lech, bekam 1924 einen Häftling, der ihr einen noch nie erlebten Ruhm verleihen sollte. Adolf Hitler hatte fünf Jahre hinter Gitter bekommen wegen seines Putschversuchs in München. Zwar saß er davon nur einen Bruchteil ab, weil er wegen guter Führung schon nach knapp neun Monaten entlassen wurde. Aber in dieser Zeit schrieb er den ersten Teil von „Mein Kampf“, der polemischen, programmatischen Streitschrift, die zur Bibel seiner Horrorherrschaft werden sollte.

Hitler brachte präzise zu Papier, weshalb er die Juden für das Erzübel der Menschheit hielt. Sie seien Parasiten mit dem Ziel, ihr Wirtsvolk

„Ausbruch von Tatkraft“: Juden im Lager Landsberg scharen sich unter dem Davidstern zu einem Gruppenbild (links).

„Er erscheint ihnen wie ein Gott“: Zionistenführer David Ben-Gurion wird von Juden und der Lagerverwaltung empfangen (rechts).

umzubringen. Sie würden bewusst die Prostitution fördern, um dadurch die Syphilis zu verbreiten. Sie würden den Bolschewismus wie auch das Börsenkapital dazu nutzen, um letztlich die Weltherrschaft zu erringen. Als Hitler die Macht hatte, um seinen Vernichtungsfeldzug gegen die „Volksschädlinge“ zu beginnen, wurde das Gefängnis ein „Nationales Heiligtum“. Zehntausende pilgerten jedes Jahr nach Landsberg, um die Hitlerzelle zu besichtigen.

Nun kommt ein Judenführer nach Landsberg und erlebt einen triumphalen Empfang – freilich draußen vor den Toren der Stadt, auf dem Gelände der einstigen Artilleriekaserne, deren Backsteinbaracken noch immer die grün-beige Tarnfarbe aus den Zeiten der Wehrmacht tragen. Von den 6000 Menschen, die in diesem völlig überfüllten DP-Lager hausen, sind rund 5000 Juden. Sie strömen auf die Zugangsstraße, mit Blumensträußen und selbst gebastelten Spruchbändern in den Händen. Dort bilden sie ein Spalier für den Besucher und entfachen einen wahren Jubelsturm. „Noch nie zuvor haben wir im Camp einen solchen Ausbruch von Tatkraft erlebt“, wird Major Irving Heymont, der amerikanische Kommandant, später diese Szenen beschreiben. „Für die Menschen im Lager erscheint er wie ein Gott.“

Der Mann, an den sich die Hoffnungen krallen, wurde 1886 im russisch besetzten Polen als David Grün geboren. Er wanderte schon mit 20 nach Palästina aus, arbeitete dort

Zionismus auf Klassenbänken: In den Lagern werden schon Schulkinder zur Sehnsucht nach einem Judenstaat erzogen (oben).

Mauern des Feindes: Das Lager Landsberg wurde in Kasernen der Wehrmacht eingerichtet (unten)

erst auf einer Orangenfarm, dann als Journalist. Als engagierter Zionist baute er die Jugendorganisation *Haschomer Hatzair*, dann die Arbeiterpartei *Mapai* auf. Er weiß genau, was Worte bewirken können. Gleich nach der Ankunft in der neuen Heimat hat er, als Zeichen des Abschieds von der Diaspora, seinen Geburtsnamen durch Ben-Gurion ersetzt, das heißt auf Aramäisch „Sohn des Sterns". Er wollte sich zum geistigen Erben von Josef Ben-Gurion erklären, einem Anführer des jüdischen Aufstands gegen die römische Herrschaft im 1. Jahrhundert. Er ist entschlossen, auch diesen Auftritt in Landsberg zu nutzen, um Worte als politische Waffe einzusetzen.

David Ben-Gurion ist mittlerweile Chef der *Jewish Agency*. US-General Dwight D. Eisenhower, Oberbefehlshaber der amerikanischen Besatzungstruppen, hat ihn deswegen zu einem Besuch der *Schoah*-Überlebenden nach Deutschland eingeladen. Der Mann aus Palästina spürt die historische Chance, die ihm diese Tour durch die Judenlager bietet.

„Das Land wartet auf euch!", ruft er der fiebernden Masse zu. „In dem Kampf, der uns bevorsteht, werdet ihr eine entscheidende Rolle spielen." Sie seien „direkte Botschafter des Leidens unseres Volkes" und daher „nicht nur Leute, die wir brauchen", sondern eine „politische Kraft". Die Menschen schreien ihren Stolz hinaus, den er ihnen, die in Schmutz und

Nutzt die Gunst der Stunde: Zionistenführer David Ben-Gurion macht seine Reise durch Europa zu einer Propagandatour für Palästina.

schäbigen Kleidern vor sich hin dämmerten, schlagartig gegeben hat. „So seltsam es klingen mag – ihr könnt eine Menge erreichen", ruft er ihnen zu. Der Moment, den sie da erleben dürften, sei der „wichtigste in den letzten 2000 Jahren unserer Geschichte".

Die Spannung, die hier in der Luft liegt, scheint förmlich mit den Händen zu greifen. Nur noch ein Satz, nur ein kleines Zeichen von ihm, und sie würden sich spontan auf den Weg machen, auf einen langen, schicksalhaften Marsch, getrieben von der Sehnsucht nach Erlösung, geführt von einem Propheten wie Moses, der einst die Israeliten aus der Knechtschaft befreite.

Mit dieser Deutschlandtour hat Ben-Gurion sein Ziel erreicht. Er hat in den Lagern eine Stimmung geschaffen, die alles andere in den Schatten stellt. Und er hat den Alliierten vor Augen geführt, dass es keinen Weg zurück, sondern nur noch einen Weg nach vorn gibt.

Jacob Oleiski aus Litauen, der in Landsberg Berufsausbildungsprojekte organisiert, hat es vor Ben-Gurions Besuch schon laut und deutlich verkündet: „Nein, wir sind keine Polen, obwohl wir in Polen geboren sind. Wir sind keine Litauer, wenn auch unsere Wiege einstmals in Litauen gestanden haben mag. Wir sind keine Rumänen, auch wenn wir in Rumänien das Licht der Welt erblickt haben. Wir sind Juden!"

Ein paar Wochen nach Ben-Gurions Besuch wird Samuel Gringauz, der wortgewaltige Moralist, in der *Landsberger Lager Cajtung* einen Artikel veröffentlichen, der wie eine Schlussabrechnung mit der alten Heimat und deren Menschen gilt. „Wir glauben nicht an die 2000 Jahre alte christliche Kultur des Westens", heißt es darin. *„Für sie* hat sie die Freiheitsstatue in New York und die Westminsterabtei an der Themse geschaffen, die Wundergärten von Versailles, die Uffizien und den Palazzo Pitti in Florenz, das Straßburger Münster und den Kölner Dom – *für uns* jedoch die Gemetzel der Kreuzzüge, die spanische Inquisition, das Blutbad von Chmelnyzkyj, die Pogrome in Russland, die Gaskammern von Auschwitz und die Massaker in ganz Europa."

Zumindest die geistige Auswanderung aus Europa hat begonnen. „Ich bin sicher, sie fühlen sich noch immer als Gefangene", schreibt Kommandant Heymont in einem Brief. In Landsberg wie auch in anderen Camps werden Poster mit einem Bild aufgehängt, das eine eindeutige Botschaft hat. Ein jüdischer Lagerbewohner dreht einer Stadt mit Hochhäusern den Rücken zu – und lenkt seine Schritte einem Land entgegen, in dem Palmen stehen.

Zelle als Pilgerziel: Adolf Hitler besucht die Festung Landsberg, in der er neun Monate als Häftling einsaß.

GESCHÄFTE MIT DEM HINTERTEIL

Magenta, Oktober 1945

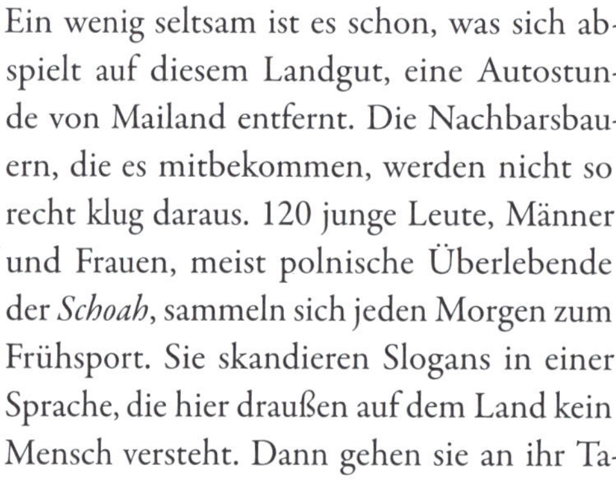

Ein wenig seltsam ist es schon, was sich abspielt auf diesem Landgut, eine Autostunde von Mailand entfernt. Die Nachbarsbauern, die es mitbekommen, werden nicht so recht klug daraus. 120 junge Leute, Männer und Frauen, meist polnische Überlebende der *Schoah*, sammeln sich jeden Morgen zum Frühsport. Sie skandieren Slogans in einer Sprache, die hier draußen auf dem Land kein Mensch versteht. Dann gehen sie an ihr Tagewerk, hübschen die Gebäude auf, zimmern neue Möbel, versorgen die Tiere. Abends lernen sie Hebräisch, angeleitet von Männern, die es offenbar perfekt sprechen.

Nach außen hin wirkt Magenta, das noch zahlreiche Kriegsspuren trägt, wie ein typisches *Hachschara*-Camp. In ganz Italien haben die Zionisten solche Agrarkollektive aufgebaut, als Trainingslager für das neue Leben, das die Flüchtlinge in Palästina erwartet. Aber

Zeichen der Solidarität: Soldaten aus Palästina haben einen Judenstern auf ein britisches Militärauto gemalt (links).

Stehlen für die nationale Sache: Juden im Dienst der Briten helfen den Schleusern mit Autos, Kraftstoff und Proviant aus Militärbeständen (rechts).

hier, auf dieser abgelegenen Farm, ist das alles nur Fassade.

Es gibt Tage, an denen das ganz besonders deutlich wird. Da stellen sie auf der Farm rätselhafte Holzgerüste auf. Militärautos karren Dutzende von Menschen herbei, und dann beginnt ein bizarres Spektakel, wie man es in der ganzen Lombardei wohl noch nie gesehen hat. Die Leute lernen, auf Schiffstauen zu balancieren, auf Strickleitern hinauf- und hinabzuklettern. Sie lernen, Kisten, Koffer und Bündel mit Habseligkeiten so schnell wie möglich zu laden und zu entladen. Ein „Kapitän" schreit Kommandos, und alle folgen ihm aufs Wort. Am Ende gehen sie sogar mit Fäusten und Stöcken aufeinander los – ein Training für den Nahkampf, Mann gegen Mann, Frau gegen Mann. Es sieht aus, als würden hier Filmszenen gedreht. Aber nirgendwo sind Kamerateams zu sehen.

Vier Tage später werden die Menschen wieder abgeholt. Stets abends, wenn es dunkel wird. Wieder sind es Militärwagen, die sie besteigen. Sie verschwinden so schnell, wie sie gekommen sind. Ihr Ziel ist ein Hafen am Mittelmeer. Wie von unsichtbarer Hand ist alles organisiert. Sie sind auf dem Weg zur letzten großen, entscheidenden Etappe.

Magenta, von italienischen Juden gepachtet, ist so etwas wie ein Basislager für die Überfahrt nach Palästina. Hier lagern Motoren und Taue, Schwimmwesten und der ganze Proviant, der für das nächste Schiff benötigt wird. Und hier werden die Passagiere für das

Abenteuer auf See vorbereitet. Sie müssen das schnelle Ein- und Ausschiffen üben. Sie müssen lernen, mit knappen Tagesrationen auszukommen. Sie müssen wissen, wie man Widerstand leistet, wenn ein Schiff von den Briten aufgebracht werden sollte.

Magenta ist zugleich die Funkzentrale. Vier Juden, die offiziell im Dienst der *Royal Electrical and Mechanical Engineers* stehen, basteln Sendegeräte zusammen, die unverzichtbar sind, um das Mittelmeer erfolgreich zu durchqueren. Als Vorlage dient ihnen ein Transmitter, gestohlen aus Beständen der britischen Besatzungstruppen, den sie von Veteranen ihrer Einheit erhalten haben. Ein Fabrikat nach dem anderen verlässt die versteckte Werkstatt, die Sender gehen bis nach Frankreich und Belgien, Rumänien und Griechenland. Auf diese Weise werden nach und nach alle wichtigen *Mossad*-Zentren in Europa und die Leitstelle in Tel Aviv mit Magenta verbunden.

Magenta ist schließlich auch ein Waffenlager. Hier stapeln sich Gewehre und Mörser aus Beständen der deutschen, italienischen und britischen Truppen – erbeutet im Krieg oder entwendet. Sie sind bestimmt für die neue Front, die sich im Nahen Osten bildet. Die jungen *Kibbutz*-Aktivisten reinigen und schmieren sie, verstecken sie in Druckwalzen und Baumaschinen. Das Chaos der Nachkriegszeit setzt dem diebischen Treiben und der betrü-

Aufgedockt für den Umbau: Die „Dalin“ ist das erste illegale Schiff, das Juden von Italien nach Palästina bringen soll.

gerischen Fantasie keine Grenzen. Die Schiffsfracht geht in angekauften Schonern auf den Weg, Empfänger ist ein Bauunternehmen in Palästina – in Wirklichkeit ist es nichts anderes als eine Tarnfirma der *Hagana*.

Wer sind diese rätselhaften Typen, die in Magenta aus und ein gehen? Sie tragen britische Uniformen, sind aber keine Briten. Die Flüchtlinge nennen sie *Chajalim,* das ist das hebräische Wort für „Soldaten", und scheinen sie fast für Götter zu halten. Für wen und für was kämpfen die eigentlich?

Ein Krieg schmiedet manchmal bizarre Allianzen. Auch diese *Chajalim* sind Juden aus Palästina. Sie gehören nicht zur Jüdischen Brigade, sondern haben sich freiwillig zum Dienst in Spezialeinheiten der britischen Truppen gemeldet. Aber auch sie wurden zu rein jüdischen Kompanien zusammengefasst, jeweils 250 bis 300 Mann unter dem Kommando eines Majors. Es gab die 148. Tankwagen-, die 739. Geometer-, die 462. Transportkompanie, es gab die 524. und die 544. Kompanie, die aus Ingenieuren bestanden. In der 745. Kompanie der *Royal Engineers* sammelten sich Brücken- und Gerüstbauer, Handwerker aus allen möglichen Sparten, aber auch Leute aus dem Kultur- und Geistesleben, die sich in Palästina einen Namen gemacht hatten. Zu Hause wurden sie nur die „Solel-Boneh-Kompanie" genannt – im Anklang an *Solel Boneh*, ein jüdisches Unternehmen, das 1921 in Palästina gegründet wurde, seither dort fast alle Straßen gebaut und viele große Gebäude errichtet hat.

Diese Kompanien standen so gut wie nie an der Front. Sie kümmerten sich, sobald sie in Italien waren, fast ausschließlich um Juden,

Heimliche Transporte: Ein jüdischer Soldat posiert vor einem britischen Militärfahrzeug.

Hängematten von der Nähmaschine: *Mossad*-Chef Jehuda Arazi (im Bild links) inspiziert die Tarnfarm in Magenta, wo Ausrüstung für die Schiffe produziert wird (oben).

Die Sprache der Bibel lernen: Juden bereiten sich mit Hebräischkursen auf die Einwanderung nach Palästina vor (unten).

Rudern für den Tag X: Aktivisten der paramilitärischen Organisation *Palmach* trainieren vor der Küste Palästinas die Bergung von ankommenden Juden auf offener See.

die dem Inferno entronnen waren. Nun, da der gemeinsame Feind geschlagen ist, sehen sie ihren Einsatz sowieso nicht mehr als militärische, sondern nur noch als moralische Mission. Sie sind Pioniere für Palästina. Und haben keine Hemmungen, die Infrastruktur der britischen Streitkräfte für ihre eigenen Ziele zu nutzen.

Magenta ist ein Beispiel, wie sich das *Mossad*-Netz in Italien tarnt. Eine kleine Stammtruppe simuliert eine Farm. In Wirklichkeit aber ist sie Dreh- und Angelpunkt für Flüchtlinge und Schleuser. Das Geld dafür kommt vom *Joint*. Es ist schon fast ein kleiner Staat, in dem die Juden ganz unter sich sind – ein Israel in der Nussschale.

In Italien hat sich sogar eine geheime Gruppe gebildet, die sich darauf spezialisiert, so viel Material wie möglich aus den Beständen der britischen Truppen für die Organisation der *Alija Bet* zu entwenden: Lastwagen und Benzin, Essrationen und medizinisches Gerät. Sie hat sich den Namen *Tilhas Tizi Gesheften* gegeben. Zwei arabische Wörter und ein jiddischer Begriff formen sich zu einem vulgären Slang. *Gesheften* bedeutet „Geschäfte" – *Tilhas Tizi* lässt sich am besten mit „Arsch hoch!" übersetzen.

הננו ועלינו
ארצה אבותינו
אניה
מטרה

BEGEHRTE LIEGEPLÄTZE

Genua, Oktober 1945

Gualtiero Morpurgo hätte nicht geahnt, auf welch merkwürdige Art ihn das Meer zurückholen würde. Er hat mehrere Jahre als Ingenieur für eine Werft in Genua gearbeitet, nun kehrt er wie ein Dieb in der Nacht an seine alte Wirkungsstätte zurück. *Mossad*-Leute haben ihn aus dem Schlaf gerissen. Der Militärjeep, in dem er sitzt, rollt über Nebenstraßen, da gibt es so gut wie keine Kontrollen, die kosten nur unnötig Nerven und Zeit. Von seiner Wohnung in Mailand sind es gut 150 Kilometer, die Brücke über den Po ist seit dem Krieg zerstört, aber seine uniformierten Begleiter wissen, wo sie selbst um diese Uhrzeit eine dienstbereite Fähre finden.

Morpurgo wusste, dass sie irgendwann nachts zu ihm kommen würden. Er hat den Job, der ihm angetragen wurde, mit Begeisterung akzeptiert. Zuvor hing er wochenlang im Palazzo Odescalchi, dem Mailänder Auffangzentrum, herum, in der vergeblichen Hoffnung, dort etwas über das Schicksal seiner Mutter zu erfahren, die von den Deutschen nach Theresienstadt deportiert worden war.

Zwei Meter lang, 60 Zentimeter breit: Die Liegeplätze an Bord sind dicht an dicht eingerichtet (links).

Nur eine Stunde frische Luft: Fast den ganzen Tag müssen die Passagiere in solchen Hängematten unter Deck verbringen (rechts).

Dann machte ihm Raffaele Cantoni, der ihn von früher kannte, dieses Angebot. „Du bist ein guter Ingenieur und ein guter Jude", sagte Cantoni, „wir brauchen Leute wie dich."

„Doch überlege gut, bevor du dich entscheidest", fuhr sein Freund fort. „Die Arbeit, die du da machen sollst, ist gefährlich. Kann sein, dass du in einem Gefängnis der Engländer landest. Dafür gibt es dann leider kein Geld mehr – und kein Mensch wird etwas für dich tun können."

Morpurgo schlug trotzdem ein. Er wurde zu Jehuda Arazi gebracht, den sie alle nur „Alon" nannten, und blickte in stahlharte, stechende Augen. Dann lernte er dessen rechte Hand kennen, eine gebildete, großbürgerliche, nicht minder entschlossene Dame mit Namen Ada Sereni. Da wusste der 32-Jährige, so eine Chance kommt nur einmal im Leben, und deswegen geistert er jetzt mit seinen Begleitern durch die Nacht.

In Genua fahren sie in die entlegenste Ecke des Hafens. Dort wartet Mario Pavia auf ihn, ein alter Schulfreund aus den Zeiten am Polytechnikum, der ebenfalls in Mailand nach einer neuen Arbeit suchte. Morpurgo braucht dessen technischen Sachverstand, denn ganz allein würde er es nicht schaffen. Draußen im Wasser liegt ein heruntergekommenes, fast schrottreifes Fischerschiff. Leute vom *Mossad* haben es gekauft. Das Schiff soll umgebaut werden für eine Reise, die dieser Dampfer noch nie gemacht hat.

Wie eine Armada: Ein zionistisches Plakat wirbt für die Einwanderung nach Palästina.

Morpurgo und Pavia gehen ans Werk. Sie müssen den Kiel des Bootes ausräumen und völlig neu gestalten. Es sollen Liegeplätze für Passagiere entstehen, und zwar so viele, wie es gerade noch geht, ohne das Schiff zum Sinken zu bringen. Die Ingenieure bekommen jüdische Soldaten in Zivil als Helfer und maßgerecht alle Metallstangen, die sie für ihre Gestelle brauchen. Jeder Platz ist gerade mal zwei Meter lang und 60 Zentimeter breit. Um so etwas wie eine Intimsphäre herzustellen, wird er vom Nachbarplatz durch eine Wand aus Jutenstoff getrennt. Für eine Stunde pro Tag, so der Plan, sollen die illegalen Immigranten auf die Schiffsbrücke gehen dürfen, um sich ein wenig die Beine zu vertreten und frische Luft zu schnappen. Ansonsten werden sie unter Deck zusammengepfercht sein. Aber der Weg bis nach Italien war auch nie eine Vergnügungsreise – warum sollte es nun die Fahrt über das Mittelmeer sein?

Es wird nicht bei diesem einen Boot bleiben. Mehr als ein halbes Dutzend umgebauter Schiffe gehen im Herbst 1945 auf den Weg übers Meer. Arazis Leute studieren dafür jedes Mal aufs Neue ihre Seekarten und nehmen vor Ort Tiefenmessungen vor. Ein Konvoi aus Militärlastwagen bringt die Passagiere von Magenta, wo sie ihren Einführungskurs haben, zu den geheimen Plätzen, wo sie nachts an Bord gebracht werden. Die Schiffe dürfen dort erst kurz vorher auftauchen und müssen noch vor Anbruch des Tages auf hoher See sein. Mal ist es Genua, mal Savona, mal der kleine Ort Bogliasco, wo die Passagiere von einer angemieteten Villa auf einem Felsen hoch über dem Strand auf einer steilen Treppe direkt hinab zum flachen Strand geleitet werden – kleine Boote nehmen sie dort auf und bringen sie ein Stück weiter hinaus, wo das Transportschiff den Anker geworfen hat. Die beiden Ingenieure erhalten gefälschte Militärausweise, mit denen sie sich frei bewegen und alle Checkpoints passieren können.

Die Engländer haben Kriegsschiffe, die im Mittelmeer kreuzen, und Flugzeuge, die verdächtige Objekte von der Luft aus orten können. Trotzdem kommen die ersten sechs Schiffe, insgesamt 500 Passagiere, tatsächlich unerkannt bis Palästina durch. Die Dampfer erhalten, kaum auf offener See, jeweils einen neuen, hebräischen Namen. Die Matrosen, meist Italiener, kehren nach erfolgreicher Mission mit dem nunmehr hebräischen Schiff und neuen Agenten nach Europa zurück. Um den alten, offiziellen Namen im Register löschen zu lassen, geben sie nach der Landung bei den Carabinieri an, ihr Schiff sei im Mittelmeer auf eine Treibmine gelaufen und gesunken – sie hätten mit ihrem Beiboot gerade noch rettendes Land erreichen können. Derweil nimmt das Schiff, irgendwo in einer einsamen Bucht, wieder eine Ladung Passagiere auf.

Die italienische Regierung weiß sehr genau, was da an den Küsten des Landes vor sich geht. Vittorio Zoppi, Generaldirektor im Außenministerium, verfasst im innerministeriellen Schriftverkehr eine Randnotiz, vertraulich und nur für den Dienstgebrauch: „Unsere Behörden wissen offiziell nichts von solchen Fahrten", lautet sie. „Es ist offensichtlich, dass jüdische Elemente im Geheimdienst eine schützende Hand über sie halten."

Morpurgo und Pavia erleben das bei ihrer Arbeit jeden Tag. Wenn sie beginnen, an ihren Schiffen zu hämmern, machen sich die italienischen Finanzpolizisten, die eigentlich den Hafen kontrollieren sollen, aus dem Staub. Sie gehen in eine Bar, um dort ziemlich viel Kaffee zu trinken.

Christlicher Segen: Ein katholischer Priester weiht die „Dalin" vor ihrer Abfahrt aus Monopoli.

LÜCKEN IN DEN LISTEN

Judenburg, Oktober 1945

Der Name des Städtchens in der Steiermark wirkt wie aus der Zeit gefallen. Er geht auf eine Epoche zurück, in der jüdische Kaufleute im transalpinen Handel eine wichtige Rolle spielten. Schon vor einem Jahrtausend hatten sie an der Drau einen Stützpunkt mit Stapel- und Zollrechten. Der *mercatum Judinburch,* wie der Marktort in einer Urkunde von 1074 genannt wurde, war ein Umschlagplatz für Eisenerz, das am obersteirischen Erzberg abgebaut wurde.

Die größten Geschäfte aber wurden mit Speik gemacht, einer Heilpflanze mit dunkelgrünen, glänzenden Blattpaaren, die auf kalkfreien Böden der Nockberge und Niederen Tauern in Höhen von mehr als 1800 Metern wächst. Bergbauern, die dafür besondere Lizenzen haben mussten, gruben die *Valeriana celtica*, so der wissenschaftliche Name, aus. Ihre Wurzeln enthalten das ätherische Baldrianöl mit seinem unwiderstehlichen Duft. Sie wurden über Judenburg nach Venedig gebracht, dort zu Parfüm verarbeitet und

Mysteriöse Fluktuation: Die Briten können die Zu- und Abgänge im steirischen Lager Judenburg nur schwer kontrollieren (links).

Hochkonjunktur für Fälscher: Ausweise für „Displaced Persons" werden nicht immer legal ausgestellt – und oft unter der Hand weitergegeben (rechts).

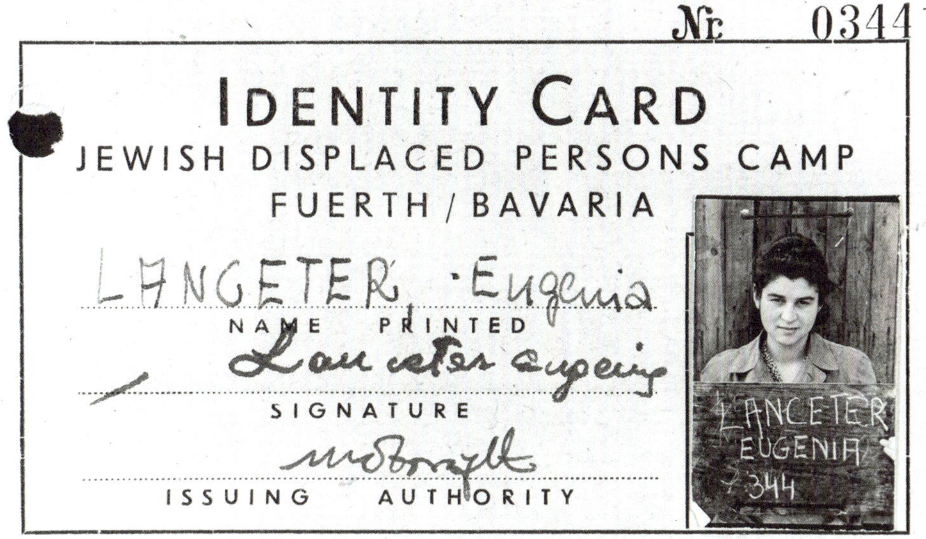

Nr 0344

IDENTITY CARD

JEWISH DISPLACED PERSONS CAMP

FUERTH / BAVARIA

LANGETER, Eugenia

NAME PRINTED

SIGNATURE

ISSUING AUTHORITY

LANCETER EUGENIA 344

in den Orient exportiert. Oder sie dienten als Räucherwerk, zum Vertreiben von Motten, zum Würzen von Salben und Wein.

Als die Nazis Österreich regierten, wollten sie, die Judenhasser, diese Stadt an der Drau ihres Namens berauben. „Adolfburg" oder „Zirbenstadt" hießen die am höchsten gehandelten Alternativen. Dann machte der Zusammenbruch des Dritten Reiches den jahrelangen Debatten über eine Umbenennung ein vorzeitiges Ende. So ist es bei Judenburg geblieben – doch die Juden, die im nahe gelegenen DP-Lager gestrandet sind, fühlen sich hier mitnichten zu Hause.

Die Siegermacht Großbritannien verwaltet zwei räumlich voneinander getrennte Besatzungszonen. Die eine liegt im Norden und Westen von Deutschland, die andere im Süden von Österreich, die Bundesländer Kärnten und Steiermark gehören dazu. In Judenburg beobachten die Briten immer wieder rätselhafte Bewegungen. Von heute auf morgen verschwinden plötzlich 300 der durchschnittlich 1000 Lagerbewohner ohne jede Spur. Kaum sind sie weg, werden dem Kommandanten 300 Neuankömmlinge gemeldet. Das Lager ist, aus guten Gründen, nicht abgesperrt, so kann jeder kommen und gehen, wann er will. Aber dass auf den Namenslisten ganze Blöcke mit einem Schlag verschwinden und ebenso schnell eine Gruppe von Neuzugängen eingetragen wird, weckt allmählich den Verdacht, dass diese Bewegungen von irgendwoher und irgendwohin gesteuert werden.

Die Briten registrieren Juden bewusst nicht als eigene Volksgruppe, sondern nur nach ihren Herkunftsländern. In den britischen Lagern sind daher auch nicht, wie in

der amerikanischen Zone, jüdische Hilfsorganisationen vertreten. Man hält sie, trotz vieler Proteste, davon fern, weil man weiß, dass sich humanitäre und politische Ambitionen nur noch schwer trennen lassen, wenn solche Aktivisten einmal die Füße in der Tür haben. Schließlich hat London am wenigsten daran Interesse, dass in den DP-Lagern der Keim für eine illegale Einwanderung nach Palästina gelegt wird.

Mit der Zeit fällt den Briten aber auf, dass vor jedem größeren Ab- und Zugang eine unbekannte Person im Lager Judenburg auftaucht – oder ein führendes Mitglied des Lagerkomitees sich aus dem Camp entfernt, um an einem Ort in der Nähe eine Kontaktperson zu treffen. Irgendwas, so argwöhnen sie, muss da im Hintergrund laufen. Die Juden, die sich neu im Lager melden, geben fast immer an, in einem KZ gefangen gehalten worden zu sein. Sie legen Ausweiskärtchen vor, die sie angeblich von den Amerikanern erhielten, als die kurz vor Kriegsende das KZ Mauthausen erreichten. Keine Stelle der US-Armee hat je solche Papiere offiziell genehmigt, und doch tauchen sie in Österreich massenweise auf. Offensichtlich sind da Fälscher am Werk – die Ausweise müssten ja eigentlich schon ein halbes Jahr alt sein, sehen aber blitzsauber und druckfrisch aus.

Weit verbreitet ist außerdem eine Identitätskarte, die angeblich vom Roten Kreuz in Budapest ausgestellt wurde. Und ein Dokument mit der umständlichen, bürokratisch aufgeblähten Bezeichnung „Provisorische Identitätskarte für Zivilinternierte des KZ-Mauthausen“. Wo sitzen die Leute, die solche Papiere in Umlauf bringen? Die Jüdische Brigade, die schon gleich nach Kriegsende die ersten Judentransporte auf den Weg brachte, kann es nicht mehr sein. Denn sie wurde ja schon im Sommer nach Belgien und in die Niederlande verlegt.

Der britische Geheimdienst beginnt, in Österreich eifrig Informationen zu sammeln. Sie ballen sich zu einem Geflecht von Daten, das noch wirr und undurchschaubar ist. Aber je dichter es wird, umso mehr sind die Agenten überzeugt, dass es da geheime Strukturen gibt. Dass eine ziemlich effiziente Organisation im Untergrund die Fäden zieht.

Ungeliebter Name: Nach dem Anschluss Österreichs 1938 marschierten die Nazis durch Judenburg. Hitlers Niederlage 1945 verhinderte, dass die Stadt umgetauft wurde.

RESOLUTIONEN UND RADAU

Trofaiach, November 1945

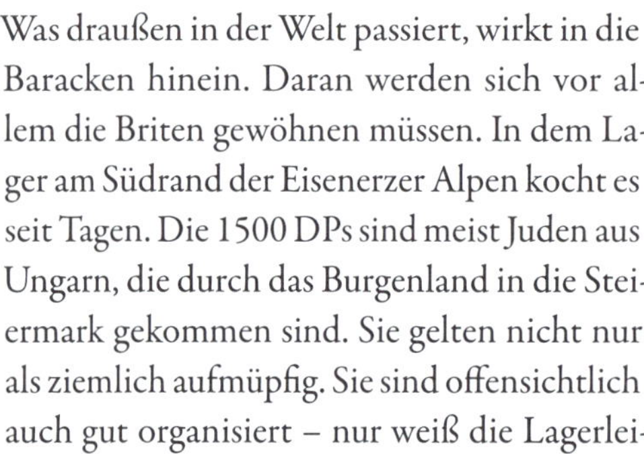

Was draußen in der Welt passiert, wirkt in die Baracken hinein. Daran werden sich vor allem die Briten gewöhnen müssen. In dem Lager am Südrand der Eisenerzer Alpen kocht es seit Tagen. Die 1500 DPs sind meist Juden aus Ungarn, die durch das Burgenland in die Steiermark gekommen sind. Sie gelten nicht nur als ziemlich aufmüpfig. Sie sind offensichtlich auch gut organisiert – nur weiß die Lagerleitung nicht, von wem.

Vor einer Woche wurden sechs Lagerbewohner verhaftet, weil sie im Besitz gestohlener Armeerationen waren. Daraufhin stürmten mehrere Hundert Juden die Baracke, in der die Delinquenten interniert waren, und holten die Eingesperrten heraus. Um die Ordnung wiederherzustellen, mussten Soldaten zu Hilfe gerufen werden.

Nun geht es aber auch gegen die Einheimischen. Angeblich haben österreichische Gendarmen eine Gruppe von Lagerinsassen, die von einem Ausflug nach Graz zurückkehrten, am Bahnhof völlig grundlos mit Schlagstöcken angegriffen. Als Rache dafür

„Gebt uns unser Recht!“: Im Lager Trofaiach kommt es zu heftigen Auseinandersetzungen zwischen Briten und Juden (links).

„Kein Lagerbewohner sagt jemals die Wahrheit“: Die Juden bilden in ihren Unterkünften eine verschworene Gemeinschaft (rechts).

überfallen zehn DPs den örtlichen Polizeiposten, schneiden die Telefonleitung durch, schlagen die zwei diensthabenden Beamten zusammen, entwaffnen und fesseln sie. Dann holen sie gar noch den Kommandanten zu Hause aus dem Bett, schleppen auch ihn ins Büro und lassen ihn dort mit seinen Untergebenen gefesselt den Rest der Nacht verbringen. Wie sich bald herausstellt, waren gar nicht die Österreicher, sondern britische Sicherheitskräfte für den Einsatz am Bahnhof verantwortlich – sie konfiszierten Schwarz marktzigaretten, die die Juden aus Graz mitgebracht hatten.

„Kein Lagerbewohner sagt jemals die Wahrheit“, schreibt der britische Kommandant Reed ernüchtert in einem seiner Berichte. „Da ist kein einziger Bewohner, dem man trauen könnte.“

Tags darauf wird die Gendarmerie ins Kino von Trofaiach gerufen. Zehn Juden, die ohne Karten Platz genommen haben, weigern sich, den Saal zu verlassen. Das Kassenpersonal, so behaupten sie, habe ihnen keine Tickets verkaufen wollen, weswegen sie sich dann eben mit Gewalt den Eintritt erzwungen hätten.

Knapp zwei Wochen später rumort es in Trofaiach schon wieder, weil es neue, wenig ermutigende Nachrichten aus London gibt. Die Juden sind für einen Tag in den Hungerstreik getreten. Sie rotten sich im Lager zusammen und rollen Spruchbänder auf. „Gebt uns unser Recht in Palästina!“ steht da geschrieben. „Palästina ist unser Heimatland!“

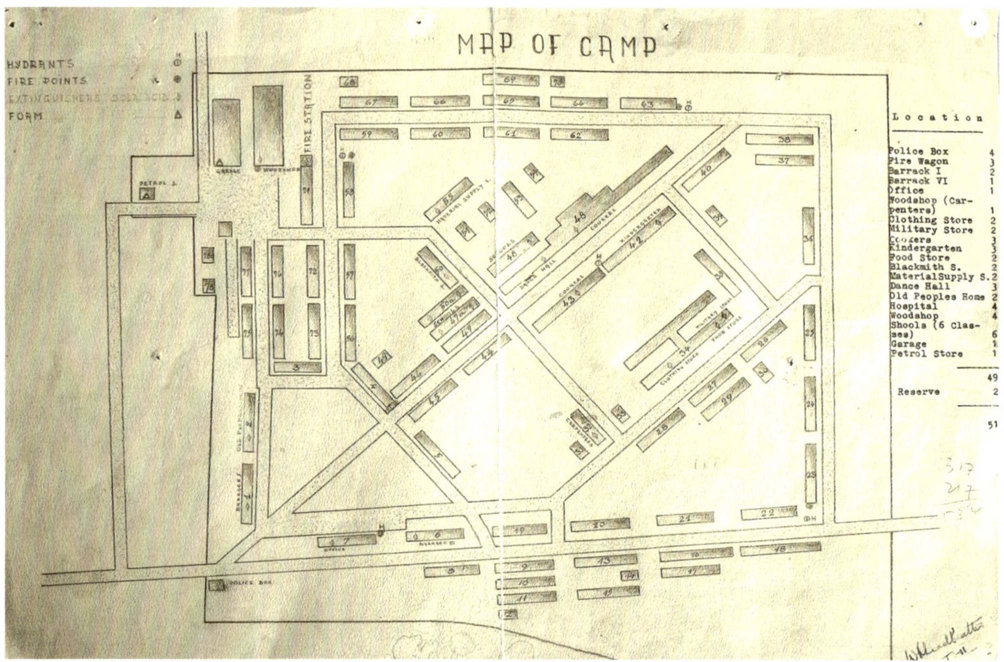

Plan des Lagers Trofaiach: Die Briten registrieren – anders als die Amerikaner – die Juden nicht als eigene Volksgruppe, sondern nach ihren Herkunftsländern.

Was ist denn jetzt schon wieder los? Der Kommandant, der noch darüber rätselt, empfängt eine Abordnung zum Gespräch. Die Leute haben eine fertige Petition dabei, die sie ihm feierlich überreichen. Darin protestieren sie gegen die jüngsten Äußerungen des britischen Außenministers. Sie fordern freie Einwanderung nach Palästina und erklären, nie wieder in ihre Heimatländer, wo das „unschuldige Blut des jüdischen Volkes vergossen worden" sei, zurückkehren zu wollen. Als der Lagerleiter verspricht, die Resolution an höhere Stellen weiterzuleiten, löst sich die Demonstration auf.

Ernest Bevin ist gerade mal ein Vierteljahr im Amt. Aber schon die paar Monate haben gereicht, um sich als Außenminister zwischen alle Stühle zu setzen. Er hält an dem Weißbuch der britischen Regierung von 1939 fest, das für die folgenden Jahre eine Gesamtzahl von nicht mehr als 75.000 jüdischen Einwanderern erlaubte; jetzt, im Spätherbst 1945, ist dieses Limit erreicht. Die Monatsquote von 1500, die es trotzdem weiterhin geben soll, ist eigentlich schon ein Bruch der Zusagen, die London den Arabern gegeben hat. Den Juden aber, die zusätzlich 100.000 Visa auf einen Schlag fordern, ist das noch immer viel zu wenig.

Nun hat Bevin öffentlich erklärt, die Juden sollten sich mit ihren Forderungen nicht so in den Vordergrund drängen, sonst liefen

„Geheime Macht“: Der britische General Sir Frederick Morgan behauptet, ein Großteil der jüdischen Flüchtlingsströme sei von Drahtziehern organisiert (rechts).

„Nicht die einzigen Opfer des Faschismus“: Der britische Außenminister Ernest Bevin bringt die Juden besonders oft gegen sich auf (links).

sie Gefahr, „eine neue antisemitische Reaktion“ zu erleben; schließlich seien sie bei allem, was sie durchgemacht hätten, nicht die einzigen Opfer des Faschismus. Er sehe auch nicht, was die Holocaust-Überlebenden daran hindere, in ihre Herkunftsländer zurückzukehren, dort „ihre Fähigkeiten und Talente“ dafür einzusetzen, um „Europa zu neuer Prosperität zu verhelfen“. Das bringt ihm von Zionisten den Vorwurf ein, er sei selber ein waschechter Antisemit. „Was Hitler mit seinem Feldzug gegen die Juden tat, wiederholt sich jetzt in Form einer langsamen, zermürbenden Politik der Demokratien“, kommentiert die „Stimme Israels“, der *Hagana*-Rundfunksender. „Wir sind dazu verurteilt, in einem unerträglichen Ghetto zu leben – damit Europa nicht seiner jüdischen Talente beraubt wird."

Bald darauf zieht noch ein zweiter Brite den Zorn der Zionisten auf sich. Es ist General Sir Frederick Morgan, Deutschland-Chef der *United Nations Relief and Rehabilitation Administration (*UNRRA), der die Verwaltung der DP-Lager übertragen wurde. Sie soll die *Displaced Persons* mit Lebensmitteln und Medikamenten, Kleidung und Schuhen versorgen. Sie ist zuständig für Seuchenprävention, Impfaktionen und Berufsausbildungsprogramme. Sie führt Statistiken, die Auskunft geben sollen über die Belegung und Fluktuation. Ausgerechnet dieser Mann sagt in einer Pressekonferenz, er glaube nicht den Berichten, wonach es in Polen nach der Kapitulation der Deutschen neue Ausschreitungen gegen zurückgekehrte Juden gegeben habe. Der Flüchtlingsstrom von dort sei wohl von einer „geheimen Macht" organisiert. Die Juden, die aus Polen über die Grenze kämen, seien nicht nur gut gekleidet, sondern hätten auch genügend Geld.

Flagge zeigen: Jüdische Schulmädchen im Camp Belsen demonstrieren für die Ziele der Zionisten. Die weltpolitische Konfrontation zwischen Juden und Briten greift auf viele Flüchtlingslager in Deutschland und Österreich über.

Die Dachorganisation der jüdischen Gemeinden in Großbritannien reagiert darauf mit dem Hinweis, es glaube doch wohl niemand im Ernst, dass Menschen freiwillig ein „komfortables Leben" aufgäben, um durch das zerstörte Europa zu ziehen und frierend in einem DP-Lager zu leben. Der Jüdische Weltkongress lässt sich gar zu der Erklärung hinreißen, Morgans Worte seien reiner Nazismus, sie könnten auch von Hitler selber oder dessen faschistischer Bande stammen.

Vergessen sind die Zeiten, in denen die Briten, so wie die Amerikaner, als Befreier der Juden galten. Der Streit um Palästina, der alles überlagert, wirft seinen Schatten auf die Camps, und jeder Zwist, der dort ausbricht, vertieft diese Kluft. Oberstleutnant O'Dwyer, ein britischer Offizier in der Alliierten Kommission für Österreich, hat Aufsehen mit Äußerungen erregt, die jüdischen DPs seien nicht nur „fett", „schmierig" und „arrogant", sondern zunehmend auch kriminell. Sie seien in Schwarzhandel und Raubüberfälle verwickelt, und wenn sie heimlich aus ihren Lagern verschwänden, nähmen sie sogar noch Proviant und Kochgeschirr als Diebesgut mit.

Ehe das Jahr zu Ende geht, gibt es im Lager Trofaiach eine Razzia. Britische Soldaten riegeln es nach außen hin ab, österreichische Polizisten durchkämmen es nach Waffen und Schwarzmarktgütern. Die Juden leisten so heftigen Widerstand, dass die Briten am Ende selber die Durchsuchung vornehmen müssen. Gefunden wird an diesem Tag nichts – wütende Lagerbewohner aber ziehen nun zu dem österreichischen Polizeiposten und drohen, ihn noch einmal zu stürmen. Erst als ein britischer Schützenpanzer auftaucht, beruhigt sich die Situation.

„Es ist unmöglich, die Politik außerhalb des Lagers zu halten", notiert Lagerkommandant Reed. „Alle sind ganz von ihr eingenommen." Die Juden fühlen sich, wieder einmal, nur von Feinden umgeben. Die Briten hingegen betrachten die Juden mehr und mehr als Randalierer, im kleinen Lager wie auch auf der großen Weltbühne.

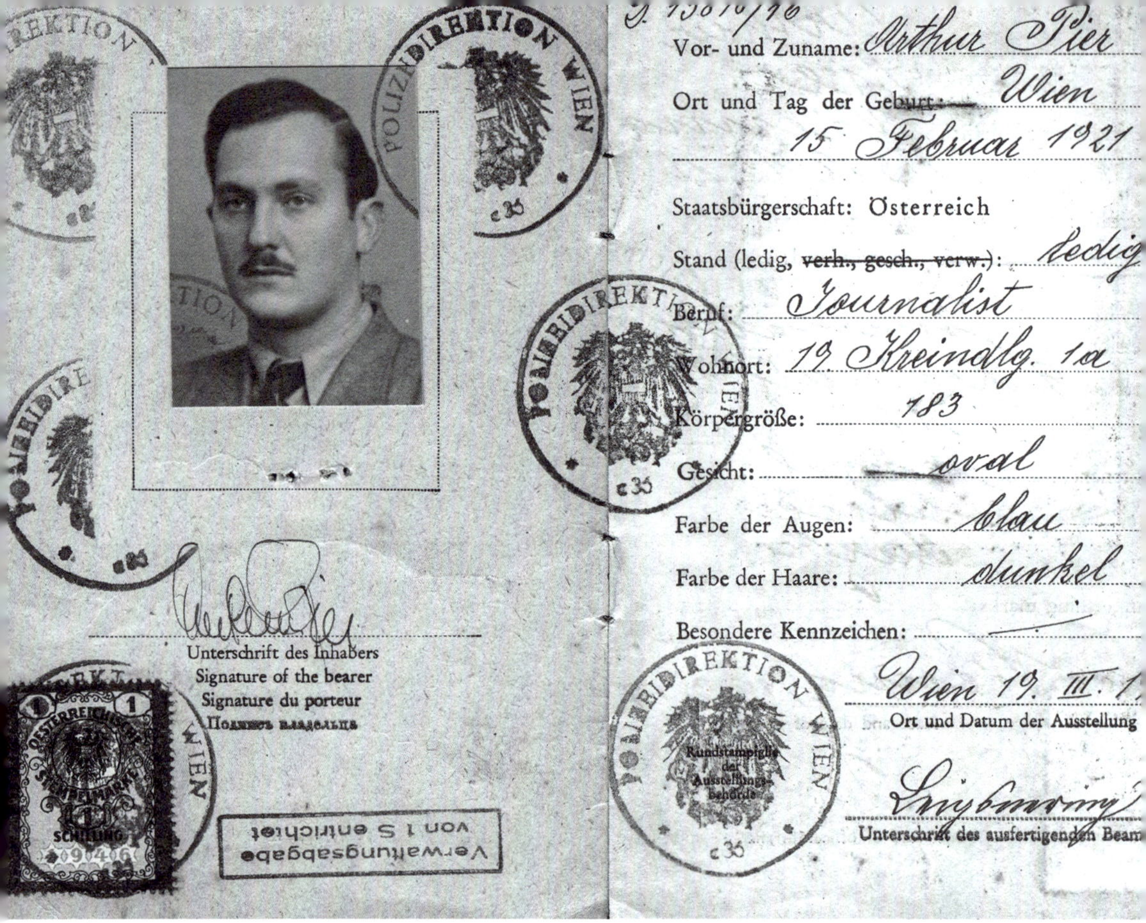

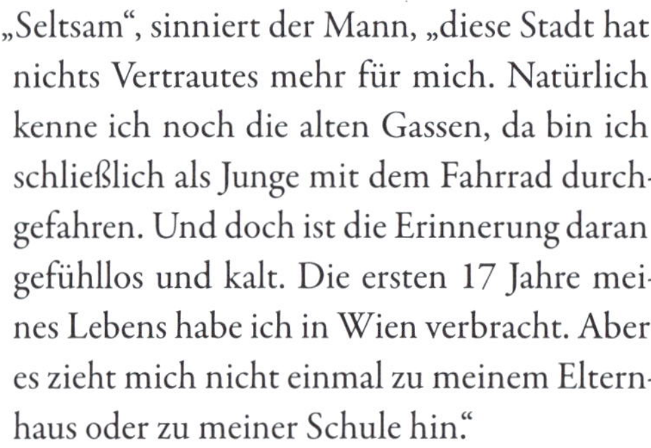

Vor- und Zuname: Arthur Pier
Ort und Tag der Geburt: Wien
15 Februar 1921
Staatsbürgerschaft: Österreich
Stand (ledig, ~~verh., gesch., verw.~~): ledig
Beruf: Journalist
Wohnort: 19 Kreindlg. 1a
Körpergröße: 183
Gesicht: oval
Farbe der Augen: blau
Farbe der Haare: dunkel
Besondere Kennzeichen: —
Wien 19. III. 1
Ort und Datum der Ausstellung
Unterschrift des ausfertigenden Beam
Unterschrift des Inhabers
Signature of the bearer
Signature du porteur
Подпись владельца
Verwaltungsabgabe von 1 S entrichtet
Polizeidirektion Wien

DEALS MIT DEM UNTERGRUND

18

Wien, November 1945

„Seltsam“, sinniert der Mann, „diese Stadt hat nichts Vertrautes mehr für mich. Natürlich kenne ich noch die alten Gassen, da bin ich schließlich als Junge mit dem Fahrrad durchgefahren. Und doch ist die Erinnerung daran gefühllos und kalt. Die ersten 17 Jahre meines Lebens habe ich in Wien verbracht. Aber es zieht mich nicht einmal zu meinem Elternhaus oder zu meiner Schule hin.“

Seine Geburtsstadt ist bedrückend still und grau, geprägt von Ruinen und Schutt. Vor sieben Jahren, als Hitler den Anschluss Österreichs an Deutschland verkündete, floh er aus ihr nach Palästina, weil er Jude war. Jetzt kehrt er mit einem Rucksack auf dem Buckel in sie zurück. Er weiß, hier wird für ihn ein neuer, ziemlich abenteuerlicher Lebensabschnitt beginnen. Aber dieses neue Leben hat mit dem alten nichts mehr zu tun.

Neuer Name, neues Leben: „Arthur Pier" lässt sich in Wien als Korrespondent akkreditieren. Sein eigentlicher Job aber ist die Leitung der Fluchthelferorganisation *Bricha* (links).

Familienleben in einer Doppelrolle: der Wiener *Bricha*-Chef Arthur Ben-Natan mit seiner Frau Erika, vor ihm eine kleine Nichte (rechts).

Das italienische Dokument, das er mit sich trägt, sagt aus, dass er aus einem KZ befreit worden ist und in Wien nach Verwandten sucht. Es trägt einen eindrucksvollen Stempel des Roten Kreuzes und fordert alle Behörden auf, dem Besitzer des Papiers so weit wie möglich behilflich zu sein. Der gefälschte Ausweis ist mit Hilfe eines Druckkastens für Kinder entstanden, aber so professionell gemacht, dass man ihm das wirklich nicht ansieht.

Am Hauptbahnhof ist der Mann um Mitternacht aus einem Zug gestiegen. Auch in der Dunkelheit findet er problemlos den Weg zum Haus Frankgasse 2. Dort wartet man schon auf ihn. Die Untergrundorganisation, die er leiten soll, ist im Juli vom Hotel „Westminster" hierher umgezogen. Er schüttelt die Hände von Leuten, die von nun an seine Mitarbeiter sein werden.

Ein paar Tage nach seiner Ankunft hat der Mann schon wieder eine neue Identität. Als er 1921 in Wien geboren wurde, hieß er Arthur Piernikarz. In Palästina gab er sich, wie alle Einwanderer, einen neuen, hebräischen Namen. Ascher Ben-Natan, wie er nun hieß, wurde zu einem Geheimagenten der *Hagana*. Er lässt sich unter dem Namen „Arthur Pier" beim britischen *Public Relations Office (PRO)* als Korrespondent der Nachrichtenagentur *Palestinian Correspondence*, die ihren Sitz in London hat, sowie der hebräischen Zeitungen *HaBoker* (Der Morgen) und *HaZofeh* (Die Erwartung) akkreditieren.

Sein neuer Status macht es ihm möglich, in den Räumen des *PRO* Telegramme anderer Presseagenturen zu lesen und selber welche zu verschicken. Sein Dienstwagen, den er bekommen hat, ist ein himmelblauer Opel Admiral, das Nummernschild lautet „PRO-1".

In diesen Zeiten, da niemand so recht weiß, ob ein Name oder Datum wirklich stimmt, wird die Echtheit des Schildes zu keinem Zeitpunkt in Zweifel gezogen. „Arthur Pier“ schreibt in der Tat Artikel für all die Medien, die er angegeben hat. Aber das ist nicht seine Haupt-, sondern nur eine Nebentätigkeit. Die Tarnung als Reporter funktioniert perfekt.

Die Frankgasse 2 ist eigentlich eine von 13 DP-Unterkünften in Wien. Die amerikanische Militärbehörde hat aber ein ganzes Stockwerk dem „Internationalen Komitee für jüdische Flüchtlinge“ zur Verfügung gestellt. Es wurde von Bronislaw Teichholz, einem KZ-Überlebenden, aus der Taufe gehoben. In ihm sind die Wiener Kultusgemeinde, eine Vertretung ehemaliger KZ-Insassen sowie Helferteams für polnische, ungarische und rumänische Juden vertreten. Die vier Besatzungsmächte, die Wien gemeinsam verwalten, und auch die österreichische Regierung erkennen dieses Komitee als Vertretung aller jüdischen Hilfsorganisationen an.

Gefälschte Pässe: Ephraim Dekel, Europa-Leiter der *Bricha*, trägt gleich drei verschiedene Namen.

AMERICAN JOINT DISTRIBUTION COMMITTEE
INTERGOVERNMENTAL COMMITTEE ON REFUGEES
UNITED COMMISSION
SERIAL N.° 0040
Name & Surname / Nome e Cognome: CHASNER Efraim
Father's Name / Padre: Moshe
Mother's Name / Madre: Gitelman Sheindel
Born at / Nato a: Litin
On / Il: 15 January 1903
Nationality / Nazionalità: Palestinian
Address / Indirizzo: Milan via Unione 5
Profession / Professione: Tpt.Officer
Firma del Titolare
Milan, 10th November 1946
Director

Vor- und Zuname: Max Brody
Ort und Tag der Geburt: 15.XI.1903
Staatsbürgerschaft: Österreich
Stand: verh.
Beruf: Angestellter
Wohnort: Wien 7 Lindengasse 43
Körpergröße: 1,72
Gesicht: rund
Farbe der Augen: grau
Farbe der Haare: grau
Besondere Kennzeichen: keine
Wien, 14. Juli 1947

AMERICAN JOINT DISTRIBUTION COMMI
headquarters United States Forces in Austria U.S. army A.P.O. 777 FRENC
SERIAL N.° FZ/169
Name & Surname: JACK GORDON
Father's Name: MORRIS
Mother's Name: JUDITH
Born at: GLASGOW, SCOTLAND
On: 29. XI. 1907
Nationality: BRITISH
Address: AJDC
Profession: SUPPLY OFFICER
Director
Signature of Holder
5. V. 48
ארכיון הבריחה ע״ש אפרים דקל

LASNIK ARIE
Secretary
Date of Birth: 23.11.1914
Height: 1,68
Weight: 70
Colour of Eyes: Brown
Colour of Hair: Brown
Signature of Holder
Chairman
Place of issue: Salzburg
Date of issue: 24.2.1947

Teichholz pendelt zwischen der Frankgasse und dem Rothschildspital, wo ebenfalls Büros eingerichtet sind. Er wird mit seinem offiziellen Status zu dem verlängerten, sozusagen legalen Arm des neuen Netzwerks, das Ben-Natan ausbauen soll. Teichholz kann mit alliierten Stellen und österreichischen Behörden, mit ausländischen Konsulaten, der UNRRA und dem *Joint* verhandeln – ein unschätzbarer Vorteil, wenn es um die Ausstellung von Pässen und Visa geht.

Legaler Arm: Juden-Funktionär Bronislaw Teichholz ist in Wien der offizielle Ansprechpartner für die Alliierten.

Schon während des Krieges ist es jüdischen Partisanen in Osteuropa gelungen, ab und zu kleine Gruppen durch Schleusung nach Palästina vor dem Tod zu retten. Das waren in der Regel unkoordinierte Einzelaktionen. Nun aber wächst von Wien aus eine straff geführte Organisation heran. Sie trägt den Namen *Bricha* (Flucht). Es ist die erste Organisation in der Geschichte, die Menschenschleusung in einem großen, länderübergreifenden, professionellen Stil über Tausende von Kilometern betreibt. Sie soll auf dem Landweg die jüdischen Flüchtlingsmassen dem *Mossad* in Italien zuführen, der von dort den Seeweg nach Palästina übernimmt.

Das Netz der *Bricha* reicht von Polen bis Italien, von Frankreich bis Rumänien. Allein in Österreich werden 25 Stützpunkte aufgebaut. Aba Gefen übernimmt das Kommando in Salzburg, der nach Wien zweitwichtigsten Basis. Er wurde mit dem Familiennamen Weinstein in Litauen geboren, kämpfte als Partisan gegen die Deutschen und hatte auch schon mehrere Identitäten. Nach dem Krieg bekam er griechische Papiere, obwohl er nur zwei griechische Wörter kennt: *kaliméra* für

„Gesetz der Notwendigkeit": jüdische Aktivisten mit Reisedokumenten für Flüchtlinge (oben).

„Unerschütterlicher Glaube": Mitarbeiter der „Bricha" mit Schreibmaschinen (unten).

„Guten Tag" und *kalispéra* für „Guten Abend". „Dann war ich ein österreichischer Flüchtling, geboren in der britischen Besatzungszone", erzählt er. „Dann kam ich nach Salzburg – und war endlich wieder Jude."

Das Codewort für die Kommunikation lautet *Tamid Kadima* – „Immer vorwärts!" An die 1000 Personen sind heimlich für die *Bricha* tätig, Informanten und Dokumentenfälscher, Ärzte und Krankenschwestern, Routenplaner, Transportleiter und Lastwagenfahrer. Sie werden, falls nötig, mit österreichischen Papieren ausgestattet, damit können sie sich frei bewegen. Die meisten *Brichaniks* bekommen keinen Lohn, haben nur Essen, Unterkunft und Verpflegung frei. Sie sind, wie Ben-Natan später schreiben wird, „von tiefer Reinheit und einem unerschütterlichen Glauben an ihre Arbeit beseelt". Sie sind, so ihr oberster Chef, „die Felsen, an denen die Flüchtlinge stranden".

Was die *Bricha* tut, ist illegal. Sie hat Stempelspezialisten für falsche Geburts- und Hochzeitsurkunden, Militärzeugnisse und Soldbücher, Pässe, Personalausweise und sonstige Identitätskarten, Visa und alle möglichen Arten von Reisedokumenten. Sie kennt, wie Aba Gefen es ausdrückt, „kein anderes Gesetz als das der Notwendigkeit", ihre Tricks sind „ein unvermeidliches Mittel zum Zweck", gerechtfertigt durch den zionistischen Traum. Die *Brichaniks* betrachten es „als ihre höchste moralische Aufgabe, die Juden nach Palästina zu führen". In ihren Augen ist es „unmoralisch, ein mögliches Mittel zur Erreichung dieses hohen Zieles ungenutzt zu lassen".

Die Zionisten wissen, es sind die Amerikaner, bei denen sie die größten Sympathien haben. Das liegt an deren Schuldgefühlen, weil sie weder den Holocaust verhindert haben noch dessen Überlebende massenhaft in die USA einreisen lassen wollen. Und es liegt an der starken jüdischen Lobby, die großen Einfluss auf die Politik in Washington hat. In Österreich führen hohe US-Militärs Gespräche mit dem *Joint.* Sie bieten an, in der US-Zone reine Transitlager für die schnelle Durchreise von *infiltrees* zu schaffen – so werden die Juden kategorisiert, die nicht im KZ gesessen, sondern ihre Heimat verlassen haben, weil sie dort für sich keine Zukunft mehr sehen. Es ist ein klarer Affront gegen die Briten, mit denen die Amerikaner eigentlich verbündet sind.

Offiziell haben die US-Militärs keine Ahnung, wohin diese Judenströme gehen. In Wahrheit aber wissen sie es sehr genau: Die Abmachung, die sie da treffen, ist ein Deal mit dem jüdischen Untergrund.

Der Stürmer

Deutsches Wochenblatt zum Kampfe um die Wahrheit

HERAUSGEBER: JULIUS STREICHER

Nummer 2	Erscheint wöchentl. Einzel-Nr. 20 Pfg. Bezugspreis monatlich 84 Pfg. zuzüglich Postbestellgeld. Bestellungen bei dem Briefträger oder der zuständ. Postanstalt. Nachbestellungen a. d. Verlag. Schluß der Anzeigenannahme: 14 Tage vor Erscheinen. [illegible] —.22 RM.	Nürnberg, im Januar 1936	Verlag: Der Stürmer, Julius Streicher, Nürnberg-A, Pfannenschmiedsgasse 19. Verlagsleitung: Max Fink, Nürnberg-A, Pfannenschmiedsgasse 19. Fernsprecher [illegible]. Postscheckkonto Amt Nürnberg Nr. [illegible]. Schriftleitung: Nürnberg-A, Pfannenschmiedsgasse 19. Fernsprecher [illegible]. Redaktionsschluß: Freitag (nachmittags). Briefanschrift: Nürnberg 2 Schließfach [illegible]	14. Jah[r] 193[6]

Erbfeind Alljuda

Sein Teufelskampf gegen das nationalsozialistische Deutschland

Als der Nationalsozialismus Deutschland eroberte, als dem deutschen Volke wieder sein täglich Brot und sein innerer Friede gegeben werden konnte, da schaute die ganze Welt staunend auf das neuerstandene Reich. Was anderen Staaten trotz aller Bemühungen nicht gelingen wollte, in Deutschland gelang es, die Arbeitslosigkeit wurde gebannt. Geeinter Volkswille und zielbewußte Führung hatten dieses Wunder erstehen lassen.

Nur einem konnte der Wiederaufstieg des deutschen Volkes nicht gefallen. Er sah sich in seinen Erwartungen getäuscht. Es war der Jude! Die Sprossen seiner talmudisch vorgeschriebenen Erfolgsleiter, die aus menschlichem Material, aus den verhaßten „Gojims" bestehen, schienen ihm morsch zu werden. Die seit altersher mit so viel Erfolg und Wollust auf Gojimleiber einschlagende Talmudpeitsche durfte er nicht mehr ungestraft anwenden. Die Erfüllung des Talmudgesetzes, welches ihm die Aussaugung und Beraubung aller nichtjüdischen Völker zur Pflicht macht, war für den in Deutschland lebenden Juden nicht mehr möglich. Die Aussicht auf den ersten Platz im Paradies — „mokom rischon began eden" — sah er immer mehr dahinschwinden, denn die Aufforderung zum Kindermord, welche diese Belohnung in Aussicht stellt, konnte er nicht mehr so leicht ausführen. Sie lautet wörtlich: „Aschrei scheioches wenipez es ovolojich el haßela" — **„Heil dem, der deine (des Nichtjuden) Kinder ergreift und am Felsen zerschmettert!!"** (Unzählbar ist die Zahl der Juden, die in allen Ländern der Welt durch begangene Ritualmorde diesen Talmudbefehl erfüllten!)

Die neuen deutschen Gesetze drohen dem Juden „lemukesch" — zum Fallstrick zu werden. Zum Hemmschuh in seinem Kampf gegen das von ihm unter allen Völkern der Erde am meisten gehaßte deutsche Volk. Jetzt erst recht scharte sich das seine Kriegspläne durchkreuzt sehende Judentum um seine Rabbiner, um neue, gefährliche Teufelspläne gegen Deutschland gemeinsam mit ihnen zu schmieden. Der von der Regierung be-

Aus dem Inhalt

Der Satan

Verflossener Zeiten Unverstand / Trieb deutsches Blut in Not und Schand

gonnene Aufklärungsfeldzug gegen die Schädlichkeit des Judentums war seit Menschengedenken der erste Feldzug, in welchem das Judentum mit Waffenlieferungen, an

Spionage usw. nichts verdienen konnte. Das einzige, die Juden hierzu liefern konnten, waren „Schgerum" Lügen! Lügen, die das Judentum aus dem Ta

Die Juden sind unser Unglück

PFLÜGEN MIT PIONIERGEIST

Pleikershof, Januar 1946

Wieder ein Ort, an dem sich das Rad der Geschichte auf paradoxe Weise dreht. Ein Landgut in Mittelfranken, 20 Kilometer westlich von Nürnberg gelegen. Vor zehn Jahren hat es Julius Streicher gekauft, damals der zuständige Gauleiter der NSDAP. Er gab die Wochenzeitung *Der Stürmer* heraus, ein Hetzblatt im Boulevardstil, das am Fuß seiner Titelseite stets den Slogan trug: „Die Juden sind unser Unglück!“

Was Streicher mit seinem *Stürmer* Woche für Woche unters Volk brachte, triefte von Judenhass. Es waren Geschichten von einem tierischen Geschlechtstrieb, mit dem jüdische Männer auf arische Frauen, Mädchen und sogar Kleinkinder losgingen. Die Karikaturen, die die Texte flankierten, hatten manchmal fast pornografischen Charakter, sie reichten bis zur Sodomie. Jeden Tag trafen in der Redaktion bis zu 700 Leserbriefe ein, in denen Juden als angebliche Sexualverbrecher denunziert wurden. Die Artikel, die daraus entstanden, enthielten jeweils den vollen Namen des angeblichen Täters. Streicher wurde nicht müde, die „Todesstrafe für Rassenschänder“ zu fordern.

Jede Woche Judenhass: Das Naziblatt „Der Stürmer“ erreichte Auflagenhöhen von bis zu 700.000 Exemplaren.

Der Stürmer erreichte Auflagen von bis zu 700.000 Exemplaren. Tausende von Schaukästen, in denen man die neuesten Horrorgeschichten lesen konnte, standen überall dort, wo viele Menschen zusammenkamen: an Straßenbahn- und Bushaltestellen, vor Kirchen und Krankenhäusern, in Schulen und Kantinen. In einer Rubrik mit dem Namen „Am Pranger“ wurden „artvergessene“ Deutsche als „Judenknechte“ diffamiert – dafür reichte es schon, mit Juden befreundet oder spazieren gegangen zu sein. Mit seinen publizistischen Wutkampagnen half Streicher mit, den geistigen Boden für die Ausrottung einer – wie er es sah – parasitischen, infektiösen Rasse zu bereiten.

Nun steht Streicher in Nürnberg vor dem internationalen Kriegsverbrechertribunal und muss selber mit einem Todesurteil rechnen. Der Pleikershof, auf dem er neun Jahre residierte, ist von der US-Militärregierung beschlagnahmt worden. Und die 150 jungen Leute, die sich hier vor ein paar Wochen mit deren Erlaubnis niedergelassen haben, sind ausgerechnet Juden.

Die meisten von ihnen stammen aus Polen und der Sowjetunion, wo sie als Partisanen gegen die deutschen Truppen gekämpft haben. Sie sind glühende Zionisten und wollen alte Tugenden wiederentdecken, die nach ihrer Ansicht das Volk Israel in biblischen Zeiten starkgemacht haben, ehe es in einen langen, lethargischen Schlaf verfiel. Statt nur auf die

Ausgerechnet ein Nazi: Jüdische Idealisten haben einen *Kibbutz* auf dem Pleikershof bei Nürnberg gegründet – das Landgut gehörte Julius Streicher, dem Herausgeber von „Der Stürmer" (oben).

Handeln statt Betteln: In einem *Kibbutz* wird auch Viehzucht betrieben – als Vorbereitung für das Pionierleben in Palästina (unten).

Ankunft des Messias zu warten, wollen sie mit irdischen Mitteln etwas dafür tun, den Stolz zurückzugewinnen, mit dem die Juden einst gegen die römische Herrschaft rebellierten. „Sie atmen alle den Geist des *Jischuw* aus und ein", schreibt Jerachmiel, einer der Wortführer. „Von der Wand des Speisesaals hallen die Slogans eines Pionierlebens zurück."

Der Pleikershof ist zu einem *Kibbutz* geworden. So nennen die Zionisten die kleinen, genossenschaftlichen Agrarsiedlungen, die sich in Palästina ausbreiten. Die Vision heißt Gleichheit für alle, Gemeineigentum und Basisdemokratie, es ist ein Sozialismus im Miniformat. Immer mehr solcher Farmen werden im besetzten Deutschland von überlebenden Juden gegründet, in Franken und Hessen, in Schwaben und in Oberbayern. Auf ihnen wollen sie sich für ein neues, ganz anderes Leben in Palästina vorbereiten. *Hachschara*, „Tauglichmachung", heißt dieses Programm. Es ist der radikale Kontrast zu den deprimierenden Szenen, die sich in den DP-Lagern abspielen. Handeln statt Betteln, Vertrauen statt Misstrauen, Gemeinschaftsgeist statt Einzelkämpfertum. Die Jungbauern wollen lernen, selber initiativ und selbstständig zu werden. Die Juden müssen, so sehen sie es, ihre Selbstachtung zurückgewinnen.

Sie haben ihrem *Kibbutz* den Namen *Nili* gegeben. Das ist die Abkürzung für einen hebräischen Satz, der in den alten Schriften steht: „*Netzach Israel lo Jeschaker*", das bedeutet: „Der ewige Gott Israels steht zu seinem Wort."

Der Pleikershof, auf dem sie ihre Ideen umsetzen wollen, hat eine beachtliche Größe: drei große Wohnhäuser, insgesamt 120 Räume, 100 Hektar landwirtschaftliche Fläche und Wald. In den Ställen stehen 34 Kühe, zwei Bullen und 14 Kälber. Die jungen Bauern haben moderne Melkmaschinen, bauen Getreide und Gemüse an, haben Obstbäume und Bienenhäuser, züchten Hühner, Schafe und Gänse. Sie organisieren Kurse in Erster Hilfe und Tiermedizin, und jeden Tag gibt es Hebräischunterricht. Da ihnen noch viele Fachkenntnisse fehlen, haben sie sich schweren Herzens zwei deutsche Landwirte geholt, die schon zu Streichers Zeit auf dem Hof gearbeitet haben – stärker als die Emotionen ist die Einsicht, noch fachlichen Beistand zu brauchen, und der Wille, sich Wissen anzueignen. Aus Palästina ist einer von 20 *Schlichim* dazugekommen, die den Flüchtlingen helfen sollen, in ihren Lagern und Farmen eine Berufsausbildung zu machen.

Ein *Kibbutz* auf dem Hof eines Nazis – diese Nachricht zieht Besucher aus der ganzen Welt an. Vertreter von zionistischen Organisationen machen sich auf den Weg nach Franken, dazu Zeitungsreporter, US-Offiziere und hochrangige Diplomaten. Als Leo Schwarz, *Joint*-Direktor für Deutschland, auf den Bauernhof kommt, zeigen ihm die Bewohner selbstbewusst, was sie schon alles aufgebaut haben. „Komm in den Melkraum, nimm einen Schluck frische Milch", sagen sie.

כל עוד דופק בעולם לב ישראל-
את ארץ־ישראל

Gemeinschaftsgeist statt Einzelkämpfertum: Bewohner des *Kibbutz Nili* auf dem Weg zur Arbeit (oben).

Heißsporn in Führerpose: Julius Streicher stieg im Dritten Reich zum Gauleiter von Franken auf (unten).

„Die Negev-Wüste wird zum Leben erwachen": Ein Plakat wirbt für die *Kibbutz*-Idee.

„Lecker, nicht wahr? Stell dir vor, wie es sein wird, wenn wir unsere eigene Milch von unseren eigenen Kühen haben werden – in unserem eigenen Land." Seine Erinnerungen an diesen Tag wird Schwarz später so beschreiben: „Diese Jugendlichen, wie sie herbeieilen, in ihren Stiefeln, Reithosen und offenen Hemden, sind weder Tagträumer noch Gezeichnete der Nazibarbarei", sondern „Wegbereiter des Staates, die den Boden Palästinas bestellen wollen".

Bis April wächst die Zahl der Trainingsfarmen auf 27, bis zum Jahresende auf 46 an. In Bayern sind es 4500, in Österreich 2000 Juden, die sich der *Hachschara* verschrieben haben. „Wir nennen euch jüdische Kinder", schreibt euphorisch die *Landsberger Lager Cajtung*. „Ihr seid ohne Vater ohne Mutter, ohne Verwandte", nur das Volk und das Land könnten diesen Verlust ersetzen. „Euer Volk ist euer Vater und *Eretz Israel* eure Mutter."

Die Wände der bewohnten Räume auf dem Pleikershof sind voll von zionistischen Slogans. Aber ein Schild, das der Nazigauleiter Streicher selber angebracht hat, nehmen die jungen *Kibbutz*-Arbeiter wohlweislich nicht weg. „Ohne Lösung der Judenfrage gibt es keine Lösung der Weltfrage" steht darauf. Es ist vermutlich der einzige Satz von Streicher, mit dem sie hundertprozentig einverstanden sind.

„WIR SINGEN VOM LEBEN“

Selvino, Januar 1946

„Tamid Kadima“, „Immer vorwärts“ ist mehr als ein Codewort. Es ist eine Philosophie, ein Gegenprogramm zum Hadern mit der Vergangenheit, zu dieser ewigen, quälenden Rückschau, bei der die Wunden nur immer wieder neu aufreißen, statt endlich zu vernarben.

Mosche Zei'ri heißt der Mann, mit dem die Idee zu Fleisch geworden ist. Der Mensch muss lernen, um vorwärtszukommen, das ist seine Erfahrung von der Wiege an gewesen. Denn nur wer nach vorn geht, kommt auch wirklich voran. Schon in seinem Geburtsland Polen absolvierte er ein pädagogisches Seminar. In Palästina, wohin er auswanderte, war er für das Farmkollektiv *Kwutzat Schiller* als Schullehrer und für Jugendgruppen als Berater tätig. In Neapel, wo er als Soldat der „Solel-Boneh-Kompanie“ landete, gründete er nach dem Krieg flugs eine Schule für jüdische Flüchtlingskinder. Er sorgte dafür, dass Mitglieder seiner Einheit vor ihnen auftraten, die anerkannte Künstler waren: der Pianist Jachli Wegman, der Maler Menachem Schemi,

Neuer Geist: Die *Casa Sciesopoli*, am Rand des Dorfes Selvino gelegen, war ein Ferienheim der italienischen Faschisten. Nun wird das Gebäude zu einem Internat für jüdische Waisen (links).

„Immer vorwärts“: Heimleiter Mosche Zei'ri mit „seinen“ Kindern (rechts).

der Dichter Simcha Eisen. Zei'ri stellte einen Chor und eine Band auf die Beine, und diesen Pioniergeist sollen jetzt diejenigen zu spüren bekommen, denen der Holocaust die Kindheit und oft auch noch die Eltern geraubt hat. Das war der Grund, weshalb er dieses Angebot mit Begeisterung annahm. Es soll vorwärtsgehen, nur noch vorwärts.

Jahrelang hat Raffaele Cantoni, der gute Geist von Mailand, darum gekämpft, dass jüdische Waisen von barmherzigen Mönchen in die Obhut genommen wurden, um sie vor dem KZ zu schützen. Jetzt sucht er, begleitet von jüdischen Soldaten, all diese Klöster wieder auf. Er holt „seine“ Kinder, die inzwischen zu jungen Menschen im Alter von 15 bis 18 Jahren herangewachsen sind, wieder ab. Sie sollen, so meint er, noch ein anderes Leben kennenlernen.

Das Gebäude, das ihr neues Zuhause wird, heißt *Casa Sciesopoli*. Es ist benannt nach dem italienischen Freiheitskämpfer Amatore Sciesa, der 1851 von den Österreichern hingerichtet wurde. Für die jungen Juden, die hier ankommen, mutet es an wie ein Märchenschloss. Es liegt in 900 Meter Höhe an einem Berghang, etwas abseits des Dorfes Selvino, 20 Kilometer nördlich von Bergamo. Das Gebäude ist vier Stockwerke hoch, bestückt mit einem mächtigen Balkon, ausgestattet mit gekachelten Bädern, mit Treppen und Gängen aus Marmor, mit Sporthalle, Schwimmbad und Theatersaal. Im Garten locken Laubengänge, prächtige Büsche und Blumen, Fichten,

Zedern und Zypressen. Der Blick schweift hinab ins Valle Seriana und hinauf zu den gar nicht fernen Alpengipfeln, die das ganze Jahr schneeweiß blinken.

Als die Faschisten das Land regierten, war dieses Haus ein Ferienheim, in dem sich Freizeitsport mit militärischem Drill verband. An den Fahnenmasten im Hof flatterte die Flagge des Königreichs Italien im Wind. In der Bibliothek und in anderen Räumen stapelten sich Trommeln und Banner, Signalhörner, Rangabzeichen und Fotos, die die organisierten Aktivitäten der Jugendverbände des *Duce* dokumentierten. Parteigrößen standen in strammer Haltung auf dem Balkon und nahmen Paraden ab. Noch immer verkündet eine Marmortafel in der Eingangshalle, dass sogar Mussolini selber sein Scherflein zum Bau dieses Domizils beitrug – er spendete 5000 Lire.

Nach Mussolinis Ende ging das Haus in den Besitz der Sozialistischen Partei über. Cantoni nutzte seine guten Beziehungen, die er seit den Jahren des gemeinsamen Widerstandes hatte, um es zu einer Heimstatt für jüdische Waisen machen zu dürfen. Mosche Zei'ri, der die Leitung übernahm, will einen neuen Geist in die hehren Hallen bringen. Doch die eiserne Disziplin, die früher hier herrschte – die soll auch unter seiner Ägide regieren.

Nur die ersten 30 Jugendlichen, die hier untergebracht wurden, haben die vergangenen Jahre in Klöstern verbracht. Die anderen Waisen, die seit ein paar Wochen in Selvino ankommen, hatten weniger Glück. Sie haben ihre Prägungen nicht von frommen Ordensbrüdern, sondern von SS-Wächtern erhalten. Zei'ri spürt, wer ein KZ überstanden hat, dem sind Eigenschaften eingebrannt, die sich nicht einfach abschütteln lassen. Ein Stück Brot, heimlich geklaut, verschwindet mal in einer Hosentasche, mal unter einer Matratze. Man weiß nie, wofür man es mal gebrauchen kann. Der Direktor ist entschlossen, hart durchzugreifen, denn gerade bei solchen Dingen darf es ein Zurück nicht geben.

Das Kollektiv ist alles, so wie in einem *Kibbutz*, daher gibt es auch harte Kollektivstrafen. Wenn eine Brotscheibe fehlt und niemand die Tat zugibt, muss die ganze Tischrunde den Speisesaal verlassen. Wenn eine Fensterscheibe zu Bruch geht und niemand gesteht, wird allen in der Nacht zum Sabbat die sonst übliche Schokolade gestrichen. Das Geld, das auf diese Weise gespart werde, so begründet es der Direktor, müsse zum Kauf des neuen Glases verwendet werden, denn anderes Geld habe das Haus nicht.

Auch das Jugendheim ist wie der *Kibbutz* ein Ausgangspunkt für die Auswanderung, ein Trainingsgrund für das neue Leben. Autarkie ist ein wichtiges Prinzip, nur der Koch und der Torwächter sind angestellte Bedienstete, ansonsten hat hier jede Person ihr Pflichtprogramm: Küchendienst oder Essensausgabe, Waschen oder Nähen, Blumengießen oder Unkrautrupfen, Holzhacken oder Hausputz. Es gibt nur Gemein-, kein Privateigentum; alles Geld, das ein Neuankömmling mitbringt,

Essen erst, wenn alle still sitzen: Die jungen, häufig verwahrlosten Menschen sollen zu Disziplin und Ordnung erzogen werden.

wandert in die Gemeinschaftskasse. Disziplin herrscht vom Aufstehen bis zum Schlafengehen; das Essen wird erst serviert, wenn alle still am Tisch sitzen, und es wird erst zu kauen begonnen, wenn das Zeichen dafür gegeben ist. Niemand außer dem Postboten Dow Zugmann darf das Heim ohne Erlaubnis verlassen. Lesen und Lernen sind Pflicht, auf dem Schulplan stehen Mathematik, Handwerk und Kunst, die Geschichte der Juden und die Geografie Palästinas.

Die jungen Bewohner lernen wie im *Kibbutz* die Regeln der Basisdemokratie. Sie wählen ein Arbeitskomitee, das die anstehenden Tätigkeiten nach dem Rotationsprinzip verteilt. Sie wählen ein Kulturkomitee, das Filmvorführungen, Sportveranstaltungen, gemeinsame Ausflüge und Feiern an jüdischen Festtagen organisiert. Sie wählen ein Sozialkomitee, das sich um das Verhältnis der jungen Leute untereinander zu kümmern hat. Sie sollen üben, sich selber zu regieren – und zu kontrollieren.

Das wichtigste Prinzip aber lautet: kein Wort über die Kindheit, weder untereinander noch zu den Lehrern. Kein Wort über die toten Eltern, über Oma und Opa, Onkel und Tante. Kein Wort über die Deutschen, das Ghetto und den Krieg. In der *Casa Sciesopoli* wird nur über die Zukunft, nicht über die Vergangenheit gesprochen. Das Heim soll ein Haus der Hoffnung, nicht der Trauer sein. Über dem Vorhang der Bühne, auf der die Chorgruppe probt, prangt in hebräischer Sprache der Spruch: „Wir singen nicht von Blut und Schlachten, sondern vom Leben und von der Schöpfung."

Die Hauszeitung *Niwenu* („Unsere Worte"), die sie gemeinsam produzieren, ist voll von zionistischer Propaganda. Aharon Steinberg, einer der Autoren, meint in einem Leitartikel, man müsse mit den „bösen Gewohnheiten der Diaspora" brechen, er schwärmt von einem Neuanfang in den „wüstenhaften Weiten des Negev". Und fährt fort: „Dort können wir beweisen, dass wir Juden nicht dazu da waren, in Seife verwandelt zu werden. Wir sind fähig, den Boden zu beackern, zu bauen und uns zu wehren."

Adela Lieberman, die das Ghetto von Sdolbuniw in der Ukraine überlebt hat, widmet denen ein Gedicht, die „einsam und verlassen" sind: „Verjagen wir die Schatten der Leichen, stemmen wir uns gegen den Sturm der Dunkelheit. Wir werden an die Ufer unserer Heimat gelangen, und dann wird der Frühling blühen und gedeihen." Abraham Hasman aus Lodz ist das letzte lebende Mitglied einer polnischen Familie, seine Mutter und zwei Schwestern starben im Ghetto, sein Vater, ein Bruder und die dritte Schwester in Birkenau. „Schau, ich habe meine Familie durch eine neue ersetzt", schreibt er. „Mein Vater ist meine Tatkraft, mit der werde ich mich formen und verteidigen, trotz aller Hindernisse. Meine Mutter ist *Eretz Israel*, ich werde ihr all meine Energie und Talente widmen. Mein Bruder und meine Schwester sind die Freunde und Freundinnen, die mich umgeben – sie werden mir helfen, meine Ziele zu erreichen."

Die Artikel sind per Hand geschrieben, alle zwei Wochen werden vier bis acht neue Seiten ans Schwarze Brett geheftet. *Niwenu* erscheint in hebräischen Lettern, die meisten

Artikel aber sind auf Jiddisch und Polnisch geschrieben. Noch sind es nur wenige, die diese neue Sprache beherrschen, die zum unverzichtbaren Teil ihres neuen Lebens werden soll. Aber Zei'ri und seine Lehrkräfte sorgen in der Schule dafür, dass es auch bei der Sprache kein Zurück geben wird.

Die Vergangenheit ist das größte Tabu in Selvino. Aber völlig totzuschweigen ist sie nicht. Sie sitzt, vergraben und verdrängt, tief in den Seelen der jungen Juden, und ab und zu bricht sie wild nach oben aus. Manchmal wachen die jungen Leute nachts auf, weil irgendwo im Schlafsaal jemand schluchzt. Manchmal steigen Mädchen aus ihren Betten, um sich eng an andere zu kuscheln, und dann weinen sie zusammen in die Kissen. Der 14-jährige Peretz stiehlt sich eines Tages unbemerkt weg in den Wald – er will sich mit einem Seil an einem Baum erhängen. Er hat ein Testament geschrieben und es einem Freund gegeben, der las es zum Glück sofort und alarmierte die anderen, so können sie die Tat im letzten Moment verhindern. „Ich kann nicht länger leben", steht in dem Abschiedsschreiben. „Ich habe mit meinen eigenen Augen gesehen, wie Papa und Mama umgebracht wurden."

Ein junges Mädchen, dem christliche Mönche das Leben gerettet haben, kniet sich jede Nacht mit einem Kruzifix vor das Bett und bricht in Tränen aus. „Ich bin keine Jüdin", sagt das Kind. „Sie haben mich gegen meinen Willen aus dem Kloster geholt. Ich werde nie vergessen, dass Jesus und Maria mich gerettet haben."

Mit dem Schiff nach Palästina: Ein Kind hat den jüdischen Traum gezeichnet (unten).

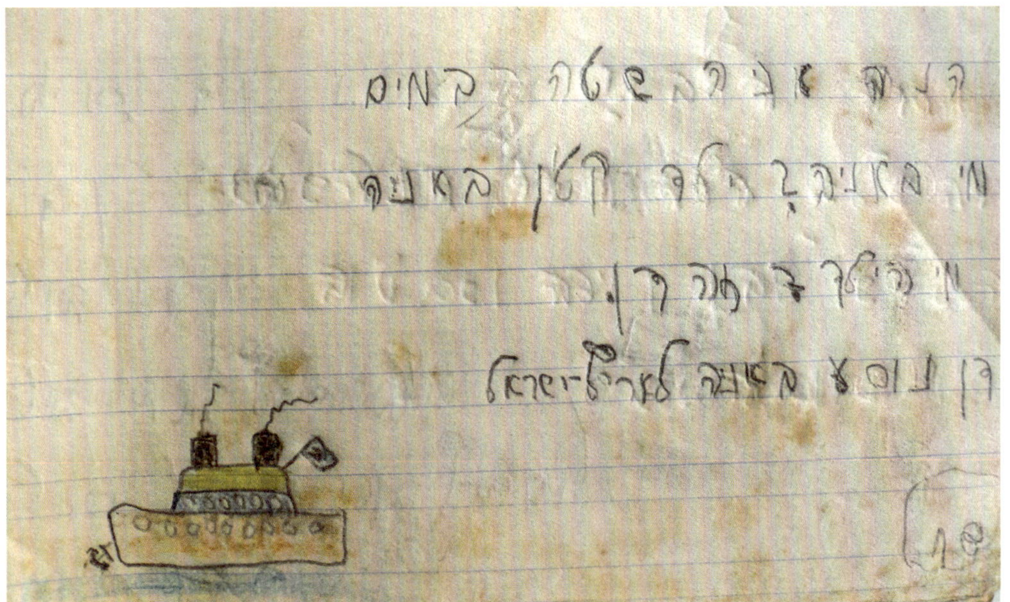

„ÖFFNET DIE TORE!“

Wien, Februar 1946

Werden diese zwölf Weisen über die Zukunft der Juden entscheiden? Seit Wochen reisen sie durch die Flüchtlingslager in Deutschland und Österreich, zuletzt waren sie in Bindermichl bei Linz und Mülln bei Salzburg, in Villach und Badgastein. Die Donau-Metropole ist ihre letzte Station in Europa. Von Wien aus werden sie nach Kairo fliegen und dort mit arabischen Staatschefs sprechen. Dann geht es nach Palästina, um vor Ort Eindrücke auf beiden Seiten des Konfliktes zu sammeln. Ende April, nach 120 Tagen Arbeit, wollen sie ihre Empfehlungen in Lausanne am Genfer See veröffentlichen. Welche Hoffnungen lasten auf diesem Dutzend, welche Ängste, welche Zweifel!

Die Vereinigten Staaten und das Vereinigte Königreich haben beschlossen, eine diplomatische Lösung für das leidige Problem zu finden. Sie stellten diese paritätisch besetzte Untersuchungskommission zusammen, sechs Amerikaner und sechs Briten, es sind Politiker, Juristen und Journalisten. Sie wissen, dass sie es nicht allen recht machen können, es wäre

Quadratur des Kreises: Eine zwölfköpfige Kommission, sechs Amerikaner und sechs Briten, sucht nach einer Lösung für Palästina.

wie die Quadratur des Kreises. Wer also wird bei ihnen mehr Sympathien gewinnen? Und mit wem können sie es sich am ehesten verderben?

In Wien erleben sie, welche Lobbyarbeit getrieben wird, um dieses angloamerikanische Komitee zu beeindrucken. Vor dem Hotel Sacher, wo die zwölf logieren, versammelt sich eine Gruppe von Juden. 300 Leute mögen es sein, eigentlich gar nicht so viele, doch die Demonstration ist offensichtlich sehr gut organisiert. Die Teilnehmer recken Transparente in die Höhe, auf den meisten steht: „Öffnet die Tore Palästinas!"

Es gibt auch Schilder, die bewusst in die Vergangenheit zurückgreifen. Eines fordert: „Schluss mit dem Vergießen von jüdischem Blut!" Eines enthält eine Generalanklage: „Wo ist das Gewissen der Welt? Wie lange sollen wir noch in Lagern vegetieren?" Ein weiteres stößt fast schon eine Drohung aus: „Wir haben Hitler überlebt. Der Tod ist nichts Neues für uns. Nichts kann uns abhalten von unserer jüdischen Heimat!"

Zeitgleich zum Besuch der Komiteemitglieder haben die österreichischen Zionisten ihre erste Nachkriegskonferenz veranstaltet. Das verhilft ihnen zu deutlich mehr Publizität. So sind sie vom Konzerthaus, ihrem Tagungsort, zum Hotel Sacher gezogen. Und von dort geht es nun über den Ring zum Sitz der Israelitischen Kultusgemeinde. Es ist die erste freie Kundgebung in Wien seit 1934. Zwar sind solche Aufmärsche laut Anordnung der Alliierten strikt verboten. Aber wer würde es wagen, so kurz nach dem Holocaust Juden mit Polizeigewalt auseinanderzutreiben? Die Fotos, die um die Welt liefen, wären ein Zeugnis von neuem, schreiendem Unrecht, das Hitlers Opfern widerfährt. Also können die Demonstranten darauf vertrauen, dass die Amerikaner, durch deren

„Wo ist das Gewissen der Welt?" Juden im Wiener Rotschildspital feiern das Purimfest mit einer gehenkten Hitlerpuppe.

Vom KZ ins Morgenland: ein illustriertes „Haggada"-Buch, bestimmt für den Vorabend des Pessachfestes.

Zone sie ziehen, sie gewähren lassen. Sie singen lauthals Ghetto- und Partisanenlieder, das berühmteste davon heißt: „Sag nie, du gehst den letzten Weg."

Was sich in Wien abspielt, ähnelt dem Geschehen vor einem Monat in München. Dort kamen 200 Delegierte der *Sche'erit Hapletah* aus den bayerischen Lagern just zu dem Zeitpunkt zusammen, als das angloamerikanische Komitee die Landeshauptstadt besuchte. So hatte auch dort die Konferenz viele geladene Gäste. David Ben-Gurion als Vertreter des *Jischuw* saß neben Repräsentanten der US-Militärregierung, Bayerns Ministerpräsident Wilhelm Hoegner neben einem internationalen Aufgebot an Journalisten, die einen Abstecher vom Nürnberger Kriegsverbrecherprozess gemacht hatten.

Samuel Gringauz, der brillante Intellektuelle, nutzte dieses Forum, um seinen Finger ganz tief in die allseits empfundene Wunde zu legen. Er zog eine vernichtende Nachkriegsbilanz, die beschämen und zugleich als Druckmittel dienen sollte. „In diesen neun Monaten haben wir das große Geheimnis entdeckt, warum die restlichen vier Kontinente die Todesmärsche nicht verhindern konnten", sagte er. „Wir wissen jetzt, dass der Wille nicht vorhanden ist, uns einem freien, gesicherten Leben zu übergeben – der gleiche Wille war auch damals nicht vorhanden, uns dem Tode zu entreißen."

Abraham Klausner, der junge Militärrabbiner, drehte bei dieser Veranstaltung Szenen für einen Film, der das Weltgewissen aufrütteln soll. Die Kamera führt den Betrachter in das Münchner Rathaus, wo die Delegierten tagen – es ist mit zionistischen Flaggen geschmückt. Dann schwenkt sie ins DP-Lager Landsberg hinein, und der Betrachter blickt in hagere, sehnsuchtsvolle Gesichter. „Wie lange wird Heimatlosigkeit die Träume der leidenden Kinder Israels zunichtemachen und ihre Herzen mit Verzweiflung erfüllen?", sagt ein Sprecher in beschwörendem Ton. „Das sind die Menschen. Unsere Leute. Sie warten. Warten. Warten."

Für Ben-Gurion, den Pionier aus Palästina, ist zu diesem Zeitpunkt schon eines klar: Es lohnt nicht, große Anstrengungen zu unternehmen, um das Los der Juden in Europa zu verbessern – ja, es ist geradezu falsch. Je größer der Leidensdruck in den Camps, umso größer der politische Druck auf die Regierungen, eine Masseneinwanderung nach Palästina zu erlauben. Er schreibt den Gedanken ganz offen in sein Tagebuch: „Es ist nicht die zionistische Aufgabe, die Reste des Volkes Israel in Europa zu retten, sondern *Eretz Israel* für das jüdische Volk."

Bei der Demonstration in Wien einen Monat später befindet sich ein Mann mit Namen „Arthur Pier" im Pulk der Journalisten. Er hat wie seine Kollegen einen Notizblock in der Hand und wird als akkreditierter Korrespondent über die Kundgebung schreiben. Dieser Reporter aber hat schon von Anfang an genau gewusst, worüber er berichten würde. Denn er und seine *Bricha* haben die Veranstaltung selber geplant.

Ein Vater für alle: Juden lassen sich in einem Wiener Flüchtlingslager vor den Flaggen der vier Siegermächte fotografieren. Hinter ihnen hängt ein Porträt von Theodor Herzl, dem Gründer der zionistischen Bewegung.

FRAGEN NACH DER SCHULD

Landsberg, März 1946

Wenn ein Verbrechen geschieht, gibt es üblicherweise einen schuldigen Täter und ein unschuldiges Opfer. Im Jahr eins nach dem Holocaust aber scheint es oft genau umgekehrt zu sein. Zumindest in den Gefühlen, die auf beiden Seiten herrschen.

Wenn sie die politische Bühne betreten, wirken die Juden willensstark und entschlossen, der Zukunft zugewandt. Doch die Masse der DPs döst in einem tristen Lageralltag vor sich hin. Und bei allen beginnt, ein Gedanke zu keimen. Der Gedanke, der sich heimtückisch wie ein Virus in das Gehirn frisst und dort geradezu teuflisch nagt. Der die Juden zurück in die Vergangenheit zieht und einfach nicht weichen will.

Der Gedanke schockiert Gershom Scholem, als er den Juden im Lager Landsberg zuhört. Er hat einen Lehrstuhl zur Erforschung der jüdischen Mystik und reist im Auftrag der Hebräischen Universität Jerusalem und des Komitees *Otzrot HaGolah* („Die Schätze der Diaspora") durch Europa, um nach geraubten jüdischen Kulturgütern zu forschen. „Die

„Anpassung an die Wünsche der Henker“: Im Lager Zeilsheim bei Frankfurt wird ein Ex-Kapo festgenommen. Die Nazis setzten kollaborationswillige KZ-Häftlinge als Aufseher ein – und gewährten ihnen Privilegien (links).

„Wie hat eigentlich mein Nachbar überlebt?“: Im Lager Landsberg wird „Jiskor“ gespielt, ein Drama zur Erinnerung an die Holocaust-Toten (rechts).

ehrlichen und feinen Juden – die sind doch alle tot“, hört er die Leute sagen. „Wie hat eigentlich mein Nachbar überlebt?“ Es ist, notiert Gerschom, „die destruktivste Frage, die man überhaupt stellen kann“.

Es gab in den von den Deutschen eroberten Gebieten die Judenräte, die von den Nazis eingesetzt wurden; sie mussten Menschen zählen, Wohnungen räumen lassen, Wertsachen konfiszieren, Zwangsarbeiter liefern, bei der Deportation mithelfen. Ja, sie wurden dazu gezwungen – aber gab es nicht auch Leute, die mitmachten, um sich anzubiedern?

Es gab in den KZ die sogenannten Kapos, die für die Lagerleitung arbeiteten und die Häftlinge zur Arbeit antrieben. Sicher war es schwer, sich dagegen zu wehren – aber gab es nicht auch Leute, die sich ihre Privilegien durch besondere Brutalität verdienten?

Es gab jüdische Mädchen, die sich in Bordellen mit Nazischergen einließen. Taten sie es, um ihre Familie zu retten – oder nur ihre eigene Haut?

Solche Gedanken kommen immer, sie lassen einem keine Ruhe. „Wer kann eigentlich überlebt haben?“, grübelt Samuel Gringauz in einem Aufsatz. „Welche Möglichkeiten bestanden für einen Juden durchzukommen?“ Und er gibt darauf die niederschmetternde Antwort: „Wir müssen uns darüber im Klaren sein, dass das, was überlebt hat, eine negative Auslese ist.“ In einem anderen Artikel nennt er die Eigenschaften beim Namen, die man gebraucht habe, um am Leben zu bleiben: eine

„Ich bin nie ein Nazi gewesen": Nach Kriegsende laufen massenweise Verfahren gegen Hitlers Helfer. Nur wenige Deutsche und Österreicher aber fühlen eine Mitschuld an den NS-Verbrechen.

„ausgeprägte Rücksichtslosigkeit", eine „geschäftsmäßige Anpassung an die Wünsche der Henker und ihrer Knechte". Haben die Nazis auch noch erreicht, dass die Juden sich selber hassen?

„Wir wissen, dass viele von uns durch die Leiden demoralisiert sind", sagt der Arzt Zalman Grinberg in einem Gespräch mit *Joint*-Vertretern. „In den Konzentrationslagern haben wir Leute erlebt, die das Fleisch ihrer Brüder aßen."

So leiden im Volk der Opfer viele Überlebende in der Erinnerung noch einmal den Holocaust durch. Im Volk der Täter hingegen scheint fast niemand irgendwelche Schuldgefühle zu haben. Hat nicht kürzlich sogar ein Sozialdemokrat seine deutschen Landsleute in Schutz genommen? Wilhelm Hoegner, der bayerische Ministerpräsident, sagte bei seiner Rede vor den jüdischen Delegierten in München, dass „den nationalsozialistischen Verbrechern die Judenverfolgungen nur ein Mittel waren, um das eigene Volk zu verhetzen und bei der Stange zu halten".

War der Genozid ein Betrug am ahnungslosen deutschen Volk? Die Juden, die der Sprache der Täter mächtig sind, glauben das immer wieder herauszuhören, wenn

„Der ist schuld am Kriege": antijüdisches Naziposter, 1943 (links).

„Niemals vergessen": Entnazifizierung als Motiv einer Briefmarke, 1946 (rechts).

sie Gesprächsfetzen von Deutschen auffangen, die unter sich über die Hitlerzeit reden. „Ich habe keinerlei Beweis dafür gesehen, dass die Deutschen ihren Antisemitismus bereuen", schreibt Rabbi Philip Bernstein, Berater für jüdische Fragen beim Oberkommando der US-Armee in Europa, in einer Studie. „Mag sein, dass sie die Wirkung davon auf die Weltmeinung bedauern. Mag sein, dass sie der Ansicht sind, die Methoden der Nazis seien zu brutal gewesen, was die Verfolgung und Vernichtung betrifft. Aber die meisten von ihnen beklagen nur, dass Hitler den Krieg verlor – nicht, dass er ihn begann."

Moses Moskowitsch, ein jüdischer Offizier der US-Militärregierung in Deutschland, der viel mit *Displaced Persons* zu tun hat, kommt in einem Resümee seiner Arbeit zu dem Schluss, die Deutschen hätten sich selber überzeugt, „dass auch sie Opfer des Nazismus sind, vielleicht sogar in größerem Maß als jedes andere Volk". Sie hätten sich ihre Unschuld nachträglich eingeredet. „Daher können wir von ihnen nicht erwarten, für eine Sünde büßen zu wollen, die sie, wie sie glauben, gar nicht begangen haben."

Zwar wird in der US-Besatzungszone ein „Gesetz zur Befreiung von Nationalsozialismus und Militarismus" unterzeichnet, das für alle drei westlichen Zonen die Richtung vorgibt. Mehrere Hundert deutsche Laiengerichte, unter Aufsicht der Alliierten gebildet, werden in den folgenden drei Jahren rund 2,5 Millionen Fälle durcharbeiten. Aber gut ein Drittel der Verfahren wird eingestellt, und 54 Prozent der Beschuldigten kommen als „Mitläufer" mit geringen Strafen davon. Der Kalte Krieg zwischen Ost und West, dessen Konturen immer sichtbarer werden, schafft zudem schon bald ganz neue Prioritäten. Und selbst die schärfsten Gesetze können schließlich nicht ändern, was in den Köpfen der Menschen steckt.

Mit ihrer Sicht auf die Deutschen der Nachkriegszeit stehen die Juden nicht allein.

Buße ohne Reue: Deutsche müssen eine Wohnung für Flüchtlinge räumen.

Margaret Bourke-White, eine amerikanische Kriegsreporterin, die nach Hitlers Ende noch längere Zeit in dem besetzten Land bleibt, zitiert einen amerikanischen Major mit dem Satz: „Die Deutschen tun, als seien die Nazis eine fremde Rasse von Eskimos, die vom Nordpol gekommen und irgendwie in Deutschland eingedrungen sind." Für Peter Knauth, Korrespondent des Nachrichtenmagazins *Time,* sind die Deutschen „krankhaft besessen von ihrem eigenen Elend" und halten sich „für die Hauptopfer des Krieges". William Peters, der als Dolmetscher für die britischen Truppen arbeitet, hat in sein Tagebuch über den 30. Oktober 1945 geschrieben: „Das ist ein Tag, den man rot anstreichen muss. Heute traf ich den ersten Deutschen, der zugab, dass er 1932 und 1933 die Nazipartei gewählt hatte."

Kaum jemand will das Hitler-Regime unterstützt haben. Kaum jemand hatte angeblich eine Ahnung davon, was mit den jüdischen Nachbarn geschah, die von heute auf morgen plötzlich verschwanden. Unzählige Witze kursieren darüber, dass es fast unmöglich ist, auf deutschem Boden irgendeinen Anhänger des Nationalsozialismus zu finden. Einer der Witze geht so:

Auf einer Straße in München wird der tote Hitler gefunden. Er hat einen Zettel in der Hand, auf dem steht der Satz: Ich bin nie ein Nazi gewesen.

Die Schwarzmarkt-Aktivitäten, denen sich viele jüdische Lagerbewohner widmen, geben den antisemitischen Ressentiments, die Terror und Krieg unbeschadet überstanden haben, neue Nahrung. „Jetzt sieht der Katholik in Bayern wieder einen Juden, der zum Handel übergegangen ist, sich große Gewinne und wirtschaftliche Möglichkeiten verschafft", schreibt der Kulturforscher Gershom Scholem.

So leben auf beiden Seiten die alten Animositäten, Klischees und Denkmuster wieder auf. Die Deutschen sehen die Juden immer weniger als Opfer und immer mehr als Arbeitsfaule, Geldgierige und Schmarotzer, die von der Gunst der Amerikaner und internationaler Hilfsorganisationen leben. Die Juden sind wütend über ihre eigenen Schwächen, wütend über die blockierte Zukunft, besonders wütend aber auf die Deutschen. Dieses Land ist für sie noch immer Feindesland, selbst wenn der Feind am Boden liegt. Man sieht es an ihren Blicken. Man hört es, wenn sie sich ihre Gedanken zuzischeln. Ein Judencamp ist wie ein Pulverfass. Es braucht nur einen Funken, um zu explodieren.

DER SCHWARZE SONNTAG

Landsberg, April 1946

Eigentlich haben alle an diesem Wochenende einen Grund zum Feiern. Für die Katholiken steht der „Weiße Sonntag“ vor der Tür, endlich mal wieder das Fest der Erstkommunion ohne Krieg. Auf die Lokalpolitiker wartet ein ermutigendes Ereignis, die erste demokratische Kreistagswahl nach dem Ende des „Dritten Reiches“. Sogar die fast 5000 Juden, die im DP-Lager Landsberg untergebracht sind, haben dieses Datum in guter Erinnerung: Vor genau einem Jahr haben US-Soldaten die noch lebenden KZ-Insassen der elf Außenlager Kaufering befreit.

Aber wenn die Atmosphäre vergiftet ist, reicht schon der kleinste Vorfall, eine Falschmeldung, ein Missverständnis, und schon ist es aus mit dem Feiern. So macht die verdämmernde Nacht den 28. April 1946, den ersten Sonntag nach Ostern, zu einem Tag des Schreckens.

In Dießen am Ammersee, knapp 20 Kilometer südlich von Landsberg, veranstaltet der *Kibbutz* „Dror“, wo 50 DPs das Töpferhandwerk erlernen, eine eher stille Gedenkfeier. In einem Nachbarhaus jedoch geht es ziemlich hoch her, denn eine Gruppe deutscher Ex-Soldaten ist aus der Kriegsgefangenschaft nach Hause

„American SS!“: US-Militärpolizisten werden in Landsberg eingesetzt, um blutige Ausschreitungen durch jüdische Lagerbewohner zu beenden (links).

„Wir schlagen dich tot!“: Reste eines Busses, der in Brand gesteckt wurde. Wegen eines falschen Gerüchtes hat ein wütender Mob Jagd auf Deutsche gemacht (rechts).

gekommen, das ist ein Grund, mal kräftig anzustoßen. Der *Kibbutz*-Leitung ist zu Ohren gekommen, dass mehrere verdächtige Personen draußen umherschleichen. Mordechai Rain und Oster Blosztein, zwei ungarische Juden, werden daher zu einem Sicherheitsdienst im Gelände eingeteilt. Als der Wachhabende des *Kibbutz* morgens um halb vier seinen Rundgang macht, sind die beiden Posten nicht mehr da. Eine fieberhafte Suche beginnt – aber die zwei jungen Leute bleiben spurlos verschwunden.

Binnen weniger Stunden überschlagen sich in Landsberg Horrormeldungen darüber, was den beiden Juden angeblich widerfahren ist. Mal heißt es, ehemalige SS-Leute hätten sie entführt. Mal heißt es, eine Bande von Deutschen, bewaffnet mit Maschinenpistolen, habe den *Kibbutz* überfallen, sechs Juden getötet und sechs jüdische Kinder mitgenommen. Die Gerüchte dringen natürlich auch ins Judenlager vor. Schon um neun Uhr rottet sich vor dem Haupteingang eine aufgebrachte Menge zusammen. Schlägertrupps lösen sich aus ihr, stürmen die Zufahrtsstraße entlang, stürzen sich auf deutsche Passanten, dreschen wild vor Wut mit Stöcken auf sie ein, stechen mit Messern zu, rauben ihre Opfer aus. Der „Weiße Sonntag“ ist, noch ehe er richtig begonnen hat, zu einem schwarzen Sonntag geworden.

Eine 38-jährige Frau wird von einem Juden angehalten, der ihren Ausweis fordert. Er zerreißt die Papiere, schlägt ihr mit der Faust ins Gesicht. „Ein ganzes Rudel“, wird sie tags darauf bei der Polizei zu Protokoll geben, acht bis zehn Mann und eine Frau, stürzt sich auf die Deutsche, die aus Mund und Nase blutet. „Sie schlugen auf mich heftig ein, während sie mich weitertrieben.“ Die weibliche Angreiferin schneidet ihr einen Teil der Kopfhaare ab. „Wir schlagen dich tot!“, bekommt das Opfer zu hören. „Wir stechen dich tot!“

Eine 68-jährige Frau liegt schon am Boden. Als sie aufzustehen versucht, wird sie noch einmal niedergeschlagen. Auch über ihren Neffen sind sie hergefallen, er liegt reglos auf der Straße. „Verrecke!", gellen Rufe, „Sohn einer Hündin!"

Der Mob, bis auf 700 Menschen angewachsen, stoppt einen Lastwagen. Ein Steinhagel geht auf das Führerhaus nieder. Fünf Milchkannen, die das Auto geladen hat, werden heruntergeholt und ausgeschüttet. Dem Fahrer gelingt mit großer Mühe die Flucht.

An einem Bus, der stadteinwärts fährt, werden sämtliche Fensterscheiben zertrümmert. Die Juden reißen die Wagentür auf, zerren den Fahrer heraus, prügeln auf ihn ein, bis er blutet. Als ihm die Flucht gelingt, setzen sie den Bus in Brand.

Dies ist ein blindwütiger Aufstand, getrieben von Frust und Rache. Die Vergangenheit bricht wie eine Eiterbeule auf. Rund um Landsberg gab es das Kommando Kaufering, einen Komplex von elf Außenlagern des KZ Dachau. Fast 24.000 Juden waren in ihnen untergebracht, sie lebten in Baracken aus Holz und Tonröhren, die mit einer Erdschicht überzogen waren. Die meisten Zwangsarbeiter sollten unterirdische, bombensichere Bunker für die Produktion von Jagdflugzeugen bauen. Man sah in Landsberg aber auch, wie ausgezehrte Männer auf Straßen das Kopfsteinpflaster erneuern und kahlgeschorene Frauen den Bahnhof putzen mussten, wie Menschen wild vor Hunger auf Mülltonnen zustürzten und sich Gemüseabfälle in den Mund stopften. Die Zustände in den Lagern waren so grauenhaft, dass mehr als 6400 Insassen starben. Als kurz vor Kriegsende die Amerikaner anrückten, trieben SS-Leute die noch gehfähigen Häftlinge zuerst nach Dachau und dann in Richtung Alpen. Im Lager Kaufering IV, gut fünf Kilometer nördlich von Landsberg, wurden

Alles kommt wieder hoch: Im KZ-Außenlager Kaufering IV, gut fünf Kilometer nördlich von Landsberg, hausten Häftlinge in Erdbaracken.

nicht nur die Einrichtungen, sondern auch die nicht mehr gehfähigen Juden mit Benzin übergossen und in Brand gesteckt.

Dies alles ist gerade mal ein Jahr her. Die Gedanken daran liegen wie ein Fluch über Landsberg und seiner Umgebung, über den Straßen und Feldern und dem neuen Lager, das mit Versprengten der *Schoah* gefüllt ist. Es wird nach Geiseln gerufen, bis die zwei Verschwundenen aus dem *Kibbutz* „Dror" aufgetaucht seien. Das Verhältnis zwischen Juden und Deutschen ist wieder an einem Tiefpunkt angekommen. Alles, was beiderseits an Aversionen, Neid und Hass gespeichert ist, bricht aus den Gemütern heraus.

Die amerikanischen Militärbehörden sind entsetzt. Nun sind auf einmal Juden die Täter. Sollen sie gegen die aufgehetzte Masse mit Gewalt vorgehen? Militärpolizisten aus Augsburg werden zur Verstärkung gerufen. Major Thorston, ihr Chef, kommt persönlich mit. Es gelingt, die Juden halbwegs zu beruhigen und ins Lager zurückzudrängen. Aber 150 Insassen stehlen sich auf der Rückseite heimlich wieder heraus. Sie ziehen über Wiesen zur Staustufe 15 am Lech. Thorston fährt persönlich dorthin, in der Hoffnung, durch seine Autorität die Ordnung wiederherstellen zu können. Der US-Kommandeur sieht, dass zwei deutsche Zivilisten am Boden liegen. Er lässt die Gruppe von Juden um sie herum einkreisen. Die Juden haken sich unter, wollen den Ring von Militärpolizisten sprengen. Um ein Blutvergießen zu vermeiden, ordnet Thorston an, den Ring an einer Seite zu öffnen. Trotzdem kann er nicht vermeiden, dass die Juden nun auch die Amerikaner als ihre Feinde ansehen.

Leichenfeld am Lagerzaun: Als die Amerikaner anrückten, wurden nicht mehr gehfähige Gefangene mit Benzin übergossen und angezündet.

Die Militärpolizisten haben in der Zwischenzeit zwei Leute wegen Misshandlung deutscher Passanten festgenommen. Johlend macht sich eine Gruppe auf den Weg, um ihre Gesinnungsgenossen zu befreien. *„American SS!“, „American Gestapo!“*, hallt es seinen Leuten entgegen. Steine fliegen auf die Soldaten, die noch vor einem Jahr als Retter gefeiert wurden. Die Amerikaner geben Warnschüsse ab. Sie stoppen die Leute, durchsuchen sie nach Waffen und arrestieren einen Dritten, weil er ein Schlachtmesser bei sich trägt. „Wenn ihr ihn mitnehmt, könnt ihr uns alle mitnehmen“, schreit ein junger Mann in gebrochenem Englisch. „Wir sind alle Brüder!“

Thorston wählt Zuckerbrot und Peitsche als Taktik. Er legt seine Pistole weg, um die Lage zu entspannen. „Ich habe nicht die Deutschen zu schützen, sondern für Ruhe und Ordnung zu sorgen“, ruft der Offizier den Protestierenden zu. Als Zeichen des guten Willens lässt er die drei Beschuldigten wieder frei. Erst jetzt zerstreut sich der wütende Pulk.

Bald darauf aber gibt der MP-Chef bekannt, dass ab 14 Uhr im Lager eine strikte Ausgangssperre herrsche. Von sieben Uhr abends bis fünf Uhr morgens gelte sie sogar für die ganze Stadt. Die Ordnungskräfte würden rücksichtslos auf jeden schießen, der dagegen verstoße. MP-Streifen patrouillieren auf den Straßen, durchsuchen Wohnungen nach Waffen. Insgesamt 20 Juden aus dem Camp werden bei Razzien festgenommen.

Fünf Tage später stehen die 20 wegen Aufruhrs und wegen Störung der öffentlichen Ruhe und Ordnung vor einem Militärgericht. Nur ein Angeklagter wird freigesprochen, sechs erhalten je zwei Jahre, zwölf je ein Jahr, einer drei Monate Gefängnis. „Ohne Zweifel haben alle von Ihnen und Ihre Verwandten in den Händen der Deutschen unbeschreibliche Leiden durchgemacht“, sagt Oberstleutnant Marlon Batty, der die Verhandlung führt, in seiner Urteilsbegründung. „Aber das berechtigt Sie nicht, zu einem solch späten Zeitpunkt Vergeltungsmaßnahmen zu üben.“

Die meisten Urteile werden bald darauf abgemildert. Zwar seien sie eindeutig schuldig, erklärt Generalleutnant Clarence Adcock, der stellvertretende US-Militärgouverneur für Deutschland. Bei der Festsetzung des Strafausmaßes aber müsse man „ihre Jugend und den Terror, dem sie während des Naziregimes unterworfen waren, berücksichtigen“. Darüber werden sich nun wieder die Deutschen empören.

Die verschollenen Wachposten sind längst aufgetaucht. Kurz vor dem „Weißen Sonntag“ hatte es Gerüchte gegeben, wonach Verwandte von ihnen in Augsburg angekommen seien. So waren die beiden, ohne sich abzumelden, frühmorgens kurzerhand in den ersten Zug gestiegen, um nach ihnen zu forschen.

Die Kluft aber, die in Landsberg aufgerissen ist, wird sich so schnell nicht mehr schließen. Eine Woche nach dem Aufstand klagen in dem Städtchen am Lech ein paar Kinder über Bauchschmerzen, Müdigkeit und Durchfall. Fünf Mütter erstatten deswegen Anzeige bei der Polizei – doch keine von ihnen konsultiert einen Arzt. Die Leute sind sich schnell darüber einig: Ein Jude aus dem Lager wollte die Kleinen mit Bonbons vergiften.

Opfer und Täter: Lagerkommandant Johann Baptist Eichelsdörfer muss sich nach seiner Gefangennahme zwischen die Leichen stellen.

„ES IST SPÄTER, ALS DU DENKST“

Föhrenwald, April 1946

„Alle Winkel des Horizonts sind neblig und dunkel“, schreibt Jacob Biber in sein Tagebuch. „Kein Blick der Verwunderung in den Augen der Nationen. So als ob überhaupt nichts passiert wäre. Wir sind alleine in einer Wüste – in der Mitte von Europa. Mitten in einer Höllenglut.“

Biber ist 31, ein Mann im besten Alter. Ein halbes Jahr vor Ausbruch des Krieges hat er Eva, seine große Jugendliebe, geheiratet. Dann mussten die Jungvermählten lernen, sich dem Griff des Todes zu entwinden. Jahrelang duckten sie sich vor seinen Fängen, versteckt in Wäldern und Scheunen, ausgezehrt von Hunger und Angst. Ihre Heimat, das Städtchen Maciejów in der westlichen Ukraine, wurde zu einem Massengrab für Juden. Unfassbar, dass die deutschen Besatzer das junge Paar nie ausfindig machten. Nun sind die Beiden in einem Lager bei Wolfratshausen

Heirats-Boom: ein junges Paar mit Hochzeitstorte im Lager Mittenwald (links).

Baby-Boom: Ärzte und Schwestern mit Neugeborenen im Lager Pocking (rechts).

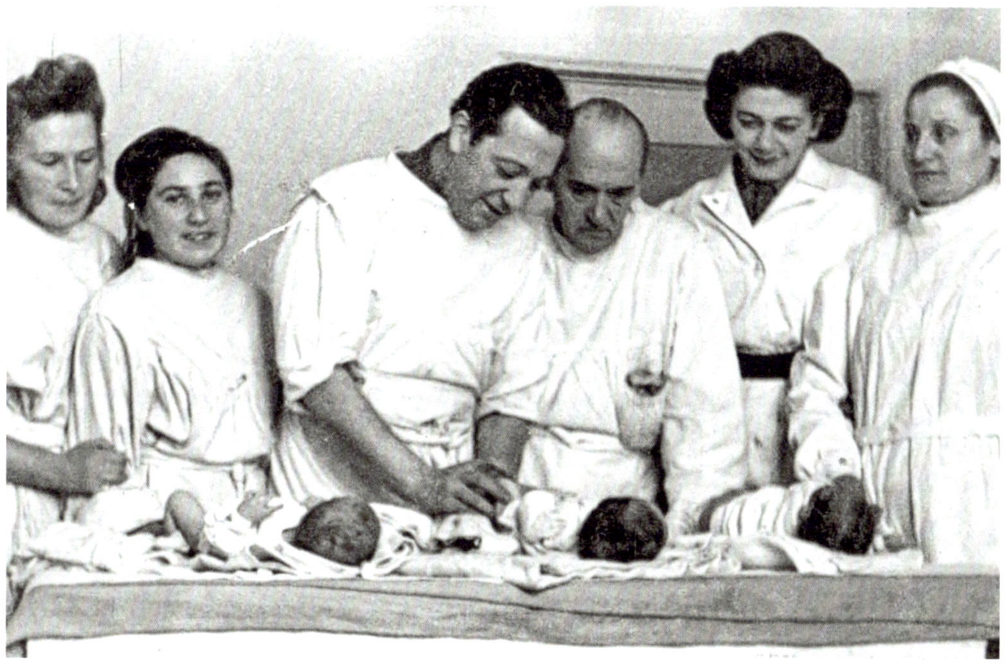

in Oberbayern gelandet. Es ist gefüllt mit jüdischen Flüchtlingen aus Osteuropa – aber was sich da auftut, ist trotzdem eine große Leere.

Wieder sind die Juden im Wald versteckt. Ein zwei Meter hoher Maschendrahtzaun trennt sie von der Außenwelt ab. Sie leben in Reihenhäuschen, von denen jedes vier Wohnungen und ein Gemeinschaftsbad hat. In Föhrenwald, wie das Lager heißt, waren einst Zwangsarbeiter untergebracht. Sie mussten für eine nahe gelegene Munitionsfabrik schuften, die die Nazis errichtet hatten. Jetzt sind die Straßen im Camp nach amerikanischen Bundesstaaten benannt, es gibt die Michigan-, die New-York-, die New-Jersey-Straße. Aber soll das die neue Heimat sein?

Oberflächlich gesehen wirkt Föhrenwald wie ein typisches *schtetl*. Es gibt eine jüdische Selbstverwaltung und eine jüdische Zeitung, jüdische Schneider und Schlosser, Tischler und Tapezierer. In der Schule wird Hebräisch gesprochen, und es gibt sogar eine streng religiöse, orthodoxe Unterrichtsanstalt. Rabbi Jehuda Halberstam, schwarzbärtig und mit Schläfenlocken, gehört zu den ganz wenigen chassidischen Führern, die der SS entkommen sind – er wirkt wie das letzte lebende Monument einer versunkenen Kultur.

Aber dieses *schtetl*, das sich da entfaltet, ist keine gewachsene Gemeinschaft. Es ist eine chaotische Mischung aus zersplitterten Familien, zerbrochenen Träumen, zerstörten sozialen Beziehungen. Es ist eine Welt mit nur

„Eintauchen in den Strom des Lebens": Mütter mit Kinderwagen im Lager Föhrenwald.

wenigen Kindern, denn wann und wo und wie hätten sie in den vergangenen Jahren geboren werden sollen? Hier leben Männer, die im KZ impotent geworden sind, und Frauen, die seit Jahren wegen Unterernährung keine Menstruation mehr hatten oder im KZ mit Röntgenstrahlen unfruchtbar gemacht wurden.

Jacob Biber, der in Föhrenwald die Lagerschule leitet, bekommt Besuch von einer jungen Frau, die sich einen Rat von ihm erhofft. Sie geht schwer atmend in seinem Büro hin und her, stockt nach jedem halben Satz, und eine Schamesröte schießt ihr ins Gesicht. Ein deutlich älterer Mann, der Auschwitz überlebte, aber dort seine ganze Familie verlor, hat um ihre Hand angehalten.

„Ich fand es gut, aber trotzdem habe ich ihm gesagt, er solle mir Zeit für die Antwort geben", sagt sie. „Ich weiß nicht aus und ein. Ich will nicht einen Mann haben und dann erleben, dass er keiner ist – verstehen Sie?"

„Wenn eine Frau das herausfinden will, sollte sie das Risiko lieber vor der Ehe eingehen", lautet Bibers pragmatische Antwort. „Jedenfalls ist das besser, als danach die Scheidung einzureichen."

Es sind merkwürdige Ehen, die da in Föhrenwald geschlossen werden. Entfernte

„Ich bin wieder da!“: Ein Häftling in KZ-Kleidung – Figur einer Ausstellung im Lager Föhrenwald (links).

„Ihr habt uns doch nicht alle vernichtet“: Eine Mutter stillt ihr Baby im Lager Feldafing, während ihr Vater einen Schuh repariert (rechts).

Verwandte oder Bekannte aus der alten Heimat, vom Schicksal neu zusammengewürfelt, treten vor den Rabbi. Oder Nachbarn, die sich gerade mal seit ein paar Tagen kennen. Alle sind sie getrieben von einer einzigen Sehnsucht: Sie wollen eine Familie haben, ein neues, kleines, geschütztes Nest. Sie wollen Kinder haben, denn nur mit Kindern gibt es eine Zukunft – und ein Ziel, auf das sich die Hoffnung richten kann.

Die Männer und Frauen, die sich da aufeinander stürzen, haben ein hemmungsloses Verlangen nach Zuneigung und Zärtlichkeit. Sie sind nicht nur physisch, sondern auch

Training für den Geist: jüdische Kinder im Schulunterricht (oben).

Training für den Körper: jüdische Kinder bei einem Sportfest (unten).

psychisch ausgehungert. „Ich bin einsam, du bist einsam, vielleicht werden wir gemeinsam halb so einsam sein“, so schreibt ein Lagerbewohner seine Überlegungen auf. Der Rabbiner George Vida, der als amerikanischer Militärseelsorger viele DP-Camps besucht, trifft solche Menschen in Scharen. „Du hast die wertvollsten Jahre deines Lebens verloren“, ist der Gedanke, der sie alle umtreibt, „hole jetzt die verlorene Zeit nach.“ Denn „es ist später, als du denkst“.

Für Etliche, die sich verheiraten wollen, ist es schon die zweite Ehe. Die ersten Lebenspartner sind tot oder verschollen. Doch wie soll man das beweisen? Die Nazis haben für die meisten ihrer Opfer keine Totenscheine ausgestellt, oft gibt es über deren Schicksal allenfalls Berichte von Augenzeugen oder gar nur Gerüchte. Ein Rabbiner, der den neuen Bund feierlich besiegeln soll, hat in solchen Fällen nur eine Möglichkeit: Mann und Frau müssen jeweils zwei Zeugen mitbringen, die ihr Schicksal und den daraus folgenden zivilen Status bestätigen können.

In Föhrenwald, wie in anderen Lagern, setzt ein wahrer Heirats-Boom ein. Ihm folgt noch im selben Jahr ein Baby-Boom. Die Elternschaft bedeutet, „in den Strom des Lebens um mich herum einzutauchen“, wie es eine junge Jüdin beschreibt. Babys sind der Beweis, doch noch einen funktionsfähigen Körper zu haben und eine neue, lebensfähige Gemeinschaft gründen zu können. Mit geradezu provozierendem Stolz schieben diese Mütter ihre Kinderwagen vor sich her. Ein Baby ist mehr als eine Nachkommenschaft. Es ist ein Aufbäumen gegen den Untergang, ein neu keimender, wilder Trotz. Es ist eine Botschaft an die Deutschen, eine Art biologische Rache: „Ihr habt uns doch nicht alle vernichtet.“

Ein *Schtetl* im Wald: Schild am Lagereingang.

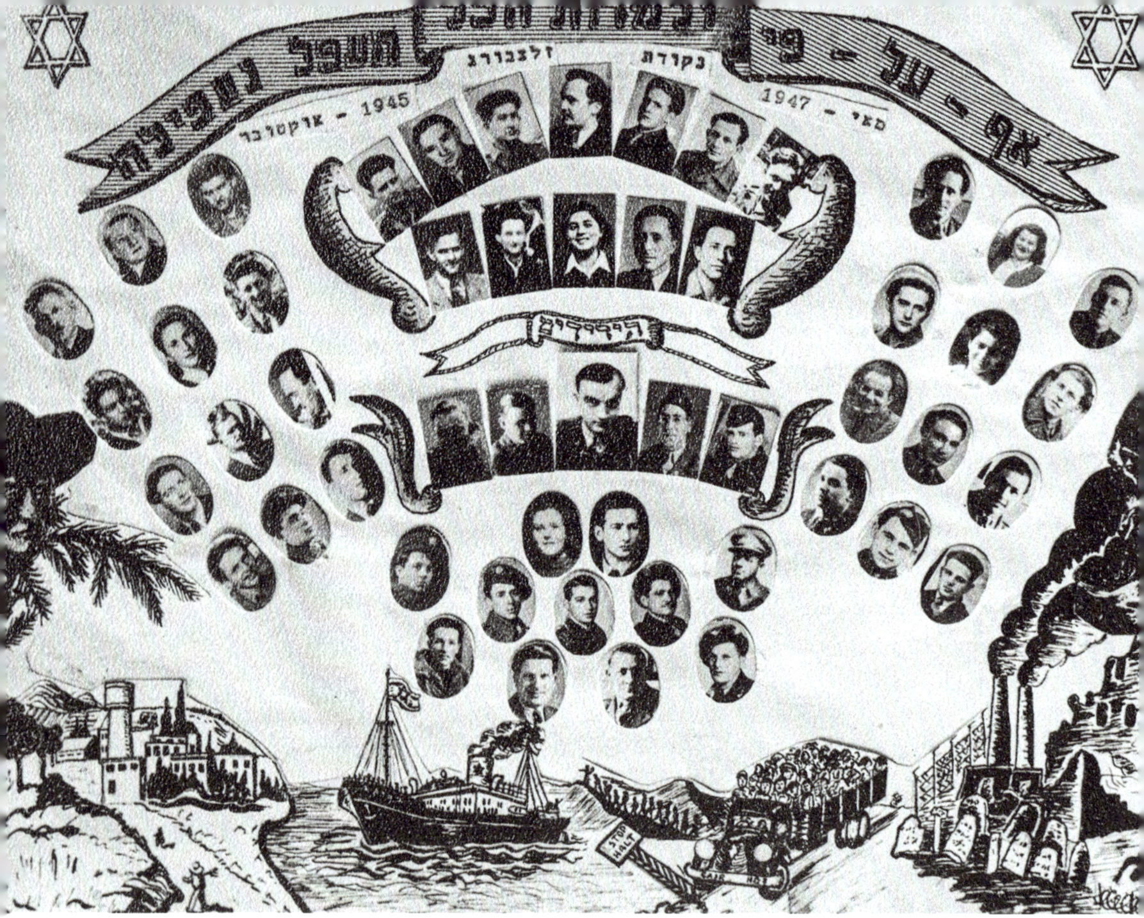

MEHR ZETTEL ALS MENSCHEN

Salzburg, April 1946

Chuzpe ist ein jiddisches Wort, eine Ableitung aus der hebräischen Sprache. Es ist ein sehr jüdisches Wort. Man tut sich schwer, es korrekt zu übersetzen, weil es immer davon abhängt, in welchem Zusammenhang man es gebraucht.

Meist hat es einen abwertenden Sinn. Dann steht es für Unverschämtheit, Dreistigkeit, Impertinenz. Manchmal drückt man damit aber auch Anerkennung aus. Dann steht es für Furchtlosigkeit, Kühnheit und Wagemut, mit dem jemand sich gegen eine feindliche Umgebung durchsetzt.

Für die *Bricha* ist *chuzpe* eine der beliebtesten Waffen. Wenn man sie einsetzt, fließt kein Blut. Aber dem Gegenüber verschlägt es oft die Sprache. Das ist es, was die Waffe so effizient macht. Das Recht auf *chuzpe* steht für die Zionisten außer Frage – nach allem, was geschehen ist. Niemand soll ihnen mit dem moralischen Zeigefinger kommen: am wenigsten

„Ein Geschenk des Himmels“: Collage aus Fotos und Zeichnungen, erstellt in Salzburg. Sie zeigt *Bricha*-Aktivisten und das Drama der Juden: KZ-Krematorien, Gräber, Lastwagen mit Flüchtlingen, Schiff nach Palästina; in der Bildmitte fünf amerikanische Helfer, im Zentrum Captain Stanley Nowinski (links).

Schützende Hände: Flüchtlinge laden Gepäck auf ein Busdach, für die Weiterfahrt von Salzburg (rechts).

die Deutschen und die Österreicher, aber auch nicht der Rest der Welt, denn der hat die Juden tatenlos ihrem Schicksal überlassen.

Die Schleuser haben einen amerikanischen Bundesgenossen gefunden, der zur Schlüsselfigur ihrer Aktivitäten wird. Captain Stanley Nowinski war Soldat der 42. US-Division, die vor einem Jahr das KZ Dachau erreichte. „Ich war einer der Ersten, die ins Lager eindrangen“, erzählt er von dem Tag, der sein Denken und Handeln verändern sollte. „Ich war erschüttert und zitterte, als ich sah, was dort passiert war. Und ich beschloss, den Überlebenden der Grausamkeiten auf jede mögliche Weise zu helfen.“

Nun leitet Nowinski, ein Sohn polnischer Einwanderer, in Salzburg die Abteilung *Displaced Persons* der US-Armee. Er verschafft der örtlichen *Bricha*-Zentrale, die anfangs im Lager Mülln eingerichtet war, ein größeres Büro in der Neutorstraße 25. Er lässt für Aba Gefen, den Salzburger *Bricha*-Chef, in dessen Privatwohnung ein Militärtelefon einrichten, mit dem der Kommandant in alle Städte Europas, in denen US-Truppen präsent sind, unzensiert Ferngespräche führen kann. Schließlich stellt er Gefen sogar ein offizielles Dokument aus, in dem dieser als „Vorsitzender des Hilfskomitees für jüdische Flüchtlinge“ firmiert. Ein Foto zeigt den *Bricha*-Mann

Agent mit offiziellem Status: Aba Gefen, „Bricha"-Chef in Salzburg, trägt eine US-Uniform.

in einer amerikanischen Militäruniform. Er kann diese Uniform immer benutzen, wenn es seiner Arbeit dienlich ist. Damit ist die *Bricha*, so Gefen süffisant, „eine ‚illegale' Organisation mit offiziellem Status geworden".

Der Schutzschirm, den Nowinski über die Juden spannt, gibt der *Bricha* Freiräume fast ohne Grenzen. In den DP-Lagern sind es ihre heimlichen Helfer, die Neuankömmlinge offiziell registrieren. Sie tragen deren Namen in Kennkarten ein, die dann eine Art Ausweis sind. Wenn Lagerinsassen verschwinden, weil sie heimlich von Schleusern weggelotst wurden, müssten deren Karten eigentlich an die Amerikaner zurückgegeben werden. Stattdessen aber bewahren die jüdischen Lagerverwalter sie sorgfältig in ihren Karteikästen auf. Denn diese „frei gewordenen" Dokumente sind wie ein Geschenk des Himmels, und daher haben sie im Untergrund den Namen „Engel".

Der Grund dafür sind die unterschiedlichen Essrationen, die in der US-Zone verabreicht werden. Juden, die ein KZ überlebt haben, erhalten pro Tag 2500 Kalorien. Juden hingegen, die „nur" Flüchtlinge sind, müssen sich mit 1500 Kalorien zufriedengeben. Maßgebend für die Ausgabe sind immer die jeweiligen Kennkarten. Mithilfe der überschüssigen „Engel" ist es daher möglich, die entsprechenden Rationen so aufzufüllen, dass auch die *infiltrees* auf das Niveau der *Displaced Persons* angehoben werden. „Wir besaßen mehr Papiere als Menschen", wird Ascher Ben-Natan, der *Bricha*-Chef für Österreich, später dieses kaltschnäuzig ausgenutzte Privileg beschreiben.

Mit der Zeit bekommen die US-Militärs diese Schummelei natürlich mit. Captain Nowinski, der Schutzengel aus Fleisch und Blut, gerät dadurch mehr und mehr in die Bredouille. Gestresst und genervt ruft er seine jüdischen Kontaktleute zu sich: „Was ist da los mit den Papieren?", seufzt er. „Wieso habt ihr eine so hohe Fluktuation und so viele Kennkarten? Ich muss dafür geradestehen." Die *Bricha*-Leute aber erweichen ihn mit wortreichen Erklärungen, die alles nur als selbstlosen Einsatz für die leidenden Flüchtlinge darstellen. Am Ende ist Nowinski wieder einmal gerührt und gibt sich geschlagen. „Bitte belasst es aber bei nicht mehr als 25 Prozent ‚Engel'", sagt er, gemessen an der Zahl der „echten" Lagerinsassen. Nur dann könne er weiterhin seine schützende Hand über das Geschehen halten.

Es ist nicht das erste Mal, dass amerikanische Militärs die Macht der *chuzpe* erfahren. Rabbi Philipp Bernstein, der Berater für jüdische Fragen beim Oberkommando in Europa, kommt nach Salzburg zu Besuch. Er bringt dort Beschwerden der US-Behörden in Deutschland auf den Tisch, wonach die illegalen Flüchtlingsströme aus Österreich dramatisch zugenommen haben. Zu der Gesprächsrunde bei General Harry Collins, dem Militärgouverneur für die US-Truppen in Österreich, wird auch Ascher Ben-Natan als Vertreter des Zentralkomitees der befreiten Juden geladen. Der entschließt sich zu entwaffnender Offenheit, wie es die *chuzpe* verlangt.

„Sie haben die Wahl zwischen organisierten Transporten, wo Sie genau wissen, wie viele Leute kommen, und nicht organisierten Transporten“, sagt er. „Wenn Sie uns das nicht erlauben, dann werden statt 150, die über die Grenze laufen, 150 einzeln mithilfe von Schleppern versuchen, hinüberzugelangen. Dann werden Sie aber wirklich Probleme haben.“

In einem Buch über die *Bricha* wird Ben-Natan ein paar Jahre später die Wirkung seiner Worte so beschreiben. „Ich glaube, dieses Argument war sehr überzeugend.“

Aufgebesserte Rationen: Verteilung von Brot im Lager Bindermichl bei Linz.

SHELL
SHELL

PASTA STATT PAPIERKRAM

Reschen, April 1946

Was ist denn plötzlich los an diesem Pass? Seit einiger Zeit herrscht hier jede Woche dienstags und freitags ein gespenstisches Treiben. Es beginnt eine Stunde vor und endet eine Stunde nach Mitternacht, man kann schon fast die Uhr danach stellen. Im Hotel „Hochfinstermünz" bei Nauders, dem letzten österreichischen Ort vor dem Schlagbaum, geht ein verschlüsselter Telefonanruf ein. Die Gäste, die ihn entgegennehmen, sind Mitarbeiter der *Bricha*, so viel wie in diesem Monat hatten sie noch nie zu tun. Nach dem Anruf windet sich ein Lkw-Konvoi mit 200 bis 300 Menschen vom Inntal aus die 50 Kilometer lange Straße hoch zur italienischen Grenze. 500 Meter davor wird er von österreichischen Gendarmen erwartet. Sie schlagen sich mit der lebenden Fracht seitwärts in die Büsche, führen sie über Bergpfade hinüber auf die andere Seite. An der Etschquelle, nördlich von Reschen, stehen Busse bereit. Sie brausen mit ihrer Ladung hinunter in den Vinschgau, und die zurückkehrenden Beamten freuen sich über das kleine Zubrot, das sie als nächtliche Wegweiser verdienen können.

Verschlüsselte Anrufe: Das Hotel Hochfinstermünz bei Nauders ist ein Stützpunkt für Fluchthelfer.

Es gibt noch eine zweite, nicht minder attraktive Option. Von ihr profitieren die italienischen Zöllner. Irgendwann am Abend, eine halbe Stunde vor Ankunft eines neuen Konvois, organisieren freundliche Herren für sie ein leckeres Abendessen. Wenn es so richtig schmeckt und ein Glas Rotwein daneben steht, gilt die Aufmerksamkeit der Beamten dann doch mehr dem gut gefüllten Teller als den gut gefüllten Transportwagen, die just in dieser Stunde draußen über die Grenze rollen.

Die dritte Option erfordert nicht mal den Schutz der Dunkelheit. Dafür reichen ein bisschen Geld oder ein paar Packungen Zigaretten. Ein Mann in Militäruniform, der sich als Repräsentant einer alliierten Besatzungsmacht ausgibt, legt ein ganzes Bündel von UNRRA-Bescheinigungen vor. Die Italiener haben wenig Lust, diese sehr offiziell wirkenden Dokumente auf ihre Echtheit zu überprüfen. Wer so etwas tut in diesen Zeiten, macht sich und seinen Kollegen die Arbeit nur unnötig schwer. Also marschiert die Personengruppe, für die diese Papiere gefälscht wurden, ganz unbehelligt über die Grenze. Die jüdischen Flüchtlinge können sicher sein, dass auf der Südtiroler Seite leere Fahrzeuge für sie bereitstehen.

Menschenschleuser verhalten sich wie Wasser, das sich für den Durchfluss stets die leichteste Stelle sucht. Am Brennerpass gibt es seit Anfang des Jahres kaum noch ein Weiterkommen, weil die Briten dort die Kontrollen

HALT!
GRENZKONTROLLE

Immer wieder neue Routen: *Bricha*-Aktivisten studieren eine Karte (oben).

Eingeschränkte Souveränität: US-Soldaten besetzen bei Kriegsende den Reschenpass. Danach wechselt die Kontrolle zwischen Briten und Italienern (unten).

drastisch verschärft haben. Am Reschenpass hingegen haben sie, als Zeichen guten Willens, die Abfertigung Anfang April an die Italiener übergeben. Prompt lenkt die *Bricha* nun ihre Transporte um.

Sie macht sich die Tatsache zunutze, dass die österreichische Seite dort in der französischen Besatzungszone liegt. Die Franzosen haben wenig Lust, sich auch noch mit der Betreuung jüdischer Flüchtlinge herumzuschlagen. Aus ihrer Sicht ist es am besten, wenn diese Leute aus ihrer Zone so schnell wie möglich verschwinden. So hat die *Bricha* mit ihnen ein Geheimabkommen geschlossen, das den Fluchthelfern weitgehend freie Hand lässt.

Die *Bricha* profitiert davon, dass die alliierten Siegermächte in Österreich wie auch in Italien nicht als Besatzer, sondern als Befreier dastehen möchten. Sogar den Briten, dem Hauptgegner der Fluchthelfer, sind aus Sorge um das Image oft die Hände gebunden. Und die Italiener weisen genüsslich darauf hin, dass sie an ihren Grenzen ja nur eingeschränkte Souveränität haben. Für die Flüchtlinge fühlen auch sie sich nicht verantwortlich. Die Lager, in denen sie untergebracht werden, standen seit Kriegsende unter dem Kommando der Alliierten Kontrollkommission. Nun werden sie an die UNRRA übergeben und füllen sich in beängstigendem Maße. Sporgeun Keeny, der UNRRA-Direktor in Italien, gibt freimütig zu, im Grunde sei keine Institution „darauf vorbereitet, einen so unerwarteten Zustrom zu bewältigen".

Nur die Juden, so scheint es, haben eine Infrastruktur, die immer und überall funktioniert. Sie haben in Orten südlich des Reschenpasses zahlreiche Häuser als zeitweilige Unterkünfte angemietet, in Mals und St. Valentin auf der Haide, in Spondinig und Schlanders. Dort bleiben die Flüchtlinge, bis es weitergeht.

Die Engländer sehen mit Schrecken, welche Menschenströme durch diesen neuen Durchschlupf in den Alpen nach Italien eindringen. Schon im Mai nehmen sie die Grenzkontrollen am Reschenpass wieder selber in die Hand. Aber der Flut von gefälschten Dokumenten sind auch sie auf Dauer nicht gewachsen. Nun tauchen immer mehr Gruppen von Kranken auf, die angeblich an Tuberkulose leiden und deswegen von Salzburg nach Meran überführt werden sollen, wo es ein spezielles Sanatorium zur Behandlung dieser Krankheit gibt. Die Papiere, die das bescheinigen, tragen alle die gleiche Unterschrift. Sie stammt von einem US-Captain mit Namen Stanley Nowinski.

DIE MACHT DER MORAL

La Spezia, April 1946

Eigentlich läuft wieder alles wie geschmiert. Acht Mal schon hat es geklappt mit der heimlichen Abfahrt aus Italien. Die „Fede“, das neunte und bislang größte Schiff, ist für die Reise nach Palästina gut gerüstet In dieser Stadt stehen die Werftarbeiter schon seit einiger Zeit fest im Sold des *Mossad*. Die Hafenbehörden sind wie immer bestochen, sie haben noch nie Schwierigkeiten gemacht. Offiziell soll die „Fede“ zu einem Salztransport nach Sardinien auslaufen, obwohl es an Bord keinen einzigen Salzsack gibt. Die angeheuerte Crew ist vollzählig präsent. Es fehlt nun eigentlich nur noch die tatsächliche Fracht, die soll in der nächsten Nacht ankommen.

Aber irgendwann läuft auch bei bester Planung mal etwas schief. Nachmittags um drei sieht Kapitän Mosche Rabbinowitz, dass da plötzlich ein Lastwagen voll von Polizisten direkt gegenüber an der Pier vorfährt. Er hat gerade noch Zeit, um seiner Mannschaft zu befehlen, alle Funkgeräte und Waffen zu verstecken. Dann steht ein italienischer Kriminalbeamter vor ihm und beginnt ein peinliches

„Hungerstreik": 1014 Juden wollen mit einer publikumswirksamen Aktion die Ausfahrt ihres Schiffes aus dem Hafen La Spezia erzwingen.

Verhör. Der Kapitän ist in seiner eigenen Kabine gefangen.

Eine Straßenkreuzung drei Kilometer vor La Spezia ist der Treffpunkt für Konvois, die hier aus Süd- und Norditalien wie bei einer Sternfahrt zusammentreffen. 38 Lastwagen sollen insgesamt mehr als 1000 jüdische Flüchtlinge zur „Fede" bringen. Wie üblich stößt *Mossad*-Chef Arazi mit seinem MG-Roadster dazu, um auf dem letzten Stück die Führung zu übernehmen. Aber seltsam – diesmal wird „Alon" von zwei italienischen Polizeiwagen flankiert. Auch Arazi ist ein „halber" Gefangener.

Irgendwie haben die Italiener Wind davon bekommen, dass hier nicht alles mit rechten Dingen zugeht. Allerdings sind sie anfangs auf einer falschen Spur. Sie glauben, es mit Faschisten zu tun zu haben, die sich nach Spanien absetzen wollen, um der strafrechtlichen Verfolgung zu entgehen.

„Das Tor Zions": Demonstranten haben auf einem Wachturm am Hafen eine symbolische Inschrift in italienischer und hebräischer Sprache angebracht.

Die Verwirrung ist auf beiden Seiten groß, es beginnt ein Spiel mit wechselseitigen Unsicherheiten und Bluffs. Ein Konvoiführer, Israel Liwertowsky, gibt sich als „Major Mackintosh" aus. Ein *Mossad*-Agent, Schalhewet Freier, behauptet, er sei dessen Dolmetscher. In Wirklichkeit sind die beiden Juden Sergeants der britischen Armee. Die Polizisten fragen nach dem Beglaubigungsschreiben, mit dem der „Major" sich ausweisen könne. Der Dolmetscher antwortet, es sei unschicklich, so etwas von einem britischen Offizier zu fordern, und daher werde er diese Frage nicht übersetzen.

Es folgt ein stundenlanges Hin und Her, die ganze Nacht durch glühen die Telefondrähte, die Lastwagen sind mittlerweile komplett von Polizei umzingelt. Arazi gelingt es, sich in dem Durcheinander heimlich abzusetzen. Für Liwertowsky und Freier wird es so eng, dass sie beschließen, ihre letzte Karte zu spielen und den Italienern die Wahrheit zu sagen. Sie spekulieren auf deren Abneigung gegen die Briten und holen aus einem Lkw ein paar Flüchtlinge – die rollen ihre Hemdsärmel hoch und zeigen die Häftlingsnummern, die ihnen im KZ an den Armen eingebrannt wurden.

Den Polizisten verschlägt es die Sprache. Sie ahnen, in welches Wespennest sie da gestochen haben. Freier schlägt vor, alle Flüchtlinge zunächst mal auf das Schiff zu bringen, bis die Angelegenheit geklärt sei – von Bord könnten sie ja nicht entkommen, und die Lkws würden zudem für militärische Dienstfahrten gebraucht. Die Italiener stimmen zu, wollen sich nun aber nicht länger an der Nase herumführen lassen. Sie stecken Freier und Liwertowsky, an Händen und Füßen gefesselt, ins Gefängnis, stationieren Soldaten auf dem Schiff und am Kai. Ein Kanonenboot läuft in den Hafen ein und legt sich quer vor die „Fede".

Arazi steht vor einem Fiasko, wie er es bisher noch nie erlebt hat. Zum ersten Mal sind seine Leute auf frischer Tat ertappt worden. Wohl oder übel taucht der *Mossad* aus dem Untergrund auf, dringen die Schleuseraktivitäten an eine breite Öffentlichkeit. Aber einer wie „Alon" gibt sich so schnell nicht geschlagen. Er beschließt die Flucht nach vorn – um die Situation politisch zu nutzen.

Am nächsten Tag erscheint er im Hafen und gibt sich als „Yosef de la Paz" aus, ein Mann mit spanischen Vorfahren. Er behauptet, er sei einer der Flüchtlinge und im Chaos der vergangenen Nacht ausgerissen. Die Polizei bringt ihn auf das Schiff, und dort erklärt er kurzerhand, der Führer des ganzen Transportes zu sein. Er bereitet eine Kampagne vor, die an die Herzen rühren soll. Und setzt die stärkste Waffe ein, die die Juden seit dem Holocaust haben.

Die alarmierten Briten spielen ihm ungewollt in die Hände. Zunächst reißen sie als Besatzungsmacht, sehr zum Missfallen der Italiener, das Verfahren an sich. Einer ihrer Geheimdienstleute, Major Hill, schickt Arazi ein Ultimatum, alle Flüchtlinge sofort auszuschiffen, andernfalls würden britische Soldaten sie dazu zwingen. Die Antwort von „Yosef de la Paz" lautet, wenn das geschehe, werde das ganze Schiff samt Passagieren in die Luft gesprengt. Damit nicht genug, setzt er hinzu, wenn die Truppen nicht von der „Fede" abgezogen würden, könne er für deren Sicherheit nicht garantieren – die Flüchtlinge seien so verzweifelt, dass sie zu allem entschlossen seien, nur nicht zu einer Rückkehr auf den verhassten Boden Europas.

Hill spürt, hier hat er es mit einem Gegner zu tun, der mit allen Wassern gewaschen ist. Er holt in der Tat die Soldaten von Bord, lässt aber das ganze Hafengebiet abriegeln. Panzer fahren am Kai auf, ein Kriegsschiff geht längsseits der „Fede" vor Anker. Damit hat Arazi die Konfrontation, die er für seine Kampagne braucht: ausgezehrte Holocaust-Überlebende, belagert von waffenstarrendem Militär. Macht steht gegen Moral. Der Fall La Spezia wird zu einer Affäre, die das ganze Land erschüttert.

Tausende von Italienern, die mit den Juden sympathisieren, drängen sich von nun an jeden Tag an den Absperrungen. Demonst-

Jubel bei der Ankunft: In Haifa erleben die Einwanderer einen großen Empfang.

ranten ziehen durch die Stadt, werfen Fensterscheiben der britischen Stadtkommandantur ein. Am gesperrten Hafeneingang wird ein Transparent mit der Inschrift „Das Tor Zions" aufgehängt. Aus allen Teilen des Landes treffen Solidaritätsbotschaften ein, vom Ministerpräsidenten Degasperi bis hinunter zum einfachen Mann. Ein Schwarm von Reportern drängt in den Hafen, ihnen können die Briten den Zugang nicht verwehren. Auf dem Schiff wird jeden Morgen feierlich die blau-weiße Flagge der Zionisten gehisst – und jeden Abend ebenso feierlich eingeholt.

Arazi schickt Telegramme an die Mächtigen der Welt: an Premier Clement Attlee in London, Präsident Harry Truman in Washington, Generalsekretär Josef Stalin in Moskau. Fast jeden Tag hält er im Hafen eine Pressekonferenz ab. Er zeigt den Journalisten „Einwanderungsbescheinigungen", die er zuvor an alle Passagiere ausgehändigt hat. Auf diesen Zetteln steht, sie seien „von Vertretern des

Endlich Palästina: Die Immigranten betreten im Hafen von Haifa das Land ihrer Träume.

Jischuw als zur Repatriierung geeignet befunden worden". Er verteilt den Text der Balfour-Deklaration, mit der sich die Briten 1917 dazu bekannten, in Palästina eine „nationale Heimstätte" des jüdischen Volkes zu errichten – die Erklärung war die Grundlage der Mandatsherrschaft, die London 1920 übertragen und 1923 vom Völkerbund bestätigt wurde. Dies alles, so sagt Arazi, seien legale Dokumente. Sie gäben den Juden das Recht, nach Palästina einzuwandern. Daher sei jeder Versuch, sie daran zu hindern, ein Akt der Seeräuberei.

Nach vier Tagen trifft Harold Laski, Chef der regierenden Labour Party, in La Spezia ein. Er ist auf dem Weg zum Kongress der italienischen Sozialisten in Florenz und will vermitteln. Laski versucht, die Flüchtlinge zur Rückkehr in ihre Lager zu bewegen, und verspricht, sich für eine bevorzugte Erteilung von Einreisegenehmigungen einzusetzen. Arazi entgegnet kühl, seine Leute würden sich lieber umbringen, als dieser Forderung nachzukommen. Von morgen an würden daher jeden Tag zehn Juden auf dem Schiff öffentlich Selbstmord begehen, die ersten zehn hätten sich bereits gemeldet. In der Kapitänskabine, wo die Verhandlungen geführt werden, herrscht entsetztes Schweigen. Die Affäre droht zu einer Katastrophe zu werden. Schließlich sagt Laski, er sei nicht ermächtigt, Entscheidungen zu treffen. Doch er werde mit seiner Regierung verhandeln, wenn auf dem Schiff der Hungerstreik abgebrochen und keine weiteren Aktionen mehr erfolgen würden.

Von nun an herrscht ein Burgfriede in La Spezia. Freier und Liwertowsky, die in Portici bei Neapel in unterirdischen Einzelzellen schmachten, werden nach einem Monat aus Mangel an Beweisen freigelassen und scheiden bald darauf aus der britischen Armee aus. Und Arazi nutzt das Pessachfest, um die Welt mit einem weiteren PR-Coup zu beeindrucken. Er lädt mehr als 1000 Gäste zu einem großen Abendessen ein. Der ganze Hafen ist geschmückt mit den grün-weiß-roten Flaggen Italiens und den blau-weißen Flaggen der Zionisten. Lange Tischreihen werden aufgebaut, die Speisen und Getränke sind Geschenke der jüdischen Gemeinden in Italien. Zahlreiche Würdenträger der Stadt, darunter der Bürgermeister und hohe Polizeibeamte, lauschen der Rede von „Yosef de la Paz". Wenn die Flüchtlinge nach Palästina reisen dürften, so lautet sein verlockendes Angebot, könne das Schiff auf der Rückfahrt all die italienischen Kriegsgefangenen aus dem Nahen Osten mitnehmen, die dort wegen Mangels an Kapazitäten noch immer auf ihre Heimkehr warten. Ein allgemeiner Jubel und neue Schlagzeilen in der Presse sind ihm sicher.

Die Briten haben keine Chance, diese Propagandaschlacht zu gewinnen. Nach 33 Tagen gibt London nach. Die erteilten Einreisegenehmigungen, so lässt die Regierung wissen, würden allerdings von der nächsten Monatsquote abgezogen. Arazis letzte Erwiderung ist, die Briten könnten so viel abziehen, wie sie wollten – er sähe diese Bescheinigungen ohnehin nicht als legal an.

So endet die Affäre, die als Fehlschlag begann, für Arazi mit einem großen Triumph. Am 8. Mai darf die „Fede" La Spezia verlassen. Die Juden taufen sie in „Dow Hoz" um, das ist der Name eines Arbeiterführers in Palästina, der kurz zuvor bei einem Autounfall sein Leben verlor. Um die drangvolle Enge an Bord zu beseitigen, hat der *Mossad* gleich noch ein zweites Schiff erworben. Die „Fenice" erhält den Namen „Elijahu Golomb", das ist einer der *Hagana*-Führer. „Yosef de la Paz" wird auf offener See schon bald heimlich von Bord gehen, denn er wird als Jehuda Arazi in Italien noch eine Weile gebraucht.

Als die beiden Schiffe den Hafen verlassen, begleiten sie Klänge der Stadtkapelle von La Spezia. Tausende von Menschen drängen sich am Kai, klatschen Beifall und winken den Passagieren zu. So einen Abschied von Europa hat bislang noch kein Jude erlebt.

„ÜBERFLÜSSIGE MÄULER“

Innsbruck, Juni 1946

Ein Brandbrief lässt ahnen, wie es in Teilen der Tiroler Bevölkerung gärt. Er kommt aus Gnadenwald, einem kleinen Dorf 15 Kilometer östlich von Innsbruck, das auf der nördlichen Inntalterrasse liegt. Die Gemeindeführung schickt ihn an Oberst Alfons Marincovich, der für die Österreichische Volkspartei (ÖVP) im Tiroler Landtag sitzt. Es geht um die Judenlager, die im „Wiesenhof“ und im „Gnadenwalderhof“ eingerichtet wurden, zwei einstigen Hotels, die bis 1938 jüdische Besitzer hatten. Die Leute, die dort wohnen, bringen mit ihrem Verhalten die Dorfbewohner gegen sich auf.

Ärgernis Nummer eins: „Es wird, wenn diese Flüchtlinge bis zur Ernte in Gnadenwald bleiben, nicht die geringste Obsternte geben. Von den Kirschbäumen haben sie Kirschen samt den Zweigen heruntergerissen. Aber sie reißen auch jetzt schon das unreife Obst von den Bäumen, essen es und bewerfen sich gegenseitig damit.“

Ärgernis Nummer zwei: „Sie rissen die Umzäunungen der Weideplätze nieder, so dass das Vieh in die Gemüse- und Getreidefelder

Hilfe aus der Schweiz: Österreichische Mädchen erhalten gespendete Schulmahlzeiten – das Land leidet Hunger (links).

Hilfe aus England: das Nahrungsmittellager des Royal Army Service Corps bei Wien (rechts).

einbricht und dadurch erheblichen Schaden verursacht."

Ärgernis Nummer drei: „Junge Burschen und Mädchen vollführen in Anwesenheit der Dorfkinder an öffentlichen Orten des Gemeindegebietes Geschlechtsakte."

Ärgernis Nummer vier: Im „Wiesenhof" funktionieren die Klosetts nicht, die Bewohner haben daher „eine Latrine, welche sie aber nicht benützen". Stattdessen ziehen sie es vor, „die umliegenden Wiesen so zu verunreinigen, dass die Mäher wegen dem Gestank fast nicht mehr arbeiten wollten".

„Sie herrschen hier wie im Feindesland", schreiben die empörten Absender, „und stellt man sie zur Rede, so drohen sie mit den Franzosen."

Vor einigen Tagen, so heißt es im Brief weiter, gingen sie auf den Traktorfahrer los, der die Milch der Bauern zur Stadt fährt – weil er sich weigerte, alle Leute mitzunehmen, die einen Transport verlangten, „da ihm wegen Überfüllung zum Lenken seines Fahrzeugs kein Platz blieb".

Es ist in Österreich nicht viel anders als in Deutschland. Der Holocaust ist zwar vorbei, doch seine Spuren sind immer noch da. Sie ziehen sich durch die Hirne und Seelen – und auch durch diese Landschaft, die doch eigentlich eine Augenweide ist.

„Wir wollen noch betonen", schreiben die Gnadenwalder am Ende ihres Briefes, „dass wir bei einer anderen Führung dieser Leute, deren Schicksal in den letzten Jahren gewiss

„Einige können nicht einmal die Saatkartoffel ernten." Tiroler Bauern bei der Arbeit: Wegen ständiger Diebstähle auf den Äckern wächst ihre Wut.

sehr schwer war, in bester Nachbarschaft mit ihnen gelebt hätten."

Damit hat der Landtag in Innsbruck ein Thema, bei dem die Emotionen hochgehen. Die ÖVP hat einen Dringlichkeitsantrag gestellt. Darin wird die Abschiebung aller Ausländer aus Tirol gefordert, die keine ordentliche Erwerbstätigkeit nachweisen können. Oberst Marincovich tritt ans Rednerpult, um den Antrag zu begründen. Er ist zwar Obmann des Tiroler KZ-Verbandes, in dem sich Naziopfer zusammengeschlossen haben. Aber für Juden, die sich so aufführen wie in Gnadenwald, kennt er keine Gnade. Er nimmt wohlweislich das Wort „Jude" nicht in den Mund, doch alle wissen, wen und was er meint mit seinen Sätzen. Es sei die Pflicht der Volksvertreter, darauf hinzuweisen, wie sehr bei den Einheimischen „die Erbitterung über die fremden Müßiggänger" gewachsen sei. Die führten „auf Kosten der schaffenden und unter immer schlechteren Lebensbedingungen einem redlichen Erwerb nachgehenden Bevölkerung ein Wohlleben, ohne die Gastfreundschaft durch einen Gegendienst, wie geregelte Arbeit und ein maßvolles, bescheidenes Benehmen, zu vergelten".

Der Antrag wird einstimmig angenommen, und die „Tiroler Nachrichten" drucken tags

darauf große Teile der Rede ab. Der Artikel trägt die Überschrift: „So geht es nicht weiter!"

Die Zeit, so scheint es, beginnt, gegen die Juden zu arbeiten. Vor einem Jahr, als der Krieg zu Ende ging, hat das Oberkommando der alliierten Streitkräfte alle nachgeordneten Stellen angewiesen, die Lebensbedingungen von *Displaced Persons* „so hoch anzusetzen, wie die verfügbaren Ressourcen gestatten", in jedem Fall „deutlich besser als in ihrem früheren Sklaven- oder Gefangenenstatus", und dies „ohne Rücksicht auf nachteilige Wirkungen für die deutsche Bevölkerung". Solange sich Flüchtlinge in den Besatzungszonen

Schnell vergessen: Transparent in Innsbruck nach Österreichs Anschluss an das Deutsche Reich im Jahr 1938 (rechts).

„Erbitterung über die fremden Müßiggänger": Ein Plakat fordert mehr Unterstützung für notleidende Kriegsheimkehrer (links).

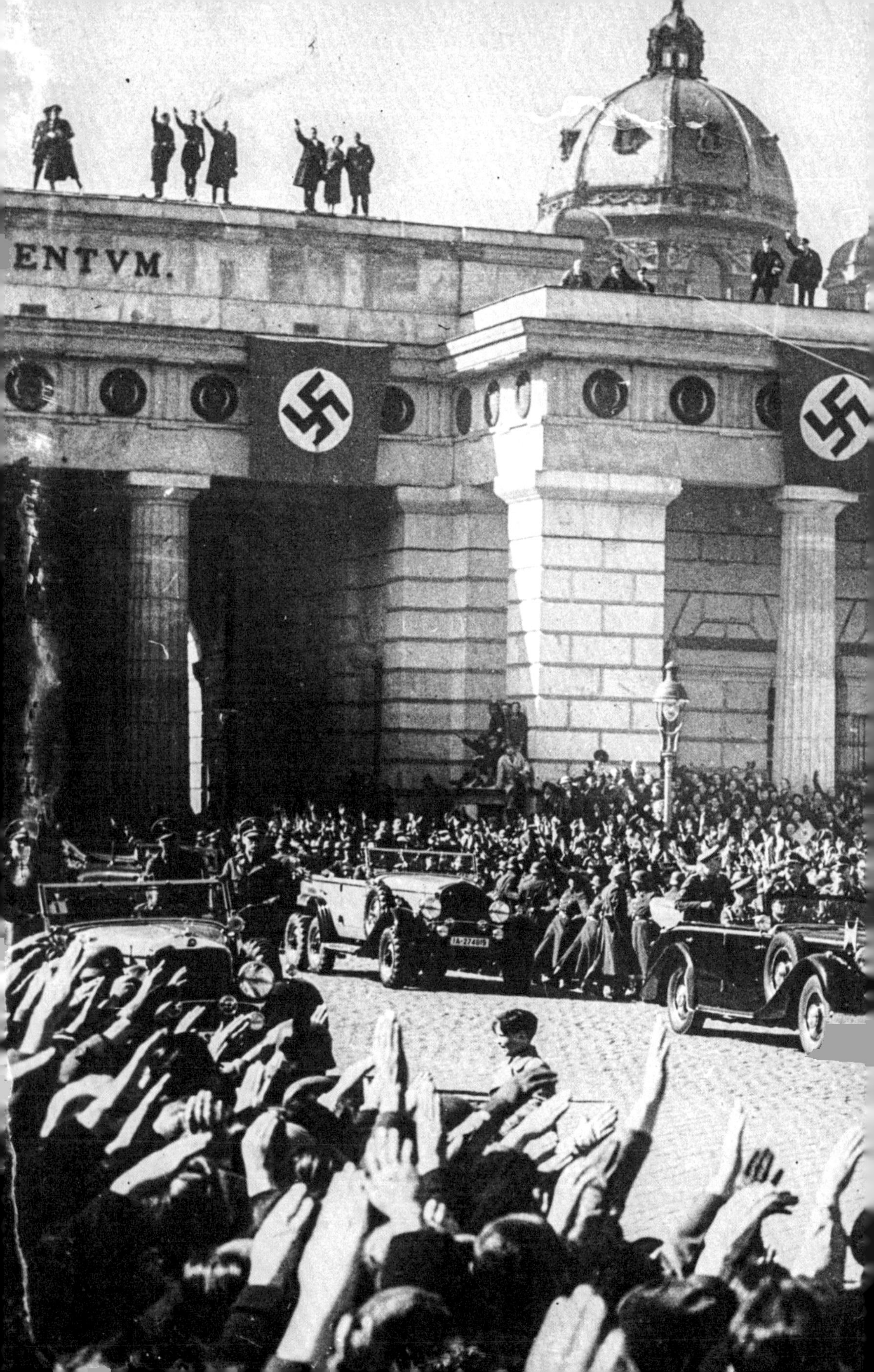
ENTVM.

„Bollwerk der deutschen Nation“: Hitler erlebte nach Österreichs „Heimkehr ins Reich“ 1938 eine Triumphfahrt durch Wien.

FRISEUR

APOTHEKE

Öffentliche Demütigung: Juden mussten, umringt von Gaffern, in Wien eine Straße reinigen (oben).

Arme hoch zum Hitlergruß: In Innsbruck feierten die Nazis den Anschluss 1938 mit einer Parade (unten).

aufhielten, sei ihnen eine „materielle Sonderstellung" einzuräumen, „deren Aufwand nach dem Modell einer Schadensregulierung durch den Verursacher sicherzustellen" war.

Diese Doktrin der bewussten Bevorzugung stößt in Österreich häufig auf passiven Widerstand der Behörden – und fast immer auf Ablehnung in der Bevölkerung. Denn die große Mehrheit der Menschen zwischen Bregenz und Wien sieht als Schuldigen eben nur die Deutschen – und sich selber nicht als Täter, sondern Opfer. Vergessen sind die Massen, die Hitler 1938 feierten, als seine Truppen die Grenze überschritten, um den Anschluss an das Deutsche Reich zu vollziehen. Vergessen das Glockengeläut, als der „Führer" in seiner Geburtsstadt Braunau eintraf. Vergessen die Beifallsstürme in Linz, als er vom Balkon des Rathauses den Auftrag verkündete, seine teure Heimat dem Reich zurückzugeben. Vergessen die 250.000 Menschen, die ihm auf dem Heldenplatz in Wien zujubelten, als er Österreich das „jüngste Bollwerk der deutschen Nation und damit des Deutschen Reiches" nannte.

Um so dichter haben die Einheimischen die „Schmarotzer" vor Augen, die keiner Arbeit nachgehen, nur tatenlos herumlungern und trotzdem schon seit einem Jahr für jeden Tag mehr Kalorien zugeteilt bekommen haben. Um dieses provozierende 2-Klassen-System zu beseitigen, hat die UNRRA im Mai immerhin die Rationen einander angeglichen, und ein neues Gesetz sieht nun auch die Arbeitspflicht für DPs vor. Doch die Tiroler Unternehmen haben gute Gründe, Lagerbewohner nur sehr zögerlich einzustellen – sie müssen jeden Tag damit rechnen, dass sie entweder abgeschoben werden oder aus eigenem Entschluss verschwinden.

Die negative Stimmung in Tirol verstärkt sich durch eine Nachricht, die nördlich und südlich des Brennerpasses wie eine Bombe einschlägt. Sie kommt über den Äther aus London. Der britische Rundfunksender BBC meldet, die Außenminister der vier Siegermächte hätten eine Rückkehr Südtirols zu Österreich abgelehnt.

Schon einen Tag nach dieser Hiobsbotschaft findet in Innsbruck eine Protestkundgebung statt. Alle Straßenbahnen stehen still, alle Läden außer den Milch- und Bäckergeschäften sind geschlossen. 10.000 wütende Menschen strömen vor dem Tiroler Landtag zusammen. Landeshauptmann Alfons Weißgatterer führt sie hinüber zum Bergisel, hält dort eine Ansprache vor der Statue des Freiheitskämpfers Andreas Hofer. Auf den Plakaten tauchen jetzt auch radikale Parolen auf. „Auf zum Brenner!", ist zu lesen. „Gebt uns Waffen!" Die meisten Demonstranten zerstreuen sich, nachdem die Kirchenglocken zum Zeichen der Trauer geläutet haben. 2000 bis 3000 Leute aber randalieren auch am Nachmittag noch in der Stadt. Erst als die französischen Besatzer gepanzerte Fahrzeuge schicken, kehrt wieder Ruhe in Innsbruck ein. Eine Ausgangssperre wird verhängt, sie dauert von zehn Uhr abends bis fünf Uhr in der Frühe.

Pierre Voizard, Chef der Militärverwaltung, die in der französischen Zone Österreichs das Sagen hat, sieht mit Schrecken, wie die Stimmung kippt. Er hat große Sympathien für die Tiroler, kann sich aber nicht öffentlich gegen seine eigene Regierung stellen. In einer Rede zum ersten Jahrestag der deutschen Kapitulation, die er eine Woche später hält, versucht er wortreich den rhetorischen Spagat. Die Franzosen, so sagt er, hätten „besser als jedes andere Volk die Tugenden und die Ehren des österreichischen Volkes kennen- und schätzen gelernt", sie fühlten sich „auf keinen Fall gestört" durch „das gerechte Streben und Sehnen", das da zu spüren sei. „Ein Volk wie wir, das sogar unter Tränen lächelt, und ein Volk wie Sie, das beim Arbeiten singt, können sich weder verkennen noch hassen."

Intern aber nimmt er kein Blatt vor den Mund. Er fürchtet, dass der Horizont sich „jeden Tag noch mehr verdüstert", dass „die Fehler oder unbestreitbaren Irrtümer unserer Diplomatie unsere Aufgabe noch dorniger und schwieriger machen". Er schickt ein Telegramm nach Paris mit dem Hinweis, „dass der Zusammenbruch der österreichischen Hoffnungen eine entscheidende Wende in unserer Politik wie in der Haltung der Bevölkerung in unserer Zone uns gegenüber markiert". Es sei sicher, „dass die Enttäuschung der Nordtiroler, die ihren Brüdern in Südtirol durch die festen Bande der Sprache und der Volkstumszugehörigkeit, der Familie und der Wirtschaft verbunden geblieben sind, tief ist".

In seinem Monatsbericht an General Antoine Béthouart, den französischen Vertreter im Alliierten Rat, warnt Voizard, „angesichts des Glaubens, den dieses religiöse Volk in die Gerechtigkeit und Heiligkeit seiner Sache bewahrt", könne er „nicht garantieren, dass eine neue Enttäuschung nicht zu plötzlichen Exzessen führen wird".

Der Zorn in der Seele mischt sich mit dem Hunger im Leib. Besonders große Erbitterung herrscht bei den darbenden Bergbauern im Bezirk Landeck. Um die anfangs 6000, später 4000 Bewohner des dortigen DP-Lagers zu ernähren, haben sie in den ersten zwölf Monaten nach dem Krieg an die 100 Tonnen Frischfleisch und mehr als 1000 Hektoliter Milch abgeben müssen. Da ihr Schlachtvieh dafür nicht reichte, mussten sie zusätzlich wertvolles Zuchtvieh opfern. Kein Wunder, dass sie in den DPs nur „überflüssige Mäuler" sehen.

Dass Lagerbewohner sich darüber hinaus auch noch an fremdem Eigentum vergreifen, bringt schließlich das Fass zum Überlaufen. Die Diebstähle im Stadtgebiet, schreibt Landecks Bürgermeister Josef Stockhammer an seinen Tiroler Landsmann Karl Gruber, der mittlerweile in Wien das Außenministerium leitet, hätten „ein solches Ausmaß erreicht, dass viele Gartenbesitzer aus ihren Gemüse- und Obstgärten nichts und einige Bauern aus ihren Kartoffeläckern nicht einmal die Saatkartoffel ernten konnten", und das Gleiche „scheint sich heuer zu wiederholen". Diebstähle von Kleinvieh hätten sich von Bergbauernhöfen bis auf die Almen ausgedehnt, und jedes Mal sei festgestellt worden, „dass es sich hierbei um Lagerbewohner handelt". Immer

Franzosen als Freunde: Antoine Béthouart (links), Hochkommissar in Österreich, und Pierre Voizard (rechts), Chef der Militärverwaltung, haben Sympathien für Tirol.

wieder werde von „Ausländergruppen bis zu 30 Mann" nachts Brennholz entwendet „und mit Auto in das Lager transportiert".

Es gebe Fälle, fährt das Stadtoberhaupt fort, dass von „zusammengerotteten Banden" aus dem Lager „mit vorgehaltener Pistole Uhren, Wertsachen und Geld abgenommen werden". Mehrere Frauen hätten schon erlebt, dass ihnen Ringe „aus den Ohren gerissen" und „von den Fingern abgenommen" wurden.

„Gegen dieses Treiben", beschwert sich der Bürgermeister, „kann die örtliche Polizei und Gendarmerie nicht eingreifen, weil das UNRRA-Lager als exterritoriales Gebiet behandelt wird und dort von Amtsorganen keinerlei Nachforschungen oder Erhebungen durchgeführt werden können." Viele Dörfer seien daher gezwungen, Tag- und Nachtwachen aufzustellen.

Wenn das so weitergehe, warnt das Stadtoberhaupt, dürfe man sich nicht wundern, „dass die Bauern zur Selbsthilfe greifen werden". Er sei sich ziemlich sicher, „dass da und dort noch ein Schießprügel vorhanden ist".

DER FREUNDLICHE POLIZIST

Rom, Juni 1946

Gute Beziehungen sind alles, niemand weiß das besser als Raffaele Cantoni. Wer keine Beziehungen hat, verheddert sich im Dickicht der Behörden, das gilt für Italien in ganz besonderem Maß. Wer hingegen seine Beziehungen pflegt, für den lichtet sich der Dschungel auf wundersame Weise.

Meist ist es so, dass die Außenpolitik ein Spiegel der Innenpolitik ist. Staatsführer müssen auf die Stimmung achten, die im eigenen Land herrscht, sonst laufen sie Gefahr, bei der nächsten Wahl kalt erwischt oder gar schon vorher gestürzt zu werden. Schon die alten Römer sagten dazu: „Die Tunika ist mir näher als der Mantel." Diese Redewendung hat sich, im Lauf der Jahrhunderte etwas abgewandelt, bis in die heutige Zeit erhalten. „Das Hemd", so heißt es, „ist mir näher als der Rock."

Im Italien der Nachkriegszeit aber ist es eher umgekehrt. Das vom Faschismus entstellte, vom Krieg zerstörte, von fremden Mächten besetzte Land kämpft verzweifelt darum, wieder einen respektierten Platz in der Völkergemeinschaft zu erhalten. Diese Wieder-

„Sinn für Gastfreundschaft“: Ada Sereni, die starke Frau im *Mossad,* bringt Italiens höchsten Polizeibeamten hinter sich (links).

„Möglichst wohlwollende Behandlung“: Jüdische Flüchtlinge werden mit Lastwagen zum nächsten Ziel transportiert (rechts).

herstellung der Ehre ist so wichtig, dass sie alles andere dominiert. Carlo Sforza, Vorsitzender der *Consulta Nazionale*, eines Übergangsparlaments, das Wahlen vorbereiten soll, hat es auf den Punkt gebracht: Die Innenpolitik seines Landes sei „das zweite Gesicht der Außenpolitik“.

Die Bilder von Polizisten, die in La Spezia jüdische Flüchtlinge einkesselten, haben im Außenministerium ziemlich viel Ärger ausgelöst. Vittorio Zoppi, einflussreicher Direktor der Abteilung für politische Angelegenheiten, schickt einen warnenden Brief an das Innenministerium, dem die Polizei untersteht. Eine „möglichst wohlwollende Behandlung“ von auswanderungswilligen Juden, so heißt es darin, sei nicht nur aus „offensichtlichen, humanitären Überlegungen“ geboten, sondern auch wegen der „politischen Bedeutung, die jüdische Organisationen in der Welt haben“. Und im nächsten Satz wird Zoppi ganz deutlich: „Deren Einstellung zu uns hängt weitgehend von der Behandlung jüdischer Flüchtlinge in Italien ab.“

Cantoni ist seit drei Monaten der höchste Repräsentant der jüdischen Gemeinschaft von ganz Italien. Er weiß, dass nicht unbedingt alle Leute im Innenministerium Zoppis Meinung teilen. Er meint, da müsse man wohl doch noch ein wenig nachfassen. Schließlich hat er in den eigenen Reihen noch eine weitere Trumpfkarte. Sie heißt Ada Sereni und ist im *Mossad* Arazis rechte Hand. Die Frau ist Spross einer großbürgerlichen Familie in Rom,

„Tolerieren, wenn nicht gar fördern“: Im Flüchtlingscamp Cremona wird zum jüdischen Purimfest ein Theaterstück für Kinder aufgeführt

gebildet und stilvoll gekleidet, eine Dame mit aristokratischem Flair. Sie hat in einem *Kibbutz* in Palästina gelebt und ist die Witwe des legendären Enzo Sereni. Der diente im Krieg bei den Briten, sprang 1944 bei einem Kommandounternehmen mit dem Fallschirm über dem deutsch besetzten Norditalien ab, wurde von der Wehrmacht gefasst und dann im KZ Dachau umgebracht. Diese Frau, glaubt Cantoni, kann alle Tore aufstoßen – wenn sie nur mit der richtigen Person zusammengebracht wird.

Der Mann, den er im Auge hat, heißt Luigi Ferrari. Der ist Italiens höchster Polizeibeamter und zudem Richter am Obersten Gerichtshof. Ferrari hat, auf dem Höhepunkt der La-Spezia-Affäre, in einer Mitteilung an Degasperis Kabinett geschrieben, „außenpolitische Überlegungen könnten uns dazu zwingen“, die Unterstützung der Juden „zu tolerieren, wenn nicht gar zu fördern“. Er verwies auf die „besondere geografische Lage unserer Halbinsel“, den „angeborenen Sinn des Volkes für Gastfreundschaft“, den „Mangel an Polizei“. Und warnt vor den Folgen, sollte Italien die Abfahrt von Auswandererschiffen blockieren: „Wenn es stimmt, was wir offiziell wissen, dass nur 700 Personen pro Monat nach Palästina abreisen können, kann man sich leicht ausmalen, was aus dieser Masse von Menschen in

Italien wird." Es werde riesige Probleme geben mit „der Ernährung, der Unterbringung, dem Transport, der Politik und öffentlichen Ordnung". Italien, so fürchtet er, wird dann an seinen Flüchtlingen ersticken.

Cantoni schafft es tatsächlich, Sereni und Ferrari zusammenzubringen. Eine Geheimagentin, gerade erst aus dem Untergrund aufgetaucht, wird vom Polizeichef empfangen – so etwas passiert nicht unbedingt alle Tage. Sereni hat anfangs, wie sie später berichten wird, ein etwas flaues Gefühl. Aber die „höfliche Art, das menschliche Wohlwollen und die Freundlichkeit" ihres Gesprächspartners lassen ihre Beklemmung schwinden. Ferrari erklärt ihr feierlich, die Völker Europas seien den Juden gegenüber zur Entschädigung für all ihre Leiden verpflichtet, und er verstehe sehr wohl, dass die Juden ein Recht auf eine Heimat hätten, so wie andere Völker auch. Seine Tür, sagt er beim Abschied, stehe für sie immer offen.

Von diesem Tag an, darin ist Sereni sicher, haben die *Mossad*-Leute die Italiener auch offiziell auf ihrer Seite. Gido Devito, ein hoher Beamter des Innenministeriums, sagt ein paar Wochen später in einem Interview: „Wenn die Briten Patrouillen an unseren Küsten wollen, werden sie das selber tun müssen."

Nun haben die Juden südlich der Alpen nur noch einen Gegner. Mit dem aber gibt es einen erbitterten Kampf. Er wird Formen annehmen, die sich die einstigen Kriegsverbündeten nicht hätten träumen lassen.

„Tolerieren, wenn nicht gar fördern": Luigi Ferrari macht sich in Italiens Regierung für die Juden stark.

MÄRTYRER UND MYTHEN

Rinn, Juli 1946

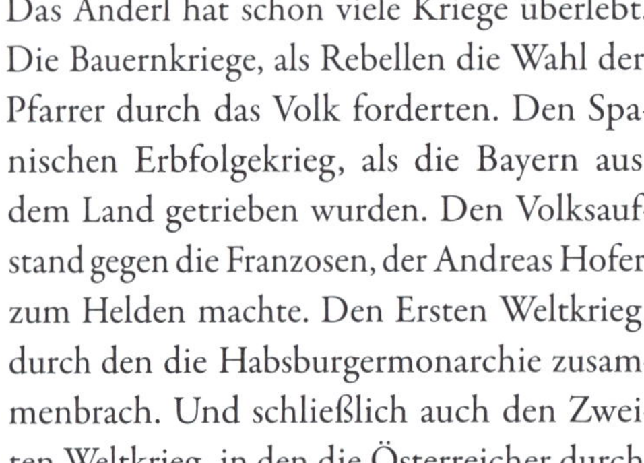

Das Anderl hat schon viele Kriege überlebt. Die Bauernkriege, als Rebellen die Wahl der Pfarrer durch das Volk forderten. Den Spanischen Erbfolgekrieg, als die Bayern aus dem Land getrieben wurden. Den Volksaufstand gegen die Franzosen, der Andreas Hofer zum Helden machte. Den Ersten Weltkrieg, durch den die Habsburgermonarchie zusammenbrach. Und schließlich auch den Zweiten Weltkrieg, in den die Österreicher durch Hitler gerissen wurden. Als Märtyrerfigur hat der zweieinhalbjährige Junge, 1459 als Sohn von Simon und Maria Oxner geboren, schon das stolze Alter von fast 490 Jahren erreicht.

Wenn es nach seinen Verehrern geht, wird das Anderl nicht nur im Himmel, sondern auch auf Erden ein ewiges Leben haben. Seine wenigen Gegner haben sich an ihm die Zähne ausgebissen, das Kind hat offenbar immer den Beistand von oben. So hat es ein halbes Jahrtausend in seiner Kirche, in den Herrgottswinkeln der „guten Stuben", schließlich sogar in Schullesebüchern überstanden. Zuletzt haben die Nazis den Anderlkult, der Tausende von

Legende vom Verkauf: Jüdische Händler zahlen für den zweieinhalbjährigen Andreas Oxner mit einem Hut voll blinkender Taler. Die Deckenfresken für die Wallfahrtskirche in Judenstein entstanden um 1740 (links).

Legende von der Ermordung: Die Juden töten den Jungen auf einem Felsblock im Wald und fangen sein Blut auf. Die Holzfigurengruppe für die Wallfahrtskirche in Judenstein entstand um 1766 (rechts).

Tirolern auf die Beine bringt, für ihre Zwecke lustvoll ausgeschlachtet. Sie sahen darin einen Beweis für den „gesunden" Antisemitismus des Volkes. *Der Stürmer*, das Hetzblatt des Julius Streicher, brachte 1939 eine Sondernummer über jüdische Ritualmorde heraus, mit Fotos aus der Anderlkirche, die Hitlers Leibfotograf Heinrich Hoffmann aufgenommen hatte.

Nun, da Wallfahrten wieder erlaubt sind, fiebert ein Dorf zehn Kilometer südöstlich von Innsbruck dem jährlichen Pilgerfest entgegen. Die Flüchtlingstransporte, die unten durch das Inntal verlaufen, gehen an den 900 Einwohnern so gut wie spurlos vorbei, denn Rinn liegt fast 400 Meter über dem Fluss, an der historischen Handelsroute zum Brenner. Doch wenn die Feldmesse für das Anderl beginnt, sind die Juden auf eine scheinbar unausrottbare Weise präsent: als Kindesmörder, getrieben von der Sucht nach christlichem Blut.

Der historische Kern, den diese Legende so wie alle Legenden hat, ist ein unaufgeklärtes Verbrechen. Im Jahr 1462 wird der kleine Andreas Oxner in Rinn umgebracht. Man bestattet seine Leiche auf dem Friedhof neben der Pfarrkirche. Da die Täter nie gefunden werden, macht sich das erregte Volk seinen eigenen Reim.

Die Geschichte, die in die Tiroler Sagenwelt einzieht, geht so: Die verwitwete Mutter, die zum Kornschneiden auf das Feld muss, gibt ihren Jungen in die Obhut des Taufpaten Hannes Mayr. Der verkauft den Buben an jüdische Händler, die von Bozen her des Weges kommen. Sie versprechen, den Jungen zu einem gebildeten, wohlhabenden Mann zu machen, und unterstreichen ihre vermeintlich edlen Absichten mit einem Hut voll blinkender Taler. Stattdessen aber schleppen die Juden das Anderl in einen nahen Birkenwald. Auf einem großen Felsblock ziehen sie das Kind aus, knebeln es und schneiden ihm am ganzen Körper die Adern auf. So lassen sie das Anderl verbluten, ohne dass es schreien kann. Dann hängen sie die Leiche an einen Baum und suchen das Weite.

Zur selben Stunde fallen warme Blutstropfen auf die rechte Hand der Mutter. Sie ahnt das Unheil und eilt zum Taufpaten, der ihr von seinem schnöden Handel erzählt und auf den Hut mit den Talern deutet. Vor den Augen der unglücklichen Frau verwandelt sich das Geld in welkes Laub, und der verräterische Hannes wird zur Strafe vom Wahnsinn befallen. Die Mutter, so endet die Sage, findet die Leiche ihres Knaben, die über dem blutbefleckten Stein hängt. Aus dem Grab des ermordeten Kindes auf dem Friedhof von Rinn wächst im Lauf der Jahre eine herrliche Lilie hervor, und es geschehen dort viele Wunder.

Die Wunder, von denen die Leute sich erzählen, haben Folgen. 1475 bauen die Rinner über dieser Stelle eine Kirche. In ihr werden die Gebeine des Andreas Oxner hinter dem Altar zur Verehrung ausgestellt. Es gibt keinerlei Dokumente, die Aufschluss über die Mörder des Jungen geben. Nie werden irgendwelche Personen wegen dieser Tat verurteilt. Noch weniger ist belegt, dass es sich um Juden handelte. Aber das, was sich da durch Hörensagen im Volk verbreitet hat, reiht sich ein in eine lange Kette von Ritualmordlegenden, die schon seit dem 12. Jahrhundert durch Europa geistern und antisemitische Hetzjagden auslösen. Die Juden, heißt es, benötigen christliches Blut, um damit ihre Matzen zu backen, wie das traditionelle Fladenbrot für das Pessachfest heißt.

Das Pessachfest ist eine unversiegbare Quelle für Gruselgeschichten, die man sich im Mittelalter erzählt. Fakten und Fiktion, Wahrheit und Lüge sind in ihnen kaum zu trennen. Die meisten Menschen können weder lesen noch schreiben. Noch weniger können sie nachprüfen, ob denn die Nachricht stimmt, die da von Mund zu Mund weitergetragen wird. So haben das gestreute Gerücht, der geflüsterte Verdacht, die gezielte Denunziation freie Bahn. Chronisten, meist christliche Mönche, bringen die mündlichen Überlieferungen schließlich zu Papier, manchmal erst Jahrhunderte später. Priester schleudern die Episoden von Kanzeln, und die Horrorlegende wabert im Volk.

William, ein zwölfjähriger Kürschnerlehrling, ist der erste traurige Held. Am zweiten Tag des Pessachfestes 1144 wird er in der englischen Stadt Norwich angeblich von Juden geknebelt, gekreuzigt, wie Jesus mit einer Lanze durchbohrt und schließlich im Wald an einem Baum aufgehängt. Der Benediktiner Thomas von Monmouth schreibt das sechs Jahre später nieder. In seiner Chronik ist von einem „Traumgesicht" die Rede, das Williams Mutter erschienen sei und den Verdacht auf die Juden lenkte. Nach eigenem Bekunden hat der Autor in Visionen von der heiligen Maria und

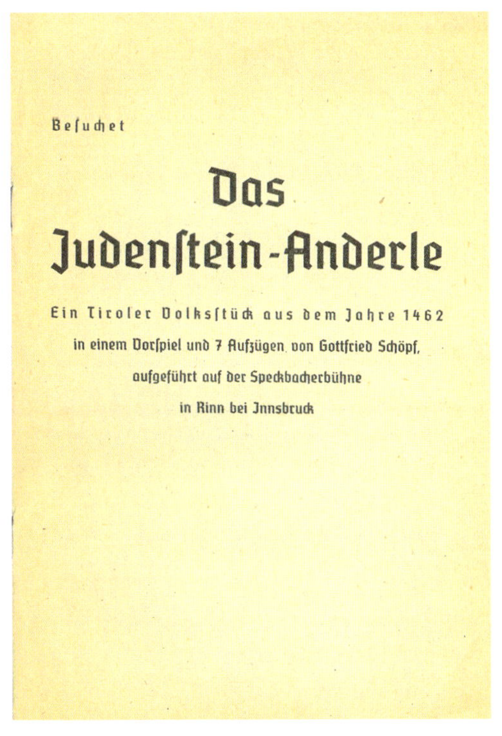

Besuchet

Das Judenstein-Anderle

Ein Tiroler Volksstück aus dem Jahre 1462
in einem Vorspiel und 7 Aufzügen von Gottfried Schöpf,
aufgeführt auf der Speckbacherbühne
in Rinn bei Innsbruck

der heiligen Katharina den Auftrag erhalten, mit seinem Schriftwerk einen Märtyrerkult um William zu begründen.

Der nächste Märtyrer ist ein Franzose. Der zwölfjährige Richard aus dem Pariser Vorort Pontoise wird 1179 angeblich von Juden in eine Höhle gebracht, zur Verleugnung seines Glaubens gezwungen, dann ans Kreuz geschlagen. So steht es in einem Heiligenlexikon, das der Humanist Robert Gaguin im 15. Jahrhundert verfasst. Richards Tod, so berichtet er, führte dazu, dass alle Juden aus Frankreich ausgewiesen wurden.

In Spanien wuchert 1250 die Geschichte um Dominguito del Val. Sie handelt von einem

Anderlbuch: Die erste gedruckte Fassung der Legende erschien 1642 (rechts).

Anderlspiel: Das Volkstheaterstück (hier eine Ankündigung) wurde 1621 auf Latein, 1648 auf Deutsch erstmals inszeniert (links).

Anderlgrab: Auf dem Friedhof von Rinn fand die Leiche des Jungen ihre erste Ruhestätte. Gut 200 Jahre später wurden die Gebeine, so die Inschrift auf dem Epitaph, nach Judenstein in die Wallfahrtskirche gebracht.

siebenjährigen Chorknaben aus Zaragoza mit einer wunderschönen Stimme. Eines Tages, so die Erzählung, wird er von dem Juden Albayuceto in dessen Haus gelockt. Dort wird er an ein Kreuz genagelt und zu Tode gefoltert, dann in den Ebro geworfen. Ein paar Monate später finden Fischer seine verweste Leiche.

Nur fünf Jahre später erregt wieder ein Fall in England die Gemüter. Der neunjährige Hugo hat in Lincoln mit jüdischen Kindern gespielt und ist dann spurlos verschwunden. Nach ein paar Tagen wird er tot in einem Brunnenschacht am Haus des Juden Copin gefunden. Ein Richter bringt den Verdächtigten dazu, die Tat zu gestehen. Copin landet am Galgen, so wie 18 weitere Juden in London. Matthäus Paris, ein zeitgenössischer Chronist, schreibt in seiner Darstellung, hochrangige Juden aus ganz England hätten sich in Lincoln versammelt, um den entführten jungen Christen erst zu mästen, dann zu foltern, mit einer Dornenkrone zu versehen und zu kreuzigen; der Leichnam sei ausgeweidet und für magische Zwecke benutzt worden.

Nach weiteren fünf Jahren, 1260, hat die Stadt Pforzheim ihr Judenopfer. Es ist die siebenjährige Margaretha, wie der Mönch Thomas von Cantipratanus berichtet. Juden haben sie angeblich geknebelt und ihr die Adern aufgeschnitten, um das Blut für die Matzen abzuzapfen; dann wurde die Leiche in die Enz geworfen. Mehr als ein halbes Jahrtausend später nehmen die Brüder Grimm die Legende in ihrer Sammlung deutscher Sagen auf – unter dem Titel „Das von den Juden getötete Mägdlein".

Sind es Raubmorde, die zu Ritualmorden umgedeutet werden? Oder Sexualverbrechen? Wenn es keine Klarheit über die Tat und die Täter gibt, sind blutgierige Juden die beliebtesten Sündenböcke. Ihre nächsten Opfer sind der 16-jährige Werner in Bacharach am Rhein (1287), der vierjährige Rudolf im schweizerischen Bern (1294) und der Schüler Konrad im thüringischen Weißensee (1303). Die Liste wächst in den Jahrhunderten danach auf fast 400 Bluttaten an, die den Juden in die Schuhe geschoben werden. In Tirol erregt vor allem der Fall des Simon von Trient im Jahr 1475 Aufsehen, der zur Hinrichtung von 14 Juden führt – sie alle sind, wie die Prozessakten belegen, durch Folter zu Geständnissen gezwungen worden.

Äbte und Chorherren des Prämonstratenserstiftes Wilten, das zu Füßen des Bergisels liegt, sorgen dafür, dass auch die Anderllegende großen Anklang bei der frommen Landbevölkerung findet. Das Anderlspiel, 1621 in Hall auf Latein, 1648 in Amras erstmals auf Deutsch inszeniert, entwickelt sich zu einem populären Volkstheaterstück. Es wird noch in etlichen anderen Orten auf die Bühne gebracht, zum Beispiel in Zirl und Imst, in Kitzbühel und Kiefersfelden. 1634 erlaubt Papst Urban VIII. die öffentliche Verehrung des Kindes, ohne dass dafür eine Seligsprechung notwendig ist.

Der Prediger, Arzt und Heimatforscher Hippolyt Guarinoni beendet 1651 eine 230 Seiten lange Handschrift über das Anderl von Rinn. Es ist eine sehr kreative Mixtur, basierend auf gemalten Darstellungen und fragmentarischen Inschriften, vagen Aussagen von sieben hochbetagten Personen und Schlussfolgerungen aus eigenen Träumen. Das Werk, das im Stiftsarchiv Wilten verwahrt wird, verleiht dem Kult eine neue Schubkraft. So wird das Kind eines armen Tagelöhners zu einer berühmten Tiroler Märtyrerfigur. Sie steht für Mitleid mit den Schwachen, gilt als Schutzpatron für Mütter und Kinder. Sie ist ein Musterbeispiel für Volksreligiosität – aber eben auch für antijüdische Ressentiments, die jahrhundertelang in der katholischen Kirche herrschen.

In seinen letzten Lebensjahren zeichnet Guarinoni eigenhändig den Entwurf für den Bau einer Gedächtniskirche und treibt das nötige Geld dafür auf. Die Kapelle soll direkt über dem „Judenstein" errichtet werden, wie die Stätte des angeblichen Ritualmordes nunmehr im Volksmund heißt. Es ist ein Felsblock aus Gneis, ein Findling aus der Würmeiszeit, mehr als 100.000 Jahre alt. Er ist dreieinhalb Meter lang, drei Meter breit und zweieinhalb Meter hoch, sein Gewicht beträgt fünf Tonnen. 1678 wird das Gotteshaus eingeweiht, in ihr finden die Gebeine des Anderl einen neuen Platz. Schon bald setzen die ersten Wallfahrten ein, oft bringen Pilger als Zeichen des Dankes Votivtafeln ins Gotteshaus. Sie stellen das Anderl, alleine oder zusammen mit Heiligen, auf einer Wolke schwebend dar. Es hält in der rechten Hand einen Palmzweig, trägt ein rotes Kleid, dessen Farbe das geflossene Blut symbolisiert, dazu eine Latzschürze und eine Halskrause in Weiß – der Farbe, die für die Unschuld steht.

Im Jahr 1743, als man den Hochaltar neu gestaltet, werden die Reliquien nach Schwaz zum Sitz der Grafen Tannenberg gebracht. Gräfin Elisabeth Helena und ihre Tochter Maria Anna kleiden in monatelanger Arbeit das Skelett im barocken Stil neu ein. 1744 kehrt das Anderl in einer feierlichen Prozession zum „Judenstein" zurück und wird in einem Schrein rechts neben dem Hochaltar ausgestellt. Von nun an, so geloben die Pilger, soll diese Prozession alle 50 Jahre wiederholt werden. 1755 erteilt Papst Benedikt XIV. die Erlaubnis, „alljährlich am 12. Juli das Fest des Seligen in der Diözese Brixen mit eigener Feldmesse und den priesterlichen Tagzeiten öffentlich zu begehen". Um 1760 malt Josef Ignaz Mildorfer vier Deckenfresken, die das Märtyrerdrama darstellen. Ein paar Jahre später schnitzt Franz Xaver Nissl die Mordszene aus Holz, die Figurengruppe ziert von nun an den „Judenstein". Andachtsgebete, die in Brixen und Rom gedruckt werden, kleiden den Ritualmord in folgende Verse:

Es wird von rohen Juden-Händen
Dein schuldlos Blut dir ausgepresst.
Und keine Klag' gen Himmel senden
Die zugeschnürte Kehl' dich lässt."

Eineinhalb Jahrhunderte lang bleibt die Legende so gut wie unangetastet. Erst 1910 gibt es einen ernsthaften Versuch, den Anderlkult zu beenden. Der Innsbrucker Rabbiner Josef Sagher schreibt dem Fürstbischof von Brixen, Josef Altenweisel, einen langen Protestbrief. Darin weist er darauf hin, dass den Juden sowohl in der *Tora* als auch im *Talmud* jeglicher Blutgenuss verboten werde. Gut ein Jahr später bekommt er eine abschlägige Antwort – mit einer sehr bezeichnenden Begründung. Eine Abschaffung, so der katholische Oberhirte, würde „das Volksbewusstsein sehr reizen" und gegen die Juden „heftig in Bewegung setzen"; diese sollten daher „im eigenen Interesse wünschen", dass „die angeregte Frage nicht aufgerollt werde".

Auch nach der Niederlage der Nazis bleiben judenfeindliche Töne Bestandteil der kirchlichen Lehre. Es wird noch fast 20 Jahre dauern, bis Papst Johannes XXIII. die traditionelle Fürbitte im Karfreitagsgottesdienst ändern lässt. Bis dahin beten die Katholiken „für die ungläubigen Juden", auf dass „Gott, unser Herr, den Schleier von ihren Herzen nehme und dass sie selbst Jesus Christus, unseren Herrn, anerkennen". Und es wird noch fast 50 Jahre dauern, bis der Innsbrucker Bischof Reinhold Stecher – gegen heftigen Widerstand aus der Bevölkerung – den Anderlkult verbieten wird. Er wird die Hauptschuld daran den „kirchlichen Autoritäten" geben, „die diesen Kult in sträflicher Gedankenlosigkeit ohne jede Untersuchung vor Jahrhunderten zuließen".

Jetzt aber, im Sommer 1946, sind die Zeiten noch ganz anders. Vor einem Jahr wurde die feierliche Prozession nachgeholt, die – gemäß dem 50-Jahre-Rhythmus – eigentlich 1944 hätte stattfinden müssen, damals aber dem generellen Prozessionsverbot der Nazis zum Opfer fiel. Nun strömen die Pilger wieder zum „Judenstein", und das Anderlspiel erlebt eine neue Blüte.

Noch immer ist die Haltung der katholischen Kirche von dem berühmten Brief des

Apostels Paulus an die Gemeinde in Saloniki geprägt. Die Juden, so heißt es darin, „haben sogar Jesus, den Herrn, und die Propheten getötet; auch uns haben sie verfolgt. Sie missfallen Gott und sind Feinde aller Menschen; sie hindern uns daran, den Heiden das Evangelium zu verkünden und ihnen so das Heil zu bringen. Dadurch machen sie unablässig das Maß ihrer Sünden voll. Aber der ganze Zorn ist schon über sie gekommen".

Nein, es ist kein Judenhass, der in dieser Nachkriegszeit so viele Tiroler zum „Judenstein" treibt. Es ist die Liebe zu einer pittoresken Tradition, gestärkt durch das Gefühl einer neuen religiösen Freiheit. Aber in Rinn beten sie schablonenhaft nach, was vor einem halben Jahrtausend in einer Gerüchteküche entstand. Vermutlich ist ihnen nicht bewusst, wie tief diese alte Legende sitzt. Und was sie auch im 20. Jahrhundert, während man sich am Inn für das Anderlfest rüstet, noch anrichten kann.

Gerücht mit grausigen Folgen: Matzen kommen am Pessachfest auf den Tisch. Im Mittelalter grassierte das Gerede, wonach Juden das Blut von Christen für die Herstellung ihres traditionellen Fladenbrots brauchten. Diese Ritualmordlegende führte oft zu antisemitischen Hetzjagden.

„HITLERS WERK VOLLENDEN“

Kielce, Juli 1946

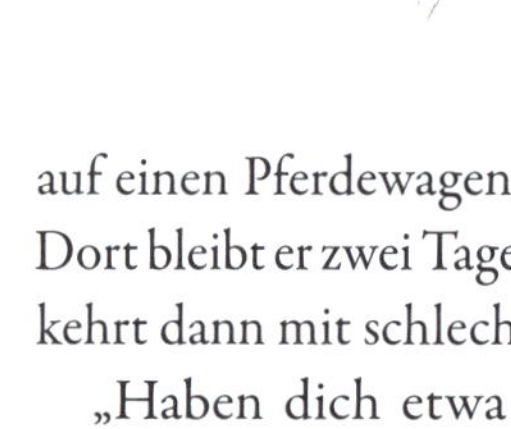

Henryk Blaszczyk ist in dieser polnischen Stadt, 170 Kilometer südlich von Warschau, noch nicht so richtig zu Hause. Er lebt hier erst seit wenigen Wochen, seine Eltern haben den Wohnort gewechselt, aber das Heimweh zieht ihn zurück nach Bielski, in das kleine, 25 Kilometer entfernte Dorf, in dem er aufgewachsen ist. Was tun Kinder nicht alles, wenn sie Heimweh haben?

Am ersten Julitag packt der Neunjährige seine Chance beim Schopf. Ganz heimlich, ohne dass Mama und Papa es merken. Er springt auf einen Pferdewagen, der nach Bielski fährt. Dort bleibt er zwei Tage im Haus von Freunden, kehrt dann mit schlechtem Gewissen zurück.

„Haben dich etwa die Juden entführt?“, ruft der aufgelöste Vater, als er den verlorenen Sohn wieder in die Arme schließt. Es ist offenbar der erste und einzige Gedanke des Katholiken Walenty Blaszczyk. Schließlich sind gerade erst ein paar Wochen vergangen, seit Flugblätter aus dem Untergrund in Kielce kursierten. „Passt auf eure Kinder auf!“, hieß es darin. „Immer mehr Kinder verschwinden.“

Zu spät für den Schutz: Polnische Soldaten sichern das jüdische Zentrum in Kielce. Doch 42 Menschen sind bei dem Sturm auf das Haus schon ums Leben gekommen (links).

Hass in der Heimat: Die Opfer werden auf dem Friedhof von Kielce bestattet. Auch nach dem Rückzug der Nazis herrscht in Osteuropa eine judenfeindliche Stimmung (rechts).

Die *Armia Krajowa,* die polnische Heimatarmee, hat einen Partisanenkrieg gegen die deutschen Besatzer geführt. Nun kämpft sie auch gegen die neuen Regenten, die von den Sowjets an die Macht gebracht wurden. Und hier, in der Gegend rund um das Heiligkreuzgebirge, führt sie auch noch einen Propagandafeldzug gegen die Juden: Sie, vor allem sie, seien daran schuld, dass nach dem Abzug der Deutschen in Polen, einem Kernland des Katholizismus, Kommunisten die Macht ergriffen hätten. Der Widerstand gegen diese neuen Ideologen aktiviert den alten, nationalistischen Geist der Polen – die Folge der Tatsache, dass nach drei brutalen Teilungen für 120 Jahre, bis 1918, überhaupt kein polnischer Staat existierte.

Henryk hat Angst vor Schlägen, weil er einfach so ausgebüxt ist. Also nickt er zu dem, was der Papa sagt. Wenn man ihm eine so bequeme Lüge anbietet, kann er wohl halbwegs heil aus der Sache herauskommen. Am nächsten Morgen gehen die beiden zur Polizei. „Vergiss nicht, dem Wachtmeister zu sagen, dass es Juden waren, die dich mitgenommen haben", schärft der erzürnte Vater ihm auf dem Weg ein.

Als der Junge morgens um acht vor einem Beamten sitzt, schmückt er seine Geschichte noch ein bisschen aus. Er sei von Juden in einen Keller gesteckt worden, erzählt er, und zwar in der Plantystraße 7. Dort hat sich der letzte kleine Rest von 25.000 Juden, die einst in Kielce lebten, eine Art Kulturzentrum

Hospital mit Verletzten: Eine Lügengeschichte und die alte Ritualmordlegende haben in Kielce die Volkswut verursacht (oben).

Wieder die Koffer gepackt: Nach dem Massaker setzt die zweite jüdische Fluchtwelle seit dem Kriegsende ein (unten).

eingerichtet. Ein ganzes Dutzend Kinder sei dort gefangen, sagt Henryk, sie alle sollten umgebracht werden – nur ihm sei mit viel Glück die Flucht gelungen.

Die Geschichte kann schon deswegen nicht stimmen, weil das Haus in der Plantystraße 7 gar keine Kellerräume hat. Aber das hält den Polizisten nicht davon ab, gleich nach draußen zu rennen und den nächstbesten Passanten zuzurufen, die Juden würden christliche Kinder ermorden. Die Nachricht rast in Windeseile durch die Stadt. Schon um neun Uhr hat sich vor dem jüdischen Zentrum in der Plantystraße eine hysterische Menge zusammengerottet. Es sind Hausfrauen und Arbeiter, die sich gegenseitig aufhetzen, allein aus dem Stahlwerk Ludwikow sind an die tausend Leute herbeigeströmt. Aber auch Soldaten und Polizisten mischen sich unter die Masse, offenbar wollen sie lieber mitmischen als einschreiten. Um zehn Uhr fliegt der erste Stein, eine Fensterscheibe geht zu Bruch. Dann kennt der wild gewordene Mob kein Halten mehr.

Die Leute stürmen das Gebäude, schlagen mit Äxten, Keulen und Eisenstangen um sich, werfen jüdische Babys durch die Fenster oder gegen die Wände. Sie jagen fliehende Juden und prügeln sie zusammen. Sie steinigen einen jungen Mann, der durch den Flussgraben der Silnica watend entkommen will. Es spielt gar keine Rolle mehr, dass kein einziges christliches Kind in dem Haus gefunden wird. Stundenlang tobt die Meute ihren Blutrausch aus. „Tod den Juden!“, hallt es durch die Plantystraße. „Wir werden Hitlers Werk vollenden!“

Erst am späten Nachmittag trifft eine Armee-Einheit aus der Hauptstadt Warschau ein, um die Ordnung wiederherzustellen. Da aber ist es bereits zu spät. 42 Juden sterben an diesem Tag, weitere 50 werden schwer verletzt. Einige Tote sind so übel zugerichtet, dass sie nur anhand von KZ-Nummern, die ihnen die SS eintätowierte, identifiziert werden können. Es ist das größte, wenn auch nicht einzige Massaker an Juden, seit die Nazis Polen verlassen haben. Es ist das Ende aller Hoffnungen, dass Holocaust-Überlebende sich in Polen je wieder zu Hause fühlen könnten.

Ein kleiner Teil der 3,4 Millionen Juden, die vor Hitlers Einmarsch in Polen lebten, hat sich der SS entziehen können. Knapp 200.000 brachten sich dadurch in Sicherheit, dass sie rechtzeitig in die Sowjetunion flüchteten. Zwar wurden sie dort auf Stalins Befehl noch weiter nach Osten, meist nach Sibirien, gebracht. Aber das rettete ihnen zumindest das Leben, weil sie damit dem Zugriff der Wehrmacht entzogen waren. Nun sind sie in die alte Heimat repatriiert worden – und erleben, dass Judenhass mitnichten ein Alleinstellungsmerkmal der Nazis ist.

Es ist nicht nur die Tatsache, dass die Häuser der geflohenen Juden inzwischen neue Bewohner haben, die wenig Lust verspüren, sie für die alten Besitzer wieder zu räumen. Den Rückkehrern schlägt auch Neid entgegen, weil sie von ausländischen Hilfsorganisationen Unterstützung erhalten. Und die Abneigung

Nur weg in Richtung Westen: Wieder strömen Zehntausende von Juden nach Wien. Sie hoffen vor allem auf Hilfe durch die Amerikaner. (oben).

Menschliche Fracht: Flüchtlinge besteigen einen Lastwagen (unten).

ihnen gegenüber hat mit der neuen, unpopulären Regierung zu tun, die den Polen auf Stalins Druck hin aufgezwungen wurde. In ihr sind die Juden prominent vertreten: mit Hilary Minc, Minister für Industrie und Handel, mit den Staatssekretären Jakub Berman im Außen-, Leon Chajn im Justiz- und Ludwig Großfeld im Außenhandelsministerium. Viele Juden haben sich der Kommunistischen Partei angeschlossen, sie dienen sogar als Beamte in der Geheimpolizei. Das macht sie in den Augen der Bevölkerung zu Handlangern der neuen Herren. Die Russen gelten in Polen nicht als Befreier, sondern als Besatzer. Wer sich mit ihnen einlässt, ist alles, nur kein echter Pole.

Einen Tag nach dem Massaker gesteht Henryk Blaszczyk, der neunjährige Denunziant, in Kielce bei der Polizei kleinlaut sein Lügenmärchen. Zwei Tage später werden die Leichen in einem Massengrab bestattet. Der Schock, den der Pogrom in Polen verursacht, löst die zweite große Fluchtwelle von Juden nach dem Krieg aus. Mehr als 100.000 machen sich auf den Weg, die meisten durch die Tschechoslowakei. Die Regierung in Warschau lässt sie ungehindert ziehen – sie kann sie sowieso nicht schützen, und zudem löst sich auf diese Weise ganz elegant das Problem der Rückgabe von Besitz und Wiedergutmachung für erlittenes Unrecht.

Die *Bricha* reicht all denen ihre helfende Hand, die eine neue, halbwegs sichere Heimat suchen. 26.000 Juden strömen nach Österreich, dort müssen die Amerikaner neue Transitlager schaffen. Mehr als 70.000 aber wollen ausgerechnet in das Land, von dem der Holocaust ausgegangen ist. Sie suchen Schutz in Deutschland, weil sie auf die Amerikaner bauen. Für diese Hoffnung sind sie bereit, die bittere Ironie der Geschichte zu ertragen. Alles im Leben hat eben seinen Preis.

MILCHKANNEN MIT DYNAMIT

Jerusalem, Juli 1946

Das King David Hotel ist ein Bauwerk im „biblischen Stil“. Seine 200 Zimmer sind gestaltet mit architektonischen Elementen der großen Kulturen, die den Orient geprägt haben: der Ägypter, Phönizier und Assyrer, der Griechen und des Islam. Im Südflügel haben sich mehrere Abteilungen der britischen Mandatsregierung und der Generalstab der britischen Streitkräfte für Palästina eingerichtet. Im restlichen Teil des siebenstöckigen Hotels logieren noble Gäste, die sich den Luxus des Prachtbaus leisten können.

An diesem Montag, dem 22. Juli, wirkt alles wie Alltagsroutine. Gegen Mittag nähert sich ein Lieferwagen dem Bau, der Fahrer sieht aus wie ein Araber, die Ladung besteht aus sieben Milchkannen. Nur ist eine Zeltplane über sie geworfen, so können die Passanten nicht sehen, dass unter der Plane auch noch sechs Männer mit Waffen stecken.

Der Wagen stoppt am Lieferanteneingang. Die sechs Juden, die plötzlich herunterspringen, sind ebenfalls als Araber verkleidet. Sie überwältigen schnell die Wachposten und schleppen die Milchkannen in das Hotel. Dabei müssen sie am Funkraum der britischen Truppen vorbei. Ein Offizier, der Verdacht schöpft und sie aufhalten will, wird niedergeschossen, ebenso ein Polizist, der ihm zu Hilfe eilt.

Im Untergeschoss durchkämmen die Bewaffneten die Räume und treiben alle Arbeitskräfte, die sie finden, in der Küche des Restaurants „La Regence“ zusammen. Die Milchkannen, die hereingebracht werden, sind alle mit jeweils 50 Kilogramm Sprengstoff gefüllt. Sie werden direkt an den Säulen postiert, die den Südflügel des Hotels tragen. Der Anführer der Gruppe, Israel Levi, Kampfname „Gidon“, stellt die Zeitzünder auf 30 Minuten ein. Und sagt den festgesetzten Leuten, sie sollten nach zehn Minuten wegrennen, so hätten sie ausreichend Zeit, sich in Sicherheit zu bringen.

Als die Attentäter das Hotel verlassen, kommt es zu einer Schießerei mit britischen Sicherheitskräften. Einer der Terroristen, Aharon Abramowitsch, wird getötet, zwei weitere verletzt. In der Küche aber tickt der Zeitzünder unaufhaltsam vor sich hin.

Ein Stück abseits des Hotels suchen zwei jüdische Frauen, die in das Attentat eingeweiht sind, Telefonzellen auf. Sie wählen die Nummern, die sie notiert haben, und geben einen vorbereiteten Text durch: „Ich spreche im Auftrag des jüdischen Untergrunds. Wir haben einen Sprengsatz im King David Hotel platziert. Lassen Sie es sofort evakuieren – Sie sind gewarnt!“

„Edler Befreiungskrieg“: Nach einem Sprengstoffanschlag ist das King David Hotel in Rauchwolken gehüllt.

Der erste Anruf geht bei der *Palestine Post* ein, einer Tageszeitung in englischer und französischer Sprache; die Nachricht wird an die Polizei weitergegeben. Den zweiten Anruf erhält das französische Generalkonsulat; daraufhin werden dort zwar die Fenster geöffnet und die Bediensteten aufgefordert, sich von ihnen fernzuhalten – die britischen Behörden werden jedoch nicht informiert. Den dritten Anruf nimmt die Telefonzentrale des Hotels direkt entgegen – da ist es für Rettungsmaßnahmen aber offenbar schon zu spät. Die Beamten und die Militärs, die im Südflügel residieren, bleiben aus Gründen, die nie völlig geklärt werden, fast alle in ihren Büros.

Um 12.37 Uhr erschüttert ein ohrenbetäubender Knall die Stadt. Ein Großteil des King-David-Hotel-Südflügels stürzt in sich zusammen, versinkt in einer gewaltigen Staubwolke. 91 Menschen finden den Tod, darunter 21 Beamte, 49 Hotelangestellte, 13 Soldaten und drei Polizisten. Sechs Menschen, die geborgen werden, sind noch am Leben. 2000 Lkw-Ladungen sind nötig, um den Schutt an den folgenden drei Tagen zu beseitigen.

Eine jüdische Gruppe mit Namen *Irgun* (Organisation) übernimmt die Verantwortung für das Attentat. Sie ist seit Jahren schon mit Gewalt gegen Araber vorgegangen, nun richtet sich ihr Terror auch gegen die Briten.

„Unschuldiges Blut“: Ein Toter liegt in den Trümmern.

„Lassen Sie sofort evakuieren!“: Fast der ganze Südflügel des King David Hotels ist eingestürzt (oben).

„Skrupellose Personen“: Menachem Begin, Führer der jüdischen Terrororganisation *Irgun*. Dieses Foto zeigt ihn getarnt als Rabbi Sassover mit Ehefrau Aliza und Sohn Benjamin-Zeev (oben).

„Netzwerk von Agenten“: Britische Soldaten in Tel Aviv präsentieren konfiszierte Waffen (unten).

Sie bedauert, dass durch ihren Anschlag Zivilisten ums Leben kamen, die Schuld daran aber liege „ausschließlich bei den britischen Behörden“. Sie beklagt, dass auch 17 Juden unter den Opfern sind, sie seien die „tragischen Opfer des so tragischen wie edlen hebräischen Befreiungskrieges“.

Die *Jewish Agency* hingegen, hinter der die große Mehrheit der Juden in Palästina steht, distanziert sich von dem „abscheulichen Vergehen“. Es sei eine „Bande von Verbrechern“, die „unschuldiges Blut“ vergossen habe. Für David Ben-Gurion ist es der endgültige Bruch mit seinem einstigen Kampfgefährten Menachem Begin, der das Sprengstoffattentat angeordnet hat. In einem Interview mit der französischen Zeitung *France Soir* sagt Ben-Gurion, die *Irgun* sei „der Feind des jüdischen Volkes“.

Der Anschlag in Jerusalem hat schwerwiegende Folgen. Die Briten verhängen eine Seeblockade, kein Schiff mit illegalen Immigranten soll mehr nach Palästina durchkommen. London richtet Internierungslager ein, eines bei Atlit in Palästina, eines auf Mauritius, die meisten aber auf der Insel Zypern, die seit 1925 eine Kronkolonie ist; dorthin werden die Passagiere gebracht, die das Militär vor der Küste abfängt. In Deutschland und Österreich werden Juden daran gehindert, von der britischen in die amerikanische Besatzungszone zu gelangen. Und London setzt die Italiener unter Druck, um die Grenzen in den Alpen dichtzumachen. Die britische Regierung spricht von „skrupellosen Personen“, einer „Minderheit von zionistischen Extremisten“, die ein „engmaschiges Netzwerk von Agenten“ betreibe.

Die Juden spüren, dass der Wind auf einmal aus der Gegenrichtung bläst. Spätestens jetzt sind sie nicht mehr nur Opfer, sondern auch Täter.

WIEDER HINTER ZÄUNEN

Fossoli, August 1946

Es ist nur eine Frage der Zeit, bis die Leute hier durchdrehen werden. Alle, die das Lager kennen, fürchten diesen Tag.

Schon der Anblick weckt die düstersten Erinnerungen. 24 trostlose Baracken. Eine drei Meter hohe Mauer aus Backstein. Eine Barriere aus Stacheldraht. Wachtürme an jeder Ecke. Draußen ödes, felsiges Gelände, weitab des Dorfes Fossoli, 25 Kilometer nördlich von Modena. Als Hitlers und Mussolinis Faschisten Norditalien gemeinsam regierten, wurden 3000 Juden hierher gebracht. Es war ein Durchgangslager für den Weitertransport. Busse transportierten die Häftlinge zum sechs Kilometer entfernten Bahnhof, von dort fuhren Güterzüge mit fest verschlossenen Waggons nach Norden. Die Ziele hießen Bergen-Belsen und Buchenwald, Mauthausen und Dachau, Ravensbrück und Flossenbürg – vor allem aber Auschwitz, dorthin allein gingen fünf Züge ab.

Nun sind die Faschisten besiegt, und trotzdem gibt es wieder Häftlinge hier. Mal sind es 400, mal 500, die Zahl schwankt ständig. Sie sind so etwas wie Strandgut des Krieges.

„Entkommen verhindern“: Im italienischen Lager Fossoli sind „unerwünschte Personen“ eingesperrt. Baracken, Wachturm und Stacheldraht wecken vor allem bei Juden böse Erinnerungen (links).

„Keine produktive Tätigkeit“: Im Winter wirkt das Lager besonders trist. Die Zustände werden heftig kritisiert. Doch die Regierung sieht keinen anderen Weg – die Stimmung gegenüber illegalen Ausländern schlägt um (rechts).

Ein Gemisch von Menschen, wie es explosiver nicht sein könnte. Geflüchtete Ukrainer, Ungarn und Rumänen, die nicht in ihre Heimat zurückwollen, weil dort jetzt die Kommunisten herrschen. Kroaten vom Geheimbund *Ustascha*, die mit Hitler sympathisierten und im neuen Jugoslawien unter Marschall Tito nichts Gutes zu erwarten hätten. SS-Leute, die es nicht schafften, sich rechtzeitig abzusetzen. Südtiroler, die in der Wehrmacht gekämpft haben. Kriegsverbrecher, Kollaborateure und Kriminelle, dazu noch zahlreiche Prostituierte, die sich auf beiden Seiten der Front mit Soldaten herumtrieben.

Zu allem Unglück treffen in Fossoli auch noch Juden ein, die meisten kommen aus Osteuropa. Sie wurden beim illegalen Grenzübertritt geschnappt. Oder hatten keine Papiere bei sich, mit denen sie sich ausweisen können. Oder haben irgendetwas ausgefressen. Nun müssen sie neben Leuten hausen, die sie vor zwei Jahren noch schikaniert, gequält oder umgebracht hätten.

Das Einzige, was all diese Häftlinge eint, sind die administrativen Begriffe, die zu ihrer Verhaftung führten. Sie sind „unerwünschte Personen“, „Ausländer in Erwartung der Repatriierung“, deren „Entkommen verhindert werden“ muss. Die Alliierte Kontrollkommission und das italienische Innenministerium teilen sich die Verantwortung für diesen verlorenen Haufen. Sie sehen seit Monaten, wie die Lage in Fossoli eskaliert. Und jetzt, im August, ist es so weit.

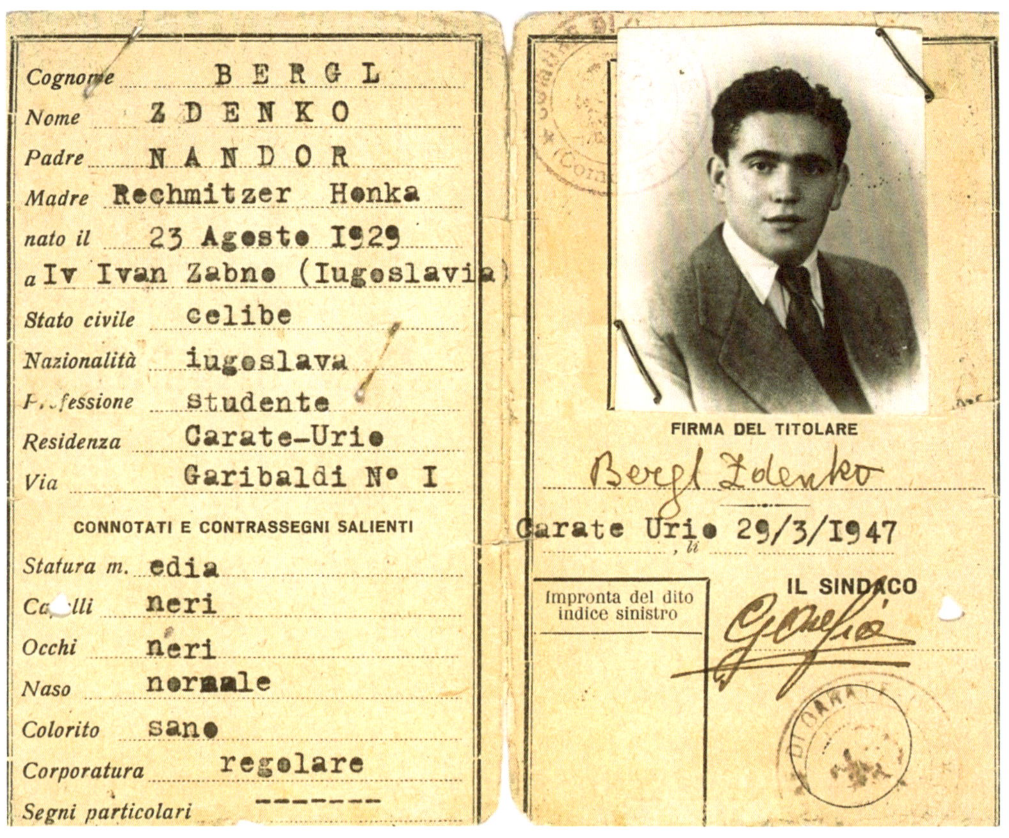

Cognome BERGL
Nome ZDENKO
Padre NANDOR
Madre Rechmitzer Honka
nato il 23 Agosto 1929
a Iv Ivan Zabno (Iugoslavia)
Stato civile celibe
Nazionalità iugoslava
Professione studente
Residenza Carate-Urio
Via Garibaldi N° I

CONNOTATI E CONTRASSEGNI SALIENTI

Statura m. edia
Capelli neri
Occhi neri
Naso normale
Colorito sano
Corporatura regolare
Segni particolari -------

FIRMA DEL TITOLARE
Bergl Zdenko
Carate Urio, li 29/3/1947
Impronta del dito indice sinistro
IL SINDACO

„Tricks und oft auch Straftaten“: In Italien blüht das Geschäft mit Ausweispapieren.

Ein paar Häftlinge haben einen Hungerstreik begonnen, um damit ihre Freilassung zu erzwingen. Bald darauf wird ein Fluchttunnel entdeckt, der in einer Baracke gegraben worden ist. Schließlich fällt in einer Nacht der Strom aus, offenbar ein Sabotageakt, und das nutzen fast alle Insassen, um ihre Pritschen an der Mauer zu stapeln und auf diese Weise hinauszuklettern – alarmierte Polizisten und Feuerwehrleute können den Massenausbruch nur mit Mühe verhindern.

„Wir sind weder zivile noch politische Kriminelle“, hat Arje Braun, ein 14-jähriger Jude, in einem verzweifelten Brief an die Alliierte Kontrollkommission geschrieben. „Wir haben im Krieg unsere Familien verloren und sind gezwungen, ins Ausland zu gehen, weil unser Leben so schwer ist und wir keine Chance auf Arbeit haben. Unter uns sind zehn deportierte Juden, die die Lager Auschwitz und Mauthausen überlebt haben.“ Jüdische Organisationen laufen gegen Fossoli Sturm und fordern, die Häftlinge nach Palästina ausreisen zu lassen.

Aber auch in Italien, dem bislang so gastfreundlichen Land, beginnt sich der Wind zu drehen. Das Lager Fossoli, schreibt die Präfektur Modena in einer Stellungnahme für das Innenministerium, sei eingerichtet worden, „um Ausländer aufzunehmen, die Italien missbräuchlich betreten oder sich als gefährlich für die öffentliche Sicherheit erwiesen haben". Man müsse sie daran hindern, sich „mit Tricks und oft auch Straftaten" weiter so durchzuschlagen. Man könne sie nicht in die üblichen Flüchtlingscamps der UNRRA stecken, weil sie dort frei seien, „nach Belieben wegzugehen" und ihre „oft kriminellen Aktivitäten fortzusetzen". Sie könnten Italien nur dann verlassen, „wenn sie eine Erlaubnis zur Einreise nach Palästina oder in einen anderen Staat erhalten haben".

Seit dem Attentat auf das King David Hotel in Jerusalem würden Italiens Behörden alle jüdischen Flüchtlinge lieber heute als morgen loswerden. „Sie üben keine produktive Tätigkeit aus", schreibt Ende August das Innen- ans Außenministerium, „sie widmen sich geheimen Geschäften mit Waffen, Munition, Drogen usw.", daher seien sie auch „ein politisches Problem".

Mit Sorge sieht man in Rom, dass die *Irgun* nun auch in den Flüchtlingslagern ihre Fäden zu ziehen beginnt. Flugblätter in italienischer und hebräischer Sprache tauchen auf. „Unsere gerechte Sache gründet auf der Geschichte", heißt es darin, „vor allem auf dem heiligen Recht aller Völker, eine Heimat zu besitzen." Die Sache der Engländer hingegen „gründet auf Gewalt, Hass und auf der Arroganz von Kolonialisten, die gewohnt sind, alle Völker wie die Schwarzen in Afrika zu behandeln".

In Italien greift die Angst um sich, das Land könne selber zum Schauplatz von Attentaten werden. Und die Briten hoffen, nun vielleicht zum ersten Mal auch moralisch die Oberhand gewinnen zu können.

WINKELZÜGE AUF WIESEN

Reschen, September 1946

Das wahre Leben beginnt an der Grenze in der Nacht. Wenn es dunkel wird, bahnt sich ein Stück mit ungewissem Ausgang an, ein Schauspiel mit professionellen Akteuren und blutigen Amateuren, voller Listigkeiten und Täuschungsmanöver, und der Schlussakt ist nicht selten ein Augenzwinkern. Wie zum Beispiel an diesem Dienstag, dem 17. September.

Drei amerikanische Autos nähern sich in der Abenddämmerung dem Reschenpass. Zwei Dodges und ein drittes Fahrzeug mit dem Kennzeichen „AJDC-GQ 2". AJDC lautet die Abkürzung für die offizielle Langform des *Joint*, das *American Jewish Joint Distribution Committee*. Die italienischen Carabinieri und Beamten der Finanzpolizei sehen solche Autos hier oft, und sie wissen ziemlich genau, wozu diese Fahrzeuge an die Grenze rollen. Sie beschließen, erst dann zuzugreifen, wenn sie die Akteure in flagranti erwischen. Sie wissen ja, was passieren wird.

In der Nähe des Schlagbaums, der die Grenze markiert, stapft eine Menschengruppe von der österreichischen Seite her über die Wiesen. Die Männer, die sie führen, gehen zielstrebig auf die drei Autos zu. Binnen weniger Minuten sind die Wagen gefüllt, nun soll die Fahrt in den Vinschgau hinabgehen. Da aber blockieren die Italiener den Konvoi. Irgendetwas muss diesmal wohl schiefgelaufen sein. Denn die Grenzbeamten kommen plötzlich mit vollem Ernst ihrer Pflicht nach. Sie setzen die ganze Gruppe fest. Und beginnen erst mal zu ermitteln.

Die Fahrer sind im Besitz einer *Special Order*, wonach sie die Passagiere nach Bozen bringen sollen. Von dort sollen sie in eines der 17 UNRRA-Flüchtlingslager gebracht werden, die in Italien eingerichtet sind. Sie liegen im Norden des Landes bei Brescia und Bologna, Cremona und Genua, in der Mitte bei Fermo und Jesi, bei Senigallia und Cinecittà, im Süden bei Bari, Palese und Barletta Trani in Apulien sowie bei Tricase, Santa Cesarea, Santa Maria al Bagno und Santa Maria di Leuca in Kampanien.

Der Organisator der Gruppe weist sich als Marco Schoki aus. Der Jude hieß früher Marek Silberschatz und ist einer jener Abenteurer, die die Fähigkeit haben, sich mit ganz besonderen Talenten durch die Kriege der Welt zu schlagen. Er stammt aus der polnischen Stadt Lodz, machte in Danzig Geschäfte mit Seifen, ehe er zum Militär eingezogen wurde. Als die Deutschen ihre östlichen Nachbarn überfielen, desertierte er durch die Karpaten nach Ungarn, von dort nach Jugoslawien. Fasziniert vom Zionismus, stieß er auf jüdische

Kolonnen im Schutz der Nacht: Der österreichische Grenzort Nauders liegt kurz unterhalb des Reschenpasses. Flüchtlinge und Fluchthelfer machen sich von hier aus auf den Weg.

Römerstraße als Route: Der Flüchtlingsweg zum Reschenpass hieß in der Antike Via Claudia Augusta. Er führt durch die Innschlucht und an der einstigen Grenzfestung Altfinstermünz vorbei (oben).

Mut zum Neustart: In einem italienischen Flüchtlingscamp werden Spielsachen für Kinder hergestellt (unten).

Schleuser, die Flüchtlinge gegen Geld über die Grenzen schafften.

Im Jahr 1942 bekam er Kontakt zu einer Gruppe von 73 jüdischen Kindern aus fünf Ländern, die vor den Nazis über Zagreb nach Italien flüchtete. Sie fanden für ein Jahr Unterschlupf in der Villa Emma, einer halbverfallenen Sommerresidenz zwei Kilometer außerhalb der Stadt Nonantola. Das Landhaus wurde zu einem geheimen Internat, Schoki zum unentbehrlichen Spezialisten für Schwarzmarkteinkäufe. Nach dem Einmarsch der Wehrmacht 1943 wurden die Kinder erst in einem Priesterseminar versteckt, dann watete er mit ihnen nachts auf halber Strecke zwischen Comer See und Lago Maggiore durch den Grenzfluss Tresa in die Schweiz, von wo sie nach Palästina auswandern konnten. Schoki alias Silberschatz hingegen kehrte in die Villa Emma zurück, um dort seinen alten Traum zu verwirklichen: den Aufbau eines Agrarkollektivs, um junge Juden fit für Palästina zu machen.

Wie in Deutschland sind auch in Italien Pionierfarmen die Kaderschmieden des Zionismus. 7000 Flüchtlinge sind in fast 60 Farmen untergebracht, stehen dort allein unter jüdischer Kontrolle. Schoki wird schon bald zu einem wichtigen *Bricha*-Mann, reist als Schleuser kreuz und quer durch Italien, kann dabei seinen erprobten Geschäftssinn voll zur Geltung bringen.

Eigentlich schafft er es immer, Probleme an der Grenze mit ein paar Geldscheinen zu lösen. Diesmal aber funktioniert es nicht. Francesco Quaini, der neue Präfekt von Bozen, der vom Innenministerium eingesetzt ist, will das Treiben am Reschenpass nicht länger tolerieren. Er glaubt, dass es dafür nur eine Chance gibt: wenn er die Schleuser mit ihren eigenen Waffen schlägt. Die italienischen Behörden beschließen, die ganze Gruppe zurückzuweisen und wieder nach Österreich zu bringen.

Sie wissen freilich nur zu gut, dass da drüben niemand Lust hat, so einen Transport wieder aufgehalst zu bekommen. Die französischen Besatzer, die den Raum Nauders kontrollieren, haben ihnen schon mehrfach erklärt, sie sollten ihnen bloß keine Illegalen schicken. Daher greifen die Italiener zu den gleichen Mitteln, die die Schleuser anwenden. Sie arbeiten heimlich und im Schutz der Dunkelheit. Weder die alliierten Stellen in Italien noch die Franzosen in Österreich sollen davon wissen.

Die Polizisten am Reschenpass treiben die jüdischen Flüchtlinge auf die Wiesen, die hinab nach Nauders führen. Kein Haus, keine Hütte steht in diesem Gelände – nichts, wohin sie sich verkriechen könnten. Die Juden trotten mit gesenkten Köpfen davon, die Beamten gehen zurück in die warme Stube. Dann ist für den Rest der Nacht am Reschenpass wieder Ruhe.

DAS GOLDENE KALB

Landsberg, Januar 1947

„Wir haben die Grenzen offen gehalten", sagt der US-Lageroffizier und bittet darum, seinen Namen aus dem Spiel zu lassen. „Wir haben unser Bestes für diese Bedauernswerten getan. Aber es muss irgendeine Lösung gefunden werden. Wenn sie nicht auswandern, müssen sie lernen, hier auf eigenen Füßen zu stehen."

„In der deutschen Wirtschaft?", fragt die Schriftstellerin aus Amerika. „Sollen sie für die Deutschen arbeiten und Deutschland wiederaufbauen?"

„Keine rosige Aussicht", gibt ihr Gesprächspartner zu. „Aber wenn es keine Chancen für Emigration gibt, werden sie eben in Deutschland bleiben. Die Vereinigten Staaten können diese Camps nicht für ewig beibehalten. Wenn die Juden nicht in der deutschen Wirtschaft arbeiten wollen – vielleicht können sie hier so etwas wie eine Enklave bilden? Deutschland und Japan sind schließlich die einzigen Länder, die unter Kontrolle der USA stehen. Solange die US-Armee hier stationiert ist, sind sie in Sicherheit."

„Einer muss kommen, um unser Volk zu befreien": In den Lagern wächst die Sehnsucht nach einem Retter wie zu biblischen Zeiten. Judas Makkabäus, hier ein Holzstich von Gustave Doré, führte einen Judenaufstand im 2. Jahrhundert v. Chr. an.

„Welcher Traum bleibt ihnen denn noch?": Die amerikanische Zionistin Marie Syrkin findet in den Flüchtlingscamps eine deprimierte Stimmung vor.

„Und dann?"

Der Offizier zuckt wortlos mit den Schultern.

Marie Syrkin, eine zionistische Aktivistin, geboren in Bern, ist nach Europa geschickt worden, um in den Judenlagern Stipendiaten für ein Studium an amerikanischen Universitäten auszuwählen. Sie tut es im Auftrag von *B'nai B'rith,* der „Söhne des Bundes", einer jüdischen Wohltätigkeitsorganisation. Diese Kandidaten sollen das seltene Privileg eines Visums haben. Was ihr in den Camps entgegenschlägt, ist Frust und Trübsinn und Mutlosigkeit, und zwar auf allen Seiten.

Die Juden mögen die Deutschen nicht, das kann man ihnen nicht verdenken. Die Juden mögen allmählich aber auch ihre amerikanischen Beschützer nicht mehr, weil sie ihnen keine Perspektiven bieten. Die US-Soldaten in den Lagern haben die Nase voll von dem Problem, für das es offenbar keine Lösung gibt. Und bei den Deutschen werden die leisen Flüsterstimmen immer lauter, die da sagen: „Seht ihr, hatte Hitler nicht recht? Es sind Trickser, Taugenichtse, Schwarzhändler ..."

Syrkin trifft einen Akademiker aus Wien, einen der wenigen jüdischen Intellektuellen, die den Holocaust überstanden haben. „Wir brauchen einen Judas Makkabäus oder einen Theodor Herzl, der uns hier herausführt", sagt der Mann. „Einer muss kommen und den ‚Exodus' aus dieser Wüste forcieren. Ein Moses muss kommen, um unser Volk von der

Verehrung des Goldenen Kalbes zu befreien. Wenn die Juden in Deutschland bleiben, wird eine neue große Katastrophe über sie kommen. Sie werden zurückkehren zum Goldenen Kalb."

Zum Goldenen Kalb? Das Leben in den einstigen SS-Baracken, in denen viele Juden noch immer untergebracht sind, scheint nicht unbedingt voll von Verlockungen. Ist dieser Mann ein Fall für den Psychiater? Die Amerikanerin beschließt, in ihrem Bericht auch seinen Namen nicht zu nennen.

„Es ist alles ein Plan, ein feindlicher Plan", fährt der „Professor" fort, wie er hier im Lager genannt wird. „Die Großmächte haben die Juden in diese Camps eingesperrt, um sie zu degradieren. Sie werden hier verrotten. Sie werden korrupt und böse werden, und dann werden die Deutschen wieder mit den Fingern auf sie zeigen."

„Aber warum sollte die Welt so einen teuflischen Plan entwickeln?", will Syrkin wissen.

„Um sich selbst und die Deutschen zu rechtfertigen", lautet die Antwort. „Um sich frei zu machen von dem Verbrechen, dass sechs Millionen Menschen umgebracht wurden. Und um sich frei zu machen von der Verantwortung für die Übriggebliebenen. Andernfalls ist das Schuldgefühl zu groß."

Hat sie einen Hypochonder vor sich? Einen Mann, der an Verfolgungswahn leidet?

„Warum lassen sie die Leute nicht irgendwohin gehen?", fährt der Jude fort. „Unsere Jugendlichen haben keine Chance auf Studium oder Arbeit. Unsere Kinder werden mit jedem Monat dünner und blasser. Welcher Traum bleibt ihnen denn noch – außer der vom Goldenen Kalb? Hitlers Werk wird auf die schrecklichste Weise zu Ende gebracht. Ja, dies ist die letzte Phase des Vernichtungsprogramms, nur sind es nicht mehr Krematorien und SS-Männer, es ist in diesen Camps getarnt. Die SS-Leute sind maskiert als UNRRA-Arbeiter, als *Joint*-Repräsentanten, als Konsuls. Entlarven Sie den Plan, liebe Frau, sagen Sie es jedermann – bevor es zu spät ist."

Die Autorin aus Amerika schluckt und schweigt. Sie geht im Lager umher und holt Auskünfte über ihren Gesprächspartner ein. Die Insassen sind voll des Lobes über ihn, er sei engagiert, freundlich und ein richtig guter Lehrer. Syrkin diskutiert mit einem anderen Juden über das, was sie von dem Intellektuellen zu hören bekam.

„Du hast Mitleid mit dem ‚Professor', weil er so verrückte Gedanken hat", sagt er mit einem grimmigen Lächeln. „Vielleicht solltest du Mitleid mit dir selber haben, weil du nicht verstehst, was so einfach ist. Okay, vergiss den Gedanken an ein Komplott, es mag kein Komplott sein. Aber die lassen uns doch nicht wie menschliche Wesen leben, oder? Sie behandeln uns wie Tiere, zwingen uns zu sterben oder wie Tiere zu werden. Macht es einen Unterschied, wie man das nennt?"

Je länger Syrkin durch das Lager streift, um so öfter gehen ihr die Worte des „Professors" durch den Kopf. Sind sie vielleicht doch nicht so weit hergeholt? Menschen, die keine Hoffnung haben, verkümmern. Sie zermürben, verzehren und zerzausen sich in den Zerrereien des tristen, zukunftslosen Alltags.

Durch den ständigen Zustrom von *infiltrees* aus dem Osten ist allein in der amerikanischen Besatzungszone Deutschlands die

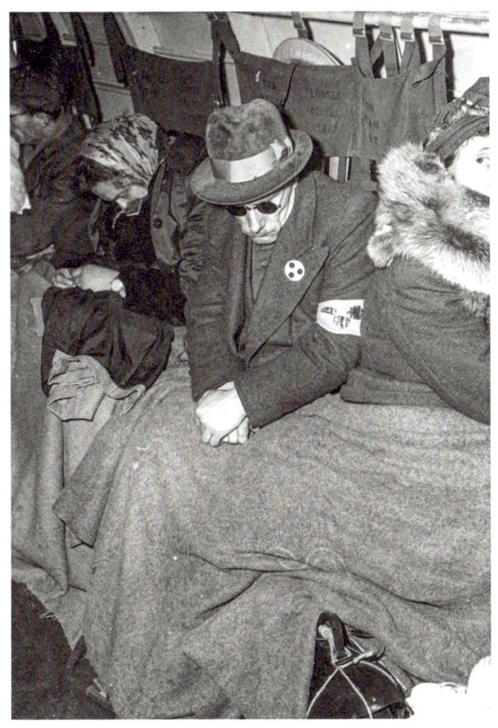

Zahl der Juden in DP-Camps auf mehr als 150.000 gestiegen, in Österreich kommen noch mal 45.000 hinzu. Unter den Deutschen grassiert die Furcht, nun endgültig unterzugehen in dieser Massenflucht aus dem Osten. An die zwölf Millionen „Volksdeutsche“ hat das Land schon aufnehmen müssen, die im Krieg vor den anrückenden Sowjet-Truppen flüchteten oder nach dem Krieg von den neuen, kommunistischen Regierungen vertrieben wurden. Sie sind aus Schlesien, Ostpreußen und dem östlichen Pommern gekommen, einstigen deutschen Reichsgebieten, die jetzt zu Polen gehören, aus dem Sudetenland in der Tschechoslowakei, aus Ungarn, Rumäni-

„Seht ihr, hatte Hitler nicht recht?“ Ohne Schwarzmarkt ist in der Nachkriegszeit ein Überleben kaum möglich. Auch Juden mischen dabei mit – und ziehen so schon wieder Neid und Hass auf sich (rechts).

„Sie werden hier verrotten“: Kein Land will die jüdischen Flüchtlingsmassen aufnehmen. Daher dösen in den Lagern viele nur noch dumpf vor sich hin (links).

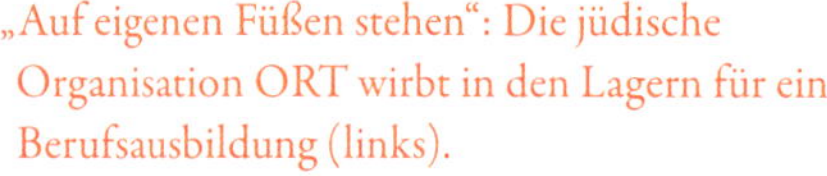

„Auf eigenen Füßen stehen“: Die jüdische Organisation ORT wirbt in den Lagern für eine Berufsausbildung (links).

„Keine rosige Aussicht“: Rabbi Philip Bernstein, Berater für jüdische Fragen beim US-Oberkommando, versucht erfolglos, Regierungen zur Aufnahme von Juden zu bewegen (rechts).

en und dem neu geformten Jugoslawien. Auch sie leben zum großen Teil noch in Lagern oder schäbigen Notunterkünften, fast 4,4 Millionen in der sowjetischen, fast drei Millionen in der amerikanischen, mehr als 3,3 Millionen in der britischen Besatzungszone. Und jetzt auch noch diese Ostjuden, diese Fremdkörper mit der seltsamen Sprache, die manchmal wie ein verballhorntes Deutsch klingt?

Rabbi Philip Bernstein, der Berater für jüdische Fragen beim Oberkommando der US-Armee in Europa, versucht verzweifelt, irgendein Land zu finden, das Juden in großer Zahl aufnehmen möchte. Er ist schon abgeblitzt in Italien, das allenfalls ein Transitland sein will.

Er scheiterte in der Tschechoslowakei, wo immerhin 10.000 polnische Juden in Häusern der ausgewiesenen Sudetendeutschen untergebracht werden sollten – die Juden aber wollten lieber gleich in die US-Besatzungszone weiterziehen. Nun reist er nach London, trifft Außenminister Ernest Bevin, Kolonialminister Arthur Creech-Jones und Arbeitsminister George Isaacs. Die Briten brauchen Bergleute, Schwerarbeiter, Hauspersonal – davon gibt es kaum welche unter den Juden. Er fleht Norman Robertson an, den Hochkommissar für Kanada, und Noel Lamidey, den Leiter des Einwanderungsprogramms für Australien – sie wollen keine Juden haben.

Abraham Klausner, der missionarische Kämpfer für die *Sche'erit Hapletah,* ist nach sechs Monaten Heimataufenthalt in den USA als Europa-Repräsentant der *American Jewish Conference* zurückgekehrt. Er ist erschüttert darüber, was aus den Juden in den Lagern geworden ist: eine in großen Teilen demoralisierte, vor sich hin dösende und in Schwarzhandel verstrickte Masse. Er beginnt, seine Beobachtungen aufzuschreiben. „Es herrscht ein Gefühl der Resignation", notiert er. Der vorherrschende Geist sei der von Dachau: „Nur die Starken überleben. Also klaue! Ja! Klaue, was du kannst und was du brauchst, das alles nimmt nie ein Ende, und Gerechtigkeit gibt es nicht!"

„Vielleicht machen wir einen Fehler", überlegt er, mit den ständigen Mühen, das Los der Lagerinsassen zu verbessern. Er schreibt einen Brief an seine Auftraggeber in den USA. „Die Leute haben sich schlicht an das Lagerleben gewöhnt – und an die karitative Hilfe, auf der dieses Leben basiert. Die meisten Leute arbeiten nicht. In jedem Lager gibt es lange Listen von Arbeitern – aber die Listen täuschen."

Diese Juden, das sieht er mit Schrecken, sind nicht durch die SS, sondern durch das Lager zu seelischen Krüppeln geworden. Der tägliche Kampf um ein bisschen Leben macht sie zu Schacherern um den kleinsten Vorteil, der irgendwo herauszuschlagen ist. Nichts ist golden in diesen Camps – außer dem Goldenen Kalb.

„Ein Gefühl der Resignation": Protestplakat von Zionisten.

DIE STUMMEN ZEUGEN

Offenbach, April 1947

Was für ein Wiedersehen! Lucy Schildkret zittern die Hände, als das Papier durch ihre Finger raschelt. Bücher, Briefe und Enzyklopädien, Handschriften und frühe Drucke, rabbinische Literatur. Kostbare Dokumente, die zum Teil aus dem Mittelalter stammen. Werke von Chronisten und Schriftstellern, die alle tot sind. Die letzten Spuren von jüdischen Autoren. Die letzten Spuren von Menschen, die im Holocaust nicht nur ihr Eigentum, sondern auch ihr Leben verloren haben. Ein riesiger Schatz an jüdischer Kultur, die Historikerin aus New York hat vieles davon schon einmal gesehen. Sie traut ihren Augen nicht. 420 Kisten, darin Zehntausende von Büchern und Archivalien! Wie sind diese Sachen bloß nach Offenbach gekommen? Die Amerikaner haben in dieser Stadt am Main alte Fabrikhallen der IG Farben Höchst in ein Depot für Judaica verwandelt.

Neun Jahre ist es her, dass die 31-jährige Frau diese Werke schon einmal in den Händen hielt. 1938 reiste sie, die Tochter jüdischer Einwanderer aus Polen, nach Wilna, in

„Vermächtnis einer ermordeten Zivilisation“: Die Historikerin Lucy Schildkret stößt auf konfiszierte jüdische Schriften, die während des Krieges von den Nazis in Deutschland gebunkert waren (links).

„Monumente der Erinnerung“: Gut fünf Millionen Bücher in mehr als 20 Sprachen stapeln sich in einem Depot in Offenbach (rechts).

die Hauptstadt Litauens. Dort arbeitete sie bis zum Kriegsausbruch ein Jahr später am Jiddischen Wissenschaftlichen Institut, dem renommiertesten Zentrum zur Erforschung des Ostjudentums. Jetzt sitzt Schildkret wie elektrisiert in diesem öden, sehr unakademischen Offenbacher Bau, wühlt und blättert und fiebert. Nein, es ist nicht alles verloren. Die Schöpfer, die Eigentümer sind tot – aber die Zeugnisse des Schaffens sind noch da.

Im Jahr 1942 haben die Nazis in Wilna das ganze Institut ausgeräumt, ebenso wie rund 300 jüdische Bethäuser. Sie schleppten alles weg, was sie an Kulturschätzen fanden. So wie sie es überall in Europa taten, wenn sie neue Gebiete erobert hatten. Reichsleiter Alfred Rosenberg ließ seinen Einsatzstab insgesamt 375 Archive, 957 Bibliotheken, 531 Forschungs- und Bildungsinstitute plündern. Er hatte von Hitler freie Hand dafür, denn die Nazis wollten „Gegnerforschung“ betreiben, um ihre Propaganda noch treffsicherer zu machen. Sie gründeten in Frankfurt ein „Institut zur Erforschung der Judenfrage“, als Abteilung der „Hohen Schule“. Das war eine Parteiuniversität, die geistige Munition für die – wie es im entsprechenden „Führererlass“ hieß – „weltanschauliche, politische und kulturelle Neuordnung Europas nach Kriegsende“ liefern sollte.

Die Nazis wussten gar nicht wohin mit der gewaltigen Beute. Die Bibliothek des Frankfurter Instituts hatte schon sehr bald keinen Platz mehr, so stapelten sie die konfiszierten

„Kulturelle Neuordnung Europas": In dem von Bomben zerstörten Frankfurter „Institut zur Erforschung der Judenfrage" wurden Tora-Rollen gelagert (oben).

„Geschichte zum Sprechen bringen": Der jüdische Literaturwissenschaftler Gershom Scholem sichtet in Offenbach gelagerte Bücher (unten).

„Jedes überlebende Buch ist ein historisches Dokument, ein kulturelles Produkt, ein Musterstück, Vermächtnis einer ermordeten Zivilisation."

Bestände in Salzminen, Schlössern und Lagerkellern, in der Frankfurter Stadtbibliothek, in der Reichsuniversität Posen und in *„Der Stürmer"*-Bibliothek des fränkischen Gauleiters Julius Streicher. 1943, als die alliierten Flugzeuge immer öfter in den deutschen Luftraum eindrangen, wurden Teile des Raubguts in ein hessisches Schloss bei Hungen und ins bayerische Prien am Chiemsee gebracht. 1944 sank die „Hohe Schule" durch einen Bombenangriff in Trümmer. Nach der Kapitulation der Wehrmacht ließen die US-Militärbehörden das ganze Material nach Offenbach in ein zentrales Depot bringen – darunter gut fünf Millionen Bücher in mehr als 20 Sprachen.

Schildkret verbringt drei Monate damit, um 162.683 Bände in jiddischer und hebräischer Sprache zu katalogisieren, die allesamt aus Wilna stammen. Bei 32.894 Exemplaren kann sie den einstigen Standort identifizieren, drei Viertel der Werke befanden sich in dem wissenschaftlichen Institut. Sie ahnt, dass eine Epoche untergeht und nie mehr wiederauferstehen wird. Dieses Depot ist ein „Leichenhaus der Bücher", und die Archivarin spürt, welche Rolle ihr da zuwächst. Ihre Aufgabe ist, eine alte mit einer neuen Welt zu verbinden. Sie will „das Schweigen der Geschichte zum Sprechen bringen", Wilna und seinen Juden „ein postumes Leben verleihen", wie sie in einem ihrer Memoranden schreibt.

„Gegnerforschung": Reichsleiter Alfred Rosenberg ließ 375 Archive, 957 Bibliotheken, 531 Forschungs- und Bildungsinstitute plündern – um geistige Munition zu haben.

„Tausende hungern nach solchen Werken“: Im Lager Landsberg studieren jüdische Kinder mit ihrem Lehrer religiöse Texte.

„Man kann Wilna nie wieder zusammenfügen“, lautet ihr Fazit. Man könne nur noch „dauerhafte Monumente der Erinnerung schaffen – Gedichte und Geschichten, Memoiren und Geschichte. Es ist der einzige Weg, auf dem die Vergangenheit, die für immer zerstört ist, überleben kann.“

Was tun mit all den Schätzen? Wer hat einen Anspruch auf dieses kulturelle Erbe? Am allerwenigsten das Land der Mörder, findet Schildkret. „Keine deutsche Einrichtung wie die Stadt- und Universitätsbibliothek in Frankfurt hat irgendein moralisches oder praktisches Recht auf Judaica, selbst wenn es Bücher geben mag, die den Stempel deutscher Institutionen tragen.“

Aber wer dann? Wem gehört dieses Schriftgut, dessen Besitzer entweder tot oder unbekannt sind? Jede Art von Rückgabe oder Entschädigung, so haben die Siegermächte nach Kriegsende beschlossen, soll sich an den Paragrafen der Haager Landkriegsordnung von 1907 orientieren, kann also nur auf der Basis von bilateralen Abkommen zwischen Staaten erfolgen. Die Juden haben aber keinen Staat – sosehr sie ihn auch ersehnen mögen.

Koppel Pinson nutzt seine Beziehungen, um die Sache in die eigenen Hände zu nehmen. Er ist Direktor für Bildung in den DP-Camps, kam als dreijähriges Kind mit seinen Eltern von Litauen in die USA und weiß, dass in den Lagern „Tausende von Juden seit sieben Jahren nach solchen Werken hungern". Er nimmt 20.000 Bücher aus Offenbach mit, um sie, wie er sagt, in den Lagerschulen zu verteilen. Böse Stimmen behaupten bald, sie seien dort nie angekommen, er habe sie wohl seiner eigenen Bibliothek einverleibt.

Gershom Scholem, der bibliophile Religionswissenschaftler, ist schon in Prag gewesen, dem einst berühmten Zentrum jüdischen Geisteslebens. Aber davon ist so gut wie nichts mehr übrig, so ist er von dort mit leeren Händen abgefahren. „Gestern ging ich allein auf dem alten Judenfriedhof spazieren, unsagbares Gefühl, und konnte mich der Tränen nicht erwehren", notierte er unterwegs. „Es wird, fürchte ich, nichts bleiben als der Friedhof und die zu Museen gewordenen Synagogen." In Offenbach füllt er kurzerhand fünf Kisten mit 1100 Manuskripten und lässt sie, ohne die Amerikaner zu informieren, nach Jerusalem verfrachten.

Zwei Städte konkurrieren darum, die geretteten Schätze von Offenbach zu erhalten, und beide haben gute Argumente dafür. Jerusalem birgt die heiligsten Stätten der Juden, den Tempelberg und die Klagemauer, und es liegt in Palästina, dem Land der Söhne Abrahams, das zur neuen Heimat des weltweit zerstreuten Volkes werden soll. New York liegt in den USA, wo mehr Juden leben als in jedem anderen Land, wo Geld und Geist so eng zusammenkommen wie nirgendwo in der Welt. Das berühmte YIVO, so lautet die englische Abkürzung für *Yidisher visnshaftlekher institut*, ist von Wilna dorthin verlagert worden. YIVO hat die mächtige jüdische Lobby in den Vereinigten Staaten hinter sich. Das Motto des *American Jewish Congress* lautet: „Amerika ist unser Palästina."

Um das jüdische Kulturgut zu retten, gründen Intellektuelle in New York eine Organisation mit den Namen *Jewish Cultural Reconstruction*. So fällt, was die Bücher aus Wilna betrifft, am Ende die Entscheidung dann auch zugunsten von New York. Die Bände werden in Kisten verpackt, in Eisenbahnwaggons verladen und nach Bremerhaven gebracht. Von dort gehen sie mit einem Schiff über den Atlantik. Die Menschen, die in Offenbach solche Behälter versiegeln, wissen, was dieser Moment bedeutet. Es gibt keine Hoffnung mehr, dass die jiddische Kultur und Sprache in ihrer alten Heimat neu erstehen könnte. Es ist der Anfang vom Ende. Die meisten Bücher verlassen Europa. Wie lange dauert es noch, bis ihnen die Menschen folgen werden?

DIE HUNGERFLUCHT

Wien, April 1947

Irgendwann ist Schluss, sagen sich die Amerikaner. Wir sind kein Wohltätigkeitsverein mit unerschöpflichen Mitteln. Wir können nicht alle Juden füttern, die in unsere Zone drängen. Wir haben dafür nicht mehr das nötige Geld, den nötigen Platz, die nötigen Betten und Nahrungsmittel. Nun droht schon wieder eine Fluchtwelle, die dritte seit dem Ende des Krieges. Wenn wir jetzt nichts dagegen tun, fliegt uns der Laden um die Ohren.

Wieder kommen die Alarmzeichen aus dem Osten. Wieder Scharen von Menschen, die sich mit Sack und Pack auf den Weg machen. Wieder wollen sie nur in eine Richtung, nach Westen, wo die Amerikaner sind. Die Warnsignale, die die US-Militärs erschrecken, kommen diesmal aus Rumänien. Nein, beschließen sie, so geht es nicht weiter. Die Politik des ewigen Mitleids muss ein Ende nehmen.

Es wäre ein hoffnungsloser Versuch, ganz Deutschland und ganz Österreich nach Osten hin hermetisch abzuriegeln. Das geht schon deswegen nicht, weil dort ja die Russen ihre

Auf Lastwagen durch Wien: Kollektivierung, eine Währungsreform und die Abschaffung des freien Marktes haben Rumäniens überlebende Juden in Armut gestürzt (links).

Mit Zügen nach Westen: Die Waggons sind mit Stalinporträts verziert. Die Juden aber sehen keine Zukunft unter dem Kommunismus (rechts).

Besatzungszone haben. In diesen anarchischen Zeiten ist sowieso keine Grenze, wo immer sie auch verläuft, völlig dichtzumachen. Also lassen die US-Militärs weiterhin zu, dass jüdische Flüchtlinge in ihr Okkupationsgebiet strömen. Aber das gewaltige Versorgungssystem, das den Etat jeden Monat schwer belastet, ist an seinem Limit angelangt. Daher gibt das Kriegsministerium einen Erlass heraus, dass nach dem 21. April kein Neuankömmling in der US-Zone noch irgendeine Hilfe erhalten soll. Keine Unterkunft mehr, kein Essen, kein Ausweispapier.

Aber kehren Menschen, die nur noch eine Hoffnung treibt, deswegen um? In Rumänien sind die regierenden Kommunisten drauf und dran, die Wirtschaft zu ruinieren. Sie haben begonnen, die Industrie zu verstaatlichen. Sie wollen den freien Markt abschaffen, die Lebensgrundlage der jüdischen Handwerker und Kleinhändler. Sie haben alle Politiker kaltgestellt, die gegen die neue „Volksdemokratie“ sind. Sie planen eine Währungsreform, die den Leuten auch noch die letzten Ersparnisse nehmen wird. Als Folge von Dürren in zwei aufeinanderfolgenden Jahren ist in weiten Teilen des Landes schon eine Hungersnot ausgebrochen.

Die Lage wird noch dadurch verschlimmert, dass Zehntausende von zerlumpten, kranken, unterernährten Juden aus Bessarabien und der nördlichen Bukowina nach Rumänien gekommen sind. Der eine Teil von ihnen waren befreite KZ-Insassen, der andere Teil Umsiedler, die nicht unter Stalin leben wollten, der diese einst rumänischen Gebiete der Sowjetunion einverleibt hatte. Von den 800.000 Juden, die es vor dem

Krieg in Rumänien gab, haben immerhin gut 400.000 den Holocaust überlebt. Aber dann sind sie in ein Elend gestürzt, aus dem es für viele nur ein Entrinnen gibt: raus aus dem Land, Flucht in den Westen.

So wälzen sich neue Trecks in Richtung Wien. Sie ziehen durch Ungarn, durchqueren die baumarmen Steppen am Plattensee und Neusiedler See, und versuchen, zunächst mal hinüber ins österreichische Burgenland zu gelangen. Das gehört zwar zur russischen Zone, aber von Eisenstadt sind es nur noch 70 Kilometer bis zu der Donaumetropole, die von den Siegermächten in vier Sektoren aufgeteilt ist. In Wien sind die Amerikaner, und das bedeutet ein neues Leben, ein Leben in Freiheit und Würde. Das sind die Gedanken, die diesen *infiltrees* die letzten Kräfte entlocken.

Im Grenzgebiet zwischen Ungarn und Österreich kommt es zu tumultartigen Szenen. Bei Loipersbach schieben ungarische Beamte 170 rumänische Juden über den Tauscherbach hinüber ins Nachbarland. Lastwagen des *Joint* bringen eine erste Ladung ins Wiener Rothschildspital. Als die zweite Ladung abgeholt werden soll, stellt sich der russische Kommandant von Eisenstadt quer. Er lässt den Fahrer festnehmen und die Lkw beschlagnahmen. Er hat die Schließung der Grenze angeordnet und der österreichischen Grenzwache befohlen, alle Juden nach Ungarn zurückzuschicken. Die Ungarn aber weigern sich, die Leute wieder zu nehmen. So müssen 116 Flüchtlinge vier Tage lang in einer Art Niemandsland campieren: auf der Eisenbahnbrücke, zwei Kilometer vom Dorf entfernt, in deren Mitte der Grenzübergang liegt. Die wenigen Häuser, die auf der österreichischen Seite stehen, mussten bei Kriegsende von den Bewohnern geräumt werden und dienen den Russen als

Überfüllte Lager: In Wien wird jeder Winkel als Schlafplatz genutzt.

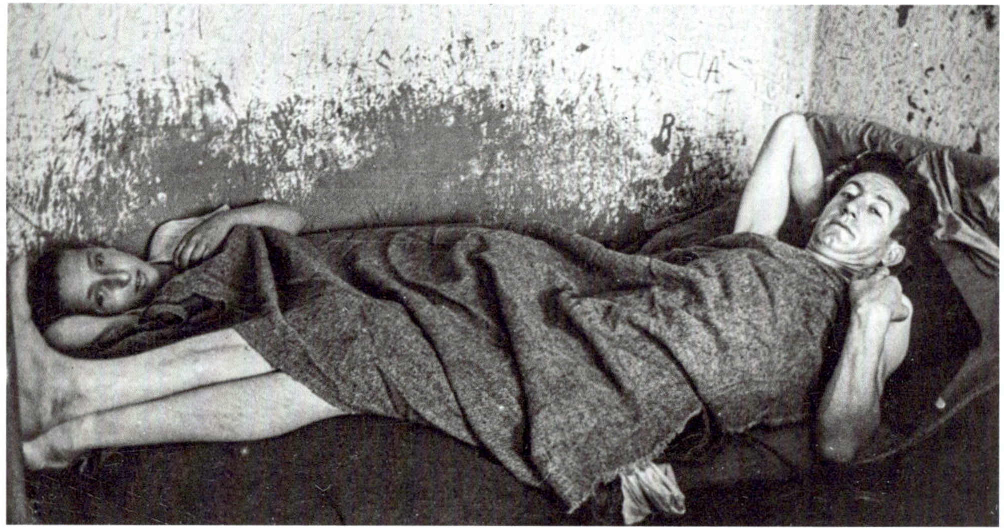

Unterkunft. Von keiner Seite aus bekommen die Juden etwas zu essen.

Das Durcheinander breitet sich bis ins österreichische Innenministerium aus. Oskar Helmer, der sozialdemokratische Amtsinhaber, hat offiziell erklärt, sein Land sei zu arm, um neue Massen von DPs, die noch dazu nicht arbeiten wollten, zu ernähren. Er drängt die Russen, den Transit der *infiltrees* durch Ungarn zu unterbinden, und macht deutlich, dass Flüchtlingen die Einreise verboten sei. Dann aber vollzieht er eine Wende um 180 Grad, aus humanitären Gründen, wie er sagt. Erneut brechen Fahrzeuge des *Joint* nach Loipersbach auf. Doch als sie ankommen, haben die Sowjets die Juden schon zurück ins ungarische Sopron transportiert.

Die „Hungerflucht", wie sie bald heißen wird, lässt sich freilich nicht stoppen. Bis zum Sommer strömen noch einmal mindestens 30.000 Juden in die amerikanische Zone. In Wien ist das Rothschildspital bis zum Bersten gefüllt, ein Teil der Flüchtlinge muss im Hof nächtigen. Auf den Straßen der österreichischen Hauptstadt rotten sich darbende Menschen zu gewalttätigen Demonstrationen zusammen. Die Juden aus Rumänien beschuldigen die österreichische Regierung, bewusst diskriminiert zu werden – sie erhielten keinerlei Hilfe, während die flüchtigen „Volksdeutschen", die von allen Seiten her das Land uberfluten, sowohl Essen als auch Jobs zugeteilt bekämen.

Da weder die Siegermächte noch die Österreicher etwas für die *infiltrees* tun wollen, muss letztlich wieder der *Joint* die finanziellen Lasten tragen. Der *Bricha* bleibt nichts anderes übrig, als sich nun ebenfalls um diese Juden zu kümmern. Die zionistischen Schleuser zweifeln sehr daran, dass diese Leute als Pioniere für Palästina geeignet sind; viele Rumänen haben freimütig erklärt, dass sie eigentlich nicht in den Nahen Osten wollten. Aber die selbst auferlegte moralische Verpflichtung zwingt die *Bricha* schließlich doch dazu, auch für sie den Weitertransport in die US-Zone zu organisieren, um dadurch deren Not wenigstens etwas zu lindern.

Die Amerikaner überlassen das Thema „Ernährung" nun ganz dem *Joint* und der *International Refugee Organization* (IRO), die von der UN-Vollversammlung aus der Taufe gehoben wurde und die Nachfolge der UNRRA antreten soll. Als die neuen Flüchtlinge, aus Wien kommend, in der US-Zone eintreffen, werden für sie keinerlei zusätzliche Armeeportionen zur Verfügung gestellt. Aber gut, dass es die „Engel" gibt. Die durch Abgänge aus den Lagern frei gewordenen Kennkarten machen es der *Bricha* möglich, auch die Juden aus Rumänien mit Essen zu versorgen. Sie leben von den Rationen der Juden aus Polen, die längst schon über die Berge der Alpen sind.

Die neue Härte der US-Militärs hat noch ein zweites, etwas weicheres Gesicht. Es wird von einer kühlen Taktik geprägt. Wer keine Unterkunft bekommt, der mag auch nicht gerne bleiben. Der sucht lieber gleich nach anderen Wegen. Auf diese Weise wird man Leute viel schneller wieder los. Wenn man sie schon an der Einreise nicht hindert – dann erst recht nicht an der Ausreise.

DER FALSCHE SCHAFFNER

Saalfelden, Mai 1947

Einen Typen wie Viktor Knopf trifft man nicht alle Tage. Er hat immer Ideen, weiß immer einen Weg. Hat sich nie unterkriegen lassen in seinem jungen Leben. Hat Dinge ausgehalten, an denen fast all seine Leidensgenossen krepiert sind.

Er ist Jude, sieht aber so aus, wie die Nazis sich den idealen Arier vorstellten. Blond und sehnig wie ein Modellathlet. Er ist 25 und so fit, als hätte er in den letzten Jahren nichts anderes als Leistungssport betrieben. Unfassbar, nach all dem, was er durchgemacht hat. Als die Juden des DP-Lagers Saalfelden im Fasching ihr *Chanukka*-Fest, das Fest des Lichtes, feierten, wirbelte er vor ihren Augen mit Bodenakrobatik durch den Saal. Einen besseren Mann als ihn, der drei KZ überstand, hätte die *Bricha* nicht finden können.

Knopf wurde 1922 in der polnischen Stadt Teschen, am Westrand der Beskiden, geboren. Sein Vater stimmte und reparierte Klaviere, seine Mutter hatte eine Maschinenstrickerei, der Junge tobte immer nur auf dem Fußballplatz, bei den Turnern und Leichtathleten

Organisierte Transporte: Das Lager Saalfelden ist ein wichtiger Stützpunkt der *Bricha*. Von hier aus brechen regelmäßig Gruppen mit Zügen nach Tirol in die französische Zone auf (links).

Drei KZ überstanden: Der unverwüstliche Viktor Knopf ist ständig als Führer für die *Bricha* unterwegs (rechts).

herum. Sonntags zog er mit dem Beskidenverein durch die Berge, sang Wanderlieder zu Mandolinenklängen. Als er 17 war, bekam er das staatliche Diplom als Sportlehrer, das war genau drei Tage vor Kriegsausbruch, daher wurde es leider dann nichts mit einer Laufbahn in der Schule.

Es nützte ihm nichts, dass er blond war und perfekt Deutsch sprach. Die Soldaten der Wehrmacht, die nach Teschen kamen, nahmen ihn fest wie alle Juden, die sie in dem Städtchen fanden. Er wurde erst nach Lublin, dann nach Auschwitz gebracht, und als Anfang 1945 die Rote Armee anrückte, kam er mit einem Evakuierungstransport ins KZ Ebensee im Salzkammergut. Er hatte stets den eisernen Willen, aus der Haft lebend herauszukommen, daher war er dem Rat eines Aufsehers gefolgt, sich stets freiwillig zu Arbeitseinsätzen zu melden. So überstand er tatsächlich die brutale Schufterei in Steinbrüchen und Stollen. Am Ende, als die Amerikaner ihn befreiten, war er zwar spindeldürr wie alle Häftlinge und hatte eine kaputte Lunge. Aber die Nazis hatten ihn nicht gebrochen, und jetzt sprüht er wieder vor Tatkraft.

In all diesen Jahren hat Knopf gelernt, dass man ab und zu halt auch mal tricksen muss, um sich zu retten. Nun hat er Tricks ersonnen, um andere Juden zu retten. Er hat das Verfahren so perfektioniert, dass eigentlich nie etwas schiefgehen kann. Es ist unglaublich schlau, mutig und frech, was er da macht. Aber es klappt, und darauf kommt es an.

Um Leute über den Brenner- oder Reschenpass nach Italien zu schleusen, müssen sie zunächst von Wien oder Salzburg nach Tirol gebracht werden. Das ganze österreichische Bundesland aber gehört zur französischen Zone, und die Franzosen stehen unter dem wachsenden Druck der Briten, keinen Transitverkehr mehr zuzulassen. Zu Fuß oder mit dem Auto ist so gut wie kein Durchkommen mehr. Bleibt daher nur noch die Eisenbahn, und da hat sich der *Bricha*-Mann etwas ganz Besonderes einfallen lassen.

„Beobachtet mich am Fenster": Mit Tricks und Raffinesse schleust die *Bricha* Juden in Zügen quer durchs Land.

Sobald ein neuer Transport ansteht, fährt Knopf von Saalfelden mit der Bahn erst mal der Gruppe ein Stück entgegen. Er kennt die Routen und die Fahrpläne und weiß ganz genau, welchen Zug er auswählen muss. So steigt er in einen Paketwagen, der Bischofshofen oder Schwarzach als Ziel hat. Er kennt natürlich auch alle Schaffner, die hier unterwegs sind, und weiß, dass jeder von ihnen zu einer Gegenleistung bereit ist, wenn er ihm eine Packung Zigaretten oder eine Dose Hackfleisch mitbringt. Dafür zieht der Schaffner dann gern seine Uniform aus und legt sich in seinem Abteil schlafen. Knopf streift sich die dienstliche Kluft über – nun hat er alle Autorität, die er für die Weiterfahrt in die französische Zone braucht.

In Bischofshofen oder Schwarzach hat der Zug einen längeren Aufenthalt. Dort wartet die Gruppe auf ihn. 30, 40, 50 Leute, dazu ein paar Helfer von der *Bricha*. Sie verschieben die Pakete so, dass hinter ihnen eine Trennwand eingebaut werden kann. Das geht alles ganz fix, denn die Maße sind ja immer gleich, und binnen weniger Minuten sind alle Juden gut versteckt.

Hochfilzen heißt der Grenzbahnhof, wo der Zug die amerikanische Zone verlässt. Knopf weiß, nun werden Franzosen die Waggons kontrollieren. Er steht mit seiner Uniform in der halb offenen Tür, und der folgende Dialog ist immer gleich:

„Sind da Juden?", fragen die Uniformierten von unten.

„Nein, keine Juden", lautet die Antwort des Uniformierten von oben.

Warum sollten sie diesem Schaffner nicht trauen? Die Franzosen nicken und winken den Transport durch.

Im Bahnhof Kitzbühel zieht sich Knopf wieder um. Der reguläre Schaffner nimmt, gestärkt durch sein Nickerchen, den Dienst wieder auf. Die Juden verlassen den Paketwagen und verteilen sich auf andere Zugteile. Das Endziel ist Hall in Tirol, dort warten wieder *Bricha*-Fahrzeuge. „Beobachtet mich am Fenster!", schärft Knopf den ihm Anbefohlenen ein. „Ich steige auf der rechten Seite aus." So bringt er sie alle am richtigen Bahnhof aus dem Zug. Bald darauf sitzen sie in Lastwagen, die sie ins Lager Gnadenwald bringen – der letzten Station vor dem Aufbruch nach Italien.

Natürlich, klar, es gibt immer wieder mal Leute, denen schon etwas auffällt bei dem ganzen Geschehen. Aber was soll's? Soll man sich da wirklich einmischen? Wahrscheinlich bringt es einem am Ende nur Ärger. In diesen Zeiten ist es besser, keine schlafenden Hunde zu wecken.

ZAPPELN IM DRAHTNETZ

Leutasch, Juni 1947

Dieses 16 Kilometer lange Hochtal ist wie geschaffen, um jemanden hinters Licht zu führen. Nur eine kleine schmale Straße windet sich vom bayerischen Mittenwald am Rand einer wilden Schlucht hoch, durch die die Leutascher Ache in tosenden Kaskaden hinab zur Isar stürzt. Das Wettersteingebirge, die Grenze zwischen Deutschland und Österreich, ist eine kaum übersteigbare Felsenbarriere. Sie hat nur einen einzigen Schwachpunkt – dort, wo sie nach Osten hin ausläuft. Da erstreckt sich ein langer, bewaldeter Rücken, der sich vom Grünkopf (1588 m) etwas sanfter bis zur Ederkanzel (1184 m) zieht.

Unten an dem Engpass bei Scharnitz, wo sich die Isar zwischen dem Wetterstein- und Karwendelgebirge nach Norden zwängt, stehen die Ruinen der Porta Claudia. Mauerreste einer alten Befestigungsanlage, die Claudia de' Medici, Erzherzogin von Österreich und Landesfürstin von Tirol, im Dreißigjährigen Krieg errichten ließ. Die Talsperre sollte das Land vor Einfällen von Bayern her schützen. Man könnte jetzt, 300 Jahre später, so eine

Keuchen, Stolpern, knackende Äste: Flüchtlinge werden auf geheimen Wegen einen bewaldeten Hang hochgeführt (links).

Hilferufe zur Ablenkung: Vom bayerischen Mittenwald führt ein Bergpfad ins österreichische Leutaschtal – eine beliebte Schleuserroute (rechts).

massive Grenze wieder gut gebrauchen. Drüben in Bayern haben die Amerikaner das Sagen, hier in Tirol die Franzosen. Eine Straße und eine Bahnlinie verbinden die beiden Besatzungszonen. Weiß der Himmel, welche Figuren sich da am Rande der Legalität von der einen auf die andere Seite stehlen.

Doch man weiß natürlich auch, dass es in den Bergen noch ganz andere Wege gibt. Versteckte, steile, holprige Pfade, die nur die Einheimischen kennen. Auf ihnen herrscht hier schon seit einiger Zeit gerade dann Verkehr, wenn man die Hand nicht mehr vor den Augen sieht. Im Schutz der Dunkelheit hört man nur knackende Zweige und gelegentlich einen dumpfen Ton, wenn jemand mit dem Schuhwerk über eine dicke Baumwurzel stolpert.

Leutasch ist ein Dorf ohne Zentrum, ein pittoresker Flickenteppich aus zwei Dutzend Weilern, die von der Hohen Munde bis zum Anfang der Leutaschklamm über die grünen Wiesen verstreut sind. Schanz heißt der unterste Ortsteil. Es sind die ersten Häuser, die man erreicht, wenn man aus Mittenwald kommt. Und daher ist hier die Grenzstelle. Ein einsamer, verlorener Posten der österreichischen Gendarmerie, wo sich nachts nicht selten verwirrende Szenen abspielen.

Die Nacht zum 23. Juni ist so ein Beispiel. Um halb vier tuckert ein Lastwagen aus Richtung Seefeld die Straße entlang. Er bleibt stehen, als es noch 800 Meter bis zum Zollhaus Schanz sind. Nichts rührt sich mehr, alles wird verdächtig still. In dem Fahrzeug sitzen zwei

Keine Zeit für den Aussichtsturm: Am Berggasthaus „Ederkanzel“ passieren die Flüchtlinge nachts die Grenze.

Männer in britischer Uniform. Sie machen aber keine Anstalten, das Auto zu verlassen.

Die zwei diensthabenden Beamten der Zollwache glauben zu wissen, was da gespielt wird. Bestimmt soll der Lkw Leute aufnehmen, die von irgendwoher heimlich über die Grenze kommen. Sie kennen den Pfad, der dafür am meisten benutzt wird. Er führt von Mittenwald die Flanke des Burgbergs entlang zur Ederkanzel hoch und von dort in mehreren Serpentinen nach Schanz hinab. Also machen sich die Männer in Uniform mit Taschenlampen auf den Weg, um diese Route zu kontrollieren.

Plötzlich hören sie Hilferufe. Sie dringen ihnen aus Richtung Grenzstation an die Ohren. Die Beamten kehren um und finden einen Mann, der sich in einem Drahtnetz verfangen hat. Woher kommt dieser Kerl? Was geht hier vor? Ein wenig Zeit brauchen sie schon, um sich mit ihm zu beschäftigen. Der Trick mit dem Drahtnetz funktioniert.

Der Mann ist, was sie nicht wissen, ein Lockvogel der *Bricha*. Er soll sich bewusst festsetzen lassen und hat sich dafür mit Sicherheit eine Geschichte ausgedacht. Der Plan ist, die Beamten eine Zeit lang abzulenken. Als sie das merken, ist es schon zu spät.

Der Motor des Lkw springt wieder an. Die Scheinwerfer blitzen auf. Der Fahrer gibt Gas, der Transporter entschwindet Richtung Seefeld durch die Nacht. Als es hell wird, sehen die Gendarmen, dass Fußspuren zu der Stelle führen, wo das Auto gewartet hat. Da also sind die Leute durch. Sie haben die Leutascher Ache durchwatet, während die Beamten noch den Mann im Drahtnetz verhörten.

Die Flüchtlinge und ihre Helfer wissen, dass die österreichischen Grenzer auf sie nicht schießen werden. Die Vorschriften lauten, dass sie ihre Waffen lediglich auf Anordnung der französischen Militärbehörden gebrauchen dürfen, ansonsten nur im Fall äußerster Notwehr. Und dafür reicht ein illegaler Grenzübertritt nie und nimmer aus.

Sie wissen auch, dass sie freie Fahrt haben, wenn ihre Lastwagen als britische oder amerikanische Militärfahrzeuge getarnt sind. Die österreichischen Zollorgane haben nicht das Recht, alliierte Autos anzuhalten und alliierte Militärs zu kontrollieren. Die guten Drähte, die die *Bricha*-Leute haben, sind bis in den letzten Winkel zu spüren.

Bei Tageslicht ist die Ederkanzel ein populäres Ausflugsziel. Auf der Anhöhe, wo die Grenze entlangläuft, steht ein zwölf Meter hoher, rundum verglaster Aussichtsturm, den ein Forstmeister mit Namen Eder um die Jahrhundertwende gebaut und mit einem Fernrohr ausgestattet hat. Da kann man sich das ganze Gelände in aller Ruhe betrachten. Zu Füßen des Turms hat die Mittenwalder Familie Tiefenbrunner eine Jausenstation eingerichtet, da gibt es eine Halbe Bier und ein Stamperl Schnaps, frische Milch und Zitronenwasser. Alles tragen die Wirtsleute mit der Kraxn, einem hölzernen Tragegestell, hinauf. Und wenn man gemütlich beisammensitzt, werden lustige Lieder gesungen, dann wehen Zither- und Gitarrenklänge durch die Luft.

Ja, diese Alpenecke hat ihre Reize. Schon Napoleons Soldaten konnten ihnen nicht widerstehen, als sie 1805 mit ihren bayerischen Verbündeten gegen Österreich zogen. Sie sahen, dass an der Porta Claudia kein Durchkommen war, denn dort hatten sich die Truppen des Feindes hinter den dicken Mauern der Talsperre verschanzt. Doch der Mittenwalder Jäger Anton Wurmer wusste, wie man diese Barriere umgehen konnte. Er führte, gegen gutes Geld, 4000 Franzosen zum Grünkopf hoch und von dort nach Leutasch hinab. So konnten sie den Sperrriegel umgehen und den völlig überraschten Verteidigern in den Rücken fallen. Schon wenige Tage später waren die Angreifer in Innsbruck. Und der Pfad, auf dem sie nach Leutasch gelangten, trägt seither den Namen „Franzosensteig“. Niemand hätte damals geahnt, dass da einmal Juden heimlich entlangschleichen würden.

KINDER IN RUCKSÄCKEN

Krimml, Juli 1947

Die Nächte sind in diesem Sommer nicht ganz so ruhig wie sonst. Früher lag der idyllische Ort im Oberpinzgau unberührt in tiefem Schlaf. Das leise Rauschen des Wasserfalls, das sich über die Dächer legte, war wie eine sanfte, schützende Hülle, die die Menschen einlullte und abschirmte vor den Unbilden der Welt. Jetzt aber mischt sich, wenn es zwei Uhr geschlagen hat, in diese ewig gleiche, traute Melodie der Lärm von schwer beladenen Lastwagen, die die Straße hinaufdröhnen.

Die österreichischen Gendarmen, die hier ihren Dienst tun, wissen sehr genau, was da vor sich geht. Als es damit anfing, haben sie ihren Vorgesetzten noch gemeldet, was sich draußen vor ihrer Wache abspielte. Die Reaktion war ein Rat von höherer Stelle, sie müssten ja nicht ständig aus dem Fenster schauen. Seither kümmern sie sich nicht mehr darum, denn der Ablauf dieses Geschehens ist immer gleich und so verlässlich wie das Rauschen des Wasserfalls. Die Lkw halten für ein paar Minuten, um entladen zu werden, dann drehen sie um und brausen davon. Nach diesem kurzen Intermezzo, bei dem Gestalten kurz durch die Lichtkegel huschen, zieht die Nachtruhe in Krimml wieder ein.

Es ist eng geworden für die Juden, die über die Alpen zu den Schiffen wollen. Die Grenzen am Brenner- und Reschenpass sind so gut wie dicht, dafür haben die Briten auf der italienischen und die Franzosen auf der österreichischen Seite gesorgt. Welcher Weg wird der *Bricha* noch bleiben?

Marco Feingold, einer der Organisatoren in Salzburg, hatte sich darüber schon wochenlang das Hirn zermartert. Da bekam er, glücklicher Zufall, ein Blatt Papier in die Hände, eine kleine, zerknitterte Skizze. Als er sie etwas genauer ansah, schoss ihm der Gedanke durch den Kopf. Die Karte zeigte, wie die Grenzen der alliierten Besatzungszonen in Österreich verlaufen. Im Westen stößt die französische, im Osten die britische Zone an den Alpenhauptkamm, wo es hinüber nach Italien geht. Aber zwischen diese beiden Gebiete schiebt sich, in den Hohen Tauern südlich von Krimml, ein winzig kleiner, vielleicht zehn Kilometer breiter Keil – und der gehört zur amerikanischen Zone.

Feingold sah die Chance und nutzte sie. Die Amerikaner, da war er sich ziemlich sicher, würden ihm keine Steine in den Weg legen. Und sie würden dafür sorgen, dass auch die Österreicher mitspielen. Denn beide sind im Grunde ja nur froh, wenn die eh schon vollgestopften Judenlager sich nicht noch weiter füllen. Wer unbedingt weg will, den soll man nicht halten.

Der *Bricha*-Mann wusste, wen er als Führer für diese neue Route brauchte. Es musste jemand sein, der weiß, wie man sich im Gebirge

Kalter Wind, glatter Fels: Juden beim Marsch über den Krimmler Tauern.

Republik Österreich
GRENZÜBERGANG
Il periodo annuale di transito sarà reso pubblico dalla Capitaneria distrettuale (Bezirkshauptmannschaft) di Zell am See con particolare provvedimento
Krimmler-Tauern
Pso. dei Tauri 2633

Nur der Führer kennt den Weg: Die Flüchtlinge sind erschöpft, ohne Ausrüstung, ohne Bergerfahrung. Trotzdem wagen sie die hochalpine Route (oben).

Nur die Natur als Gegner: Am Krimmler Tauern liegt oft auch im Sommer noch Schnee. Bis hinunter ins Ahrntal sind es immer noch zehn Kilometer (unten).

bewegt. Der die enormen Strapazen aushält, die ihn dort erwarten. Dem man Menschen anvertrauen kann, die körperlich geschwächt, schlecht ausgerüstet und ohne jede Bergerfahrung sind. Es gab nur einen, der ihm dafür einfiel, und der hieß Viktor Knopf.

Die beiden Männer machten sich auf, diese neue, geheime Route zu erkunden. Sie merkten an sich selber, was sie den Flüchtlingen zumuten würden. Aber es gab eben nur noch diesen einen Weg. Sie mussten warten, bis der Schnee im Frühsommer wenigstens so weit geschmolzen war, dass man es wagen konnte, auch mit Müttern und Kindern den Pass hinüber nach Südtirol zu überqueren. Im Juni schickten sie die erste Gruppe auf die Reise. Und jetzt laufen diese Trecks auf Hochtouren.

Meist sind es vier Lastwagen, die im Lager Saalfelden bereitgestellt werden. 150 bis 250 Leute werden aufgeladen, alle mit nur wenig Gepäck, denn sie werden die Sachen stundenlang schleppen müssen. Gegen zehn Uhr abends fährt der Konvoi los, die kurvenreiche Fahrt bis Krimml dauert vier Stunden. Dann beginnt der Marsch durch die Nacht, den sie alle nie vergessen werden. Sie wissen nicht oder wollen nicht wissen, dass auch dies ein Todesmarsch werden kann. Sie gehen los in der Hoffnung, dass es ein Marsch in ein neues Leben ist.

Der Wasserfall, an dem sie vorbeikommen, ist 140 Meter hoch. Sie passieren einen zweiten, Höhe 100 Meter, und einen dritten, nochmal 140 Meter. Aber sie haben keinen Blick für das grandiose Schauspiel der Natur. Nicht für die Tannenhäher, Birk- und Auerhühner, die es in diesem Feuchtwald gibt. Nicht für die Laub-, Leber- und Torfmoose, die den Boden auf wundersame Weise polstern. Nicht für die Riemann- und Regen-, die Sendtner-, Jung- und Settkanzel, die bei Tag großartige Blicke in die wild tosende Krimmler Ache bieten. Sie stapfen nur schnaufend die vier Kilometer langen Serpentinen hoch, stolpern im Dunkel über Steine und Wurzeln, denn sie haben keine Lampen dabei, weil das zu viel Aufsehen erregen würde.

Viktor Knopf weiß, dass nicht die Stärksten, sondern die Schwächsten das Tempo bestimmen. Der Treck zieht sich auseinander, und er als Führer muss darauf achten, dass die Letzten nicht verloren gehen. So hat er immer einen Begleiter dabei, der am Ende der Gruppe geht. Es ist schon fünf Uhr, als sie die Klamm durchstiegen haben. Nun wird der Weg zwar leichter, ein breites Hochtal mit vielen Almen liegt vor ihnen. Aber es sind doch noch mal gut zwei Stunden bis zum Krimmler Tauernhaus, einer traditionsreichen Raststation, die von der Familie Geisler geführt wird.

Das Krimmler Achental ist eine uralte Route. Früher kamen Händler aus Italien über die Berge, dann Schmuggler, Tagelöhner und Schafhirten, die sich in den Bergen auskannten. Nun sind es immer mehr Alpinisten, die im Tauernhaus übernachten. Solche Gäste wie in diesem Sommer aber hat Liesl

Geisler noch nie gehabt. Die Wirtin hat ein Herz für die ausgepumpten Menschen, die nie zuvor 600 Höhenmeter zu Fuß überwunden haben. Sie setzt Teewasser auf und kocht einen Eintopf, damit die Juden etwas Warmes zu essen bekommen. Sie lässt die Leute auf der Veranda und den Matratzen der Gästezimmer ausruhen und wäscht sogar Windeln, wenn Kleinkinder dabei sind. Knopf nennt sie die „Mutter der Flüchtlinge".

Nachmittags um vier beginnt die zweite Etappe. Die nächste Nacht wird noch viel härter als die erste werden. Es sind 1000 Höhenmeter bis zum Krimmler Tauern, der auf 2634 Metern liegt. Ein Aufstieg ohne Bergschuhe, ohne Handschuhe, ohne wetterfeste Jacken. Ohne die Kondition, die man für solche Höhen und solche Weglängen braucht, denn wann und wo und wie hätten die DPs sich die holen sollen? Schutzlos dem unbarmherzigen Wind ausgesetzt, der mit jeder Stunde heftiger und kälter wird. Aus Rucksäcken und zweckentfremdeten Holzschachteln, die Männer und Frauen auf dem Rücken tragen, ragen oft Kinderköpfe heraus. Knopf, der mit bedächtigen Schritten vorangeht, wird zum Moses in dieser alpinen Wüste, durch die sich die Karawane nach oben windet. Sein Oberkörper schwingt langsam und gleichmäßig hin und her, wie das Pendel eines Metronoms. Sie

Kinder auf den Armen: Italienische Grenzbeamte hegen häufig Sympathien für die Flüchtlinge – und nehmen es mit den Kontrollen nicht ganz so ernst.

versuchen, dem Takt seiner Schritte zu folgen, denn das Knirschen seiner Schuhsohlen ist die einzige Orientierung, die sie in der pechschwarzen Nacht haben.

Die Natur ist zum Glück der einzige Gegner, der die Juden oben am Krimmler Tauern erwartet. Es sind noch zehn Kilometer bis zum ersten Grenzposten der Italiener, der tief unten im Ahrntal liegt. Die *Bricha* hat dafür gesorgt, das alle diensthabenden Carabinieri mit Zuwendungen erfreut wurden, die in dieser Zeit und in dieser Gegend eine besondere Wertschätzung genießen: Feuerzeuge und Sardinen in Dosen, Zuckerpakete und Zigaretten. Die Beamten grüßen freundlich und winken die erschöpften Juden durch, die sich nach 15 Stunden Marsch kaum noch auf den Beinen halten können.

Am frühen Morgen sinken sie bei Kasern ins Gras. Sie können es kaum fassen, dass sie diese Tour tatsächlich geschafft haben. Unglaublich, was in einem Körper steckt, wenn es um Leben oder Tod geht. Die *Bricha* hat den Fischerhof angemietet, ein Südtiroler Bauernhaus hier am oberen Ende des Tals. Sie hat es als Erholungsheim deklariert, doch jeder weiß, wer sich hier erholen muss. Es sind diejenigen, die so schwach sind, dass man sie nicht einmal per Auto sofort weitertransportieren kann. Der Fischerhof hat Platz für bis zu 40 Gäste; sie können hier ein paar Tage bleiben, um wieder halbwegs zu Kräften zu kommen. Der andere Teil der Gruppe steigt nach einer kurzen Rast in Fahrzeuge, die ein rotes Kreuz tragen.

Fast 6000 Juden werden in diesem Sommer über den Krimmler Tauern nach Italien gebracht. Viktor Knopf, der unersetzliche Führer, geht mit seinen Helfern jedes Mal den ganzen Weg nach Österreich zurück. Und rüstet sich für den nächsten Treck, der in Saalfelden schon wieder vorbereitet wird.

Offiziell geht an dieser Route alles seinen vorschriftsmäßigen Gang. Ab und zu schicken die Carabinieri Berichte nach Rom, dass sie Ausländer beim unerlaubten Grenzübertritt erwischt hätten. Stets kommt daraufhin aus dem Innenministerium die Anordnung, diese Illegalen umgehend wieder nach Österreich zu bringen. Um den Schein zu wahren, ziehen die Beamten dann mit einer Gruppe kurz vor Einbruch der Dunkelheit in Richtung Krimmler Tauern los. Wenn die Nacht hereingebrochen ist, setzen sie die Leute augenzwinkernd in einem Waldstück aus. Sie wissen, die werden sehr schnell wieder ihre Kontaktleute finden. Dann kehren die Carabinieri nach Kasern um und melden Rom den gewünschten Vollzug.

Mitarbeiter der britischen Botschaft in Italien verfolgen mit ohnmächtiger Wut, wie an diesem Schlupfloch in den Alpen die Grenzblockaden umgangen werden. Sie trauen all den Nachrichten über angebliche Zurückweisungen nicht, die sie regelmäßig aus dem italienischen Innenministerium erhalten. Daher stellen sie in Krimml, auf der österreichischen Seite, eigene Ermittlungen an. Kein einziger Flüchtling, so heißt es dort, sei jemals vom Krimmler Tauern zurückgekommen.

SELTSAME KURGÄSTE

Meran, Juli 1947

Dieses Sanatorium ist wie ein Denkmal, das für jüdischen Geist im besten Sinn des Wortes steht. Es wurde 1909 als *Asyl für mittellose kranke Israeliten* errichtet. Die Patienten litten an Tuberkulose, konnten die Kur aber nicht selber bezahlen. Der Befall der Lunge durch Bakterien war damals, zumindest in der gesellschaftlichen Unterschicht, die häufigste Infektionskrankheit. Reiche jüdische Familien in Frankfurt und Wien, Paris und Prag, Moskau, Budapest und New York spendeten Geld für die neue Heilstätte. Die Standards des Hauses waren spitze für jene Zeit. Jedes Stockwerk hatte fließend Warm- und Kaltwasser, alle Badewannen, Duschen und Schränke waren aus Emaille, und die Fußböden hatte man so isoliert, dass sich in ihnen keine Keime einnisten konnten.

Am Anfang des 20. Jahrhunderts war Meran nicht nur eine der besten Kuradressen. Es war eine Stadt, in der das Unternehmertum blühte, und die mehr als 1000 Juden, die in ihr lebten, hatten einen großen Anteil daran. Die Familie Biedermann war mit ihrem Bankhaus

Sanatorium mit Park: Die jüdische Lungenheilstätte in Meran, 1909 errichtet, war im Krieg ein Lazarett der Wehrmacht (links).

Badewannen aus Emaille: Die Einrichtung der Klinik entsprach den höchsten technischen Standards jener Zeit (rechts).

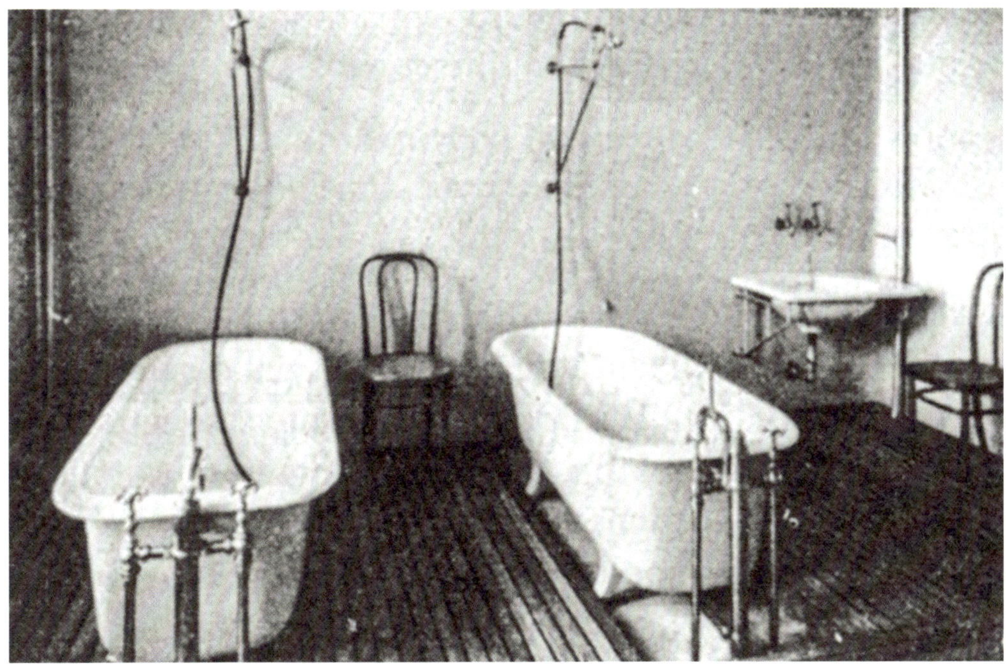

ein Motor der Entwicklung. Die Familie Bermann führte das Hotel „Starkenhof" und das Hotel „Bellaria", das über einen jüdischen Betsaal und ein rituelles Bad verfügte. Die Familie Schwarz finanzierte den Bau von Eisen- und Standseilbahnen im Raum Bozen, die Strecke zwischen Mori, Arco und Riva del Garda, die Mendelbahn von St. Anton hinauf zum Pass, die Virglbahn von Bozen auf den beliebtesten Ausflugsberg der Stadt.

All das ist Geschichte, aus und vorbei. Den ersten Schlag, um das jüdische Leben auszulöschen, führten die italienischen Faschisten mit den Rassengesetzen von 1938. Der zweite und letzte Schlag kam von den deutschen Faschisten, als die Wehrmacht 1943 Norditalien besetzte und die Deportationen begannen. Bei Kriegsende war die Synagoge geplündert, das Archiv zerstört, der Friedhof völlig verwahrlost, und in Meran lebten gerade noch sieben oder acht Juden.

Jetzt aber, gut zwei Jahre später, scheint es von Juden nur so zu wimmeln. Dreh- und Angelpunkt ist das Sanatorium, das einst Weltruf hatte und dann den Deutschen als Lazarett dienen musste. Der *Joint* hat es in seine Obhut genommen und restauriert. Seither herrscht hier ein seltsames Treiben. Ja, es ist ein neues jüdisches Leben aber eines, wie man es in Meran noch nie gesehen hat.

Fast in jeder Nacht kommen Busse an, deren Seitenwände das Rotkreuzzeichen tragen. Die Chauffeure haben Papiere, die besagen, dass sie im Auftrag der UNRRA unterwegs

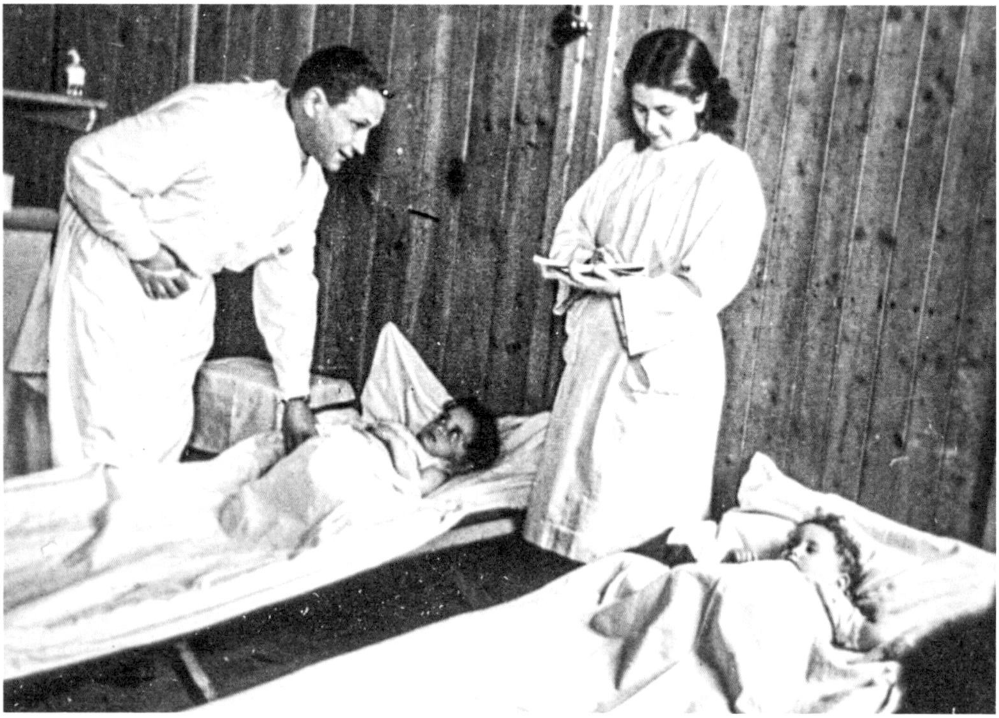

Gefürchtete Seuche: Ärztliche Visite bei infizierten Kindern. Die Tuberkulose grassiert in fast allen Flüchtlingslagern (oben).

Leiden und lauschen: Junge Tbc-Patienten sind auf Liegestühle gebettet und in Decken eingewickelt. Eine Krankenschwester liest ihnen Geschichten vor (unten).

sind. Die Namen der Passagiere stehen auf Listen, aus denen stets hervorgeht, dass es sich um Tbc-Patienten handelt. Sie werden, so die offizielle Version, nach Meran zum Kuren gebracht.

In der Tat, die Tuberkulose zählt zu den Epidemien, die in den DP-Lagern am häufigsten grassieren. Aber die Leute, die da ausgeladen werden, sind mitnichten Kurgäste. Sie sind bislang immerzu aus dem Norden gekommen, lange Zeit über den Reschenpass und durch den Vinschgau, nun kommen sie über den Krimmler Tauern, durch das Ahrn-, Puster- und Eisacktal, 250 bis 500 sind es jede Woche. Nach acht oder zehn Tagen fahren sie immerzu weiter gen Süden, nach Mailand oder Bologna, zu einem UNRRA-Lager oder einer jüdischen Farm, der nächsten Station auf dem Weg zu einem Schiff. Das Transitnetz wurde ausgebaut bis zu Häfen in der Toskana und an der Adria, in Apulien, Kampanien und Kalabrien. Man spricht inzwischen schon von einer richtigen „Untergrundbahn", mit der die Juden in Italien unterwegs sind.

Die „Gäste" des Sanatoriums in Meran flanieren nie auf der Passerpromenade. Sie bummeln nie durch die historischen Lauben, die die Grafen von Tirol vor 700 Jahren errichten ließen. Sie lassen sich überhaupt nur ganz selten in der Stadt blicken, denn jeder Spaziergang ist mit unwägbaren Risiken verbunden. Wenn sich wirklich mal ein Jude oder eine Jüdin traut, das Ausgehverbot zu missachten, fallen sie den Einheimischen sofort auf. Die Person geht nicht in der Mitte eines Gehsteigs, sondern dicht an der Hausmauer entlang, immer im schützenden Schatten, immer in Eile, von Blicken getrieben. Oder sie geht nur mit gesenktem Kopf, die Augen auf den Boden geheftet, als ob sie dort ein Stückchen Brot zu finden hofft – sei es zum Essen, sei es zum Verkaufen. Die Meraner schütteln darüber nur den Kopf. Sie ahnen nicht, was ein paar Jahre mit Menschen anrichten können, die jeden Tag die Gestapo, das Lagerleben und die Henker vor Augen hatten.

Walter Götz ist Spross einer alteingesessenen jüdischen Meraner Familie. Er ist einer der wenigen, die den Nazis entkommen konnten, bei Kriegsende kehrte er aus dem Schweizer Exil in seine Heimatstadt zurück. Als die ersten Flüchtlinge in dem Sanatorium eintrafen, startete er bei Kaufleuten, die er von früher kannte, eine Sammelaktion. Ein Obsthändler gab ihm eine Kiste mit Orangen, Götz schenkte sie einer Gruppe von Kindern aus Osteuropa, und die verschlangen die Früchte samt Schale, denn sie hatten so etwas noch nie gegessen. Plötzlich sah er sich von ihnen eingekreist, die Kinder fassten sich an den Händen und begannen für ihn den *hora*, den traditionellen Reigentanz, Höhepunkt einer jeden jüdischen Familienfeier. Er war so gerührt, dass er schwor, diesen Leuten zu helfen, wo er nur konnte.

Götz reihte sich ein in das Netz der Schleuser, die in Meran den Transit organisieren. Die

Tbc als Tarnung: Rot-Kreuz-Wagen auf dem Weg nach Meran. Im Südtirol der Nachkriegszeit werden sie häufig für illegale Transporte benutzt (oben).

Orangen vom Obsthändler: Walter Götz (im Bild ganz rechts), Vertreter der jüdischen Gemeinde in Meran, hält eine Rede zur Wiedereröffnung des Genesungsheims 1946. Er hilft den Schleusern mit Rat und Tat (unten).

Schlüsselfiguren sind Danny Laor und Samy Levi, zwei Agenten der *Bricha*. Sie tragen beide US-Militäruniformen, das erleichtert ihre Arbeit ganz erheblich, und so wissen sie auch immer, welche Polizeieinheiten wann und wo an der Grenze patrouillieren. Der Direktor des Sanatoriums, Sydney Gottlieb, ist ein Militärarzt, der mit den britischen Truppen die noch lebenden Häftlinge des KZs Bergen-Belsen befreite und danach zum Tuberkulosespezialisten wurde.

Die Präfektur von Bozen, die dem Innenministerium untersteht, weiß ziemlich genau, was da vor ihren Augen in Meran abläuft. Aber alle Versuche, die „Untergrundbahn" zu stoppen, sind zum Scheitern verurteilt. Das Netz, das die Juden gebaut haben, ist nicht zu zerschlagen. Niemand hat einen genauen Überblick, wie weit und wie tief es reicht. Niemand weiß genau, wie viele *Displaced Persons* sich überhaupt in Italien aufhalten. „Zuverlässige Schätzungen sagen, dass es mehr als Hunderttausend sind, aber ebenso zuverlässige Schätzungen sprechen von ungefähr einer Million", schreibt der Geheimdienstler Vincent La Vista, der in Italien für das amerikanische Außenministerium tätig ist, in einem Bericht. „Es gibt absolut keine Möglichkeit zu sagen, wer in Italien eine legitime *Displaced Person* ist und wer nicht. Es sind so viele gefälschte Pässe und Personaldokumente im Umlauf, dass ihre genaue Zahl nie bekannt werden wird."

So erlebt Meran einen wahren Ansturm von Kurgästen. Man sieht sie nur nicht kuren. Man sieht sie eigentlich überhaupt nicht.

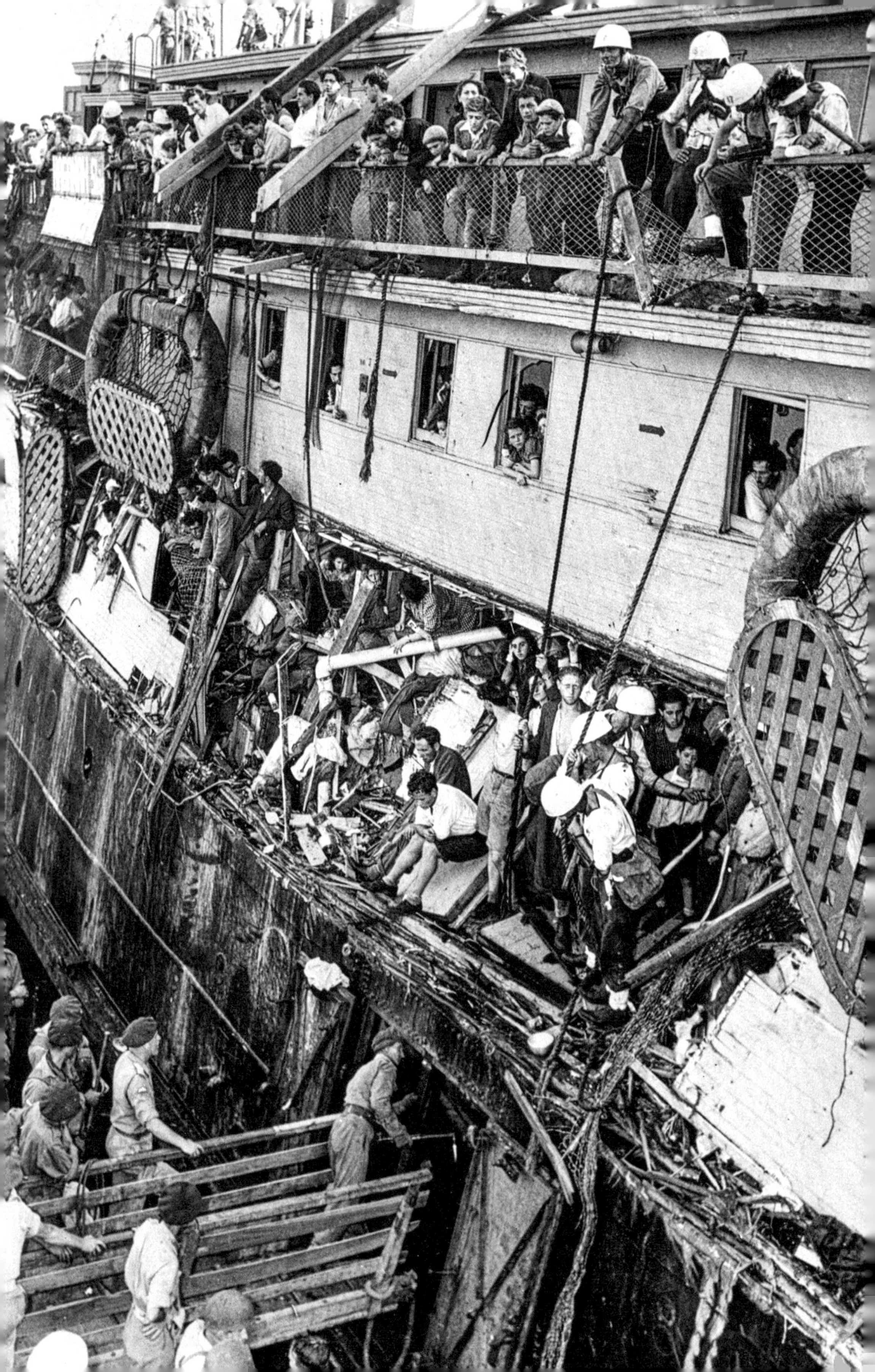

„AUSCHWITZ AUF DEM WASSER"

Haifa, Juli 1947

Es ist eine absurde Konfrontation, 17 Meilen vor der Küste Palästinas. Ein Showdown, den offensichtlich beide Seiten wollen. Eine Schlachtordnung auf See, die es so noch nie gegeben hat.

Auf der einen Seite sechs wuchtige Kriegsschiffe, sie gehören zur britischen Mittelmeerflotte. Bordkanonen, Wasserbombenwerfer und doppelrohrige Panzertürme, aus denen Flakgeschütze mit dem Beinamen „Pom-Pom" ragen. Sie können zeitlich versetzt feuern, jeweils 115 Schuss pro Minute – das ist, als wäre die Luft nur noch ein Hagel aus sprühendem Metall.

Auf der anderen Seite ein total überfüllter Seelenverkäufer. Ein verschlissener, ausgemusterter Truppentransporter, der vor seinem Umbau ein Vergnügungsdampfer war und „President Warfield" hieß. Als Passagiere 4515 Juden, unter ihnen Waisenkinder, schwangere Frauen und Babys. Ein Gewimmel wie ein schwimmender Ameisenhügel. Aber Menschen mit einem eisernen Widerstandswillen. Die Treppen zu den Pritschen auf den vier Decks, die Wege zum Funkraum und Steuerhaus sind verrammelt, versperrt mit Netzen und Stacheldraht. Kartoffeln, Konservendosen und Flaschen, Bretter, Schrauben und Stangen liegen als Wurfgeschosse zur Verteidigung bereit. Rund um die Reling stehen „spanische Reiter", angespitzte Holzpfähle, x-förmig gespreizt und durch Längsstangen stabilisiert. Stahlrohre wurden ausgelegt, mit Düsen im Abstand von 30 Zentimetern, die Zufuhr aus Kesseln im Bauch des Schiffes erhalten – heiße Dämpfe und kochendes Öl sollen dem Feind entgegenschießen.

„Jetzi'at Eiropa 1947" steht in hebräischen Lettern auf dem Bug geschrieben, darunter die englische Version *„Exodus from Europe 1947"*. Dieses umgetaufte Schiff, sein neuer Name verkündet es, ist auf einer epochalen Reise. Es soll die Bibel wachrufen, den Auszug der Israeliten aus Ägypten. An einem Mast weht die Flagge der Zionisten, zwei blaue Querstreifen auf weißem Grund, dazwischen der Davidstern.

Die Fahrt der „Exodus" würde anders werden als die aller anderen Schiffe, mit denen Einwanderer bisher nach Palästina aufbrachen. Das wussten die Juden von vornherein, die diesen alten Dampfer kauften. Er war viel zu groß, um auf dem Mittelmeer unentdeckt zu bleiben. Er sollte die mit Abstand höchste Zahl von Immigranten transportieren. Dabei hat er nur 2,40 Meter Tiefgang, viel weniger als die Zerstörer der Briten. Der Plan war daher, nachts die Positionslichter zu löschen, den Beobachtern zu entwischen und im Schutz der

Gerammt und aufgebracht: das Flüchtlingsschiff „Exodus" im Hafen von Haifa.

Überfüllung unter Deck: Nie hat es mehr Menschen auf einem jüdischen Einwanderungsschiff gegeben (oben).

Live-Sendung im Radio: Die 4515 Passagiere der „Exodus" werden in Palästina zu Märtyrern (unten).

Die Briten bewusst provoziert: Ein verletzter Passagier wird von Männern in Uniform abgeführt.

Dunkelheit ganz nah an der Küste auf Grund zu laufen. Für den Fall, dass es nicht gelingen sollte, gab es eine zweite, nicht minder effektive Strategie: die Briten zur Gewalt zu provozieren, und zwar vor den Augen der Welt.

Die Briten haben die „Exodus" vom ersten Tag an verfolgt. Zunächst lag sie im italienischen Hafen Portovenere, wo schmale Kojen für die riesige Menschenfracht eingebaut wurden. Dann fuhr sie hinüber nach Frankreich, wo eine lange Lkw-Kolonne zur Küste unterwegs war. Als sie vor einer Woche den Hafen Sète mit ihrer Menschenfracht verließ, zog schon ein Flugzeug über ihr Schleifen, und Schiffe der *Royal Navy* eskortierten sie aus der Distanz. Auf See ist der Ring um die „Exodus" seither so dicht geworden, dass es kein Entwischen gibt. Die Mandatsherren von Palästina wollen zeigen, dass sie diese Masse von Menschen auf keinen Fall durchlassen werden. Die Juden aber wollen zeigen, dass sie sich auf keinen Fall abschrecken lassen. So schipperten die zwei Kontrahenten sieben Tage lang nebeneinander her – in Wahrheit aber aufeinander zu.

Jetzt, um drei Uhr morgens, beginnt die unvermeidliche, ungleiche Schlacht. Zwei Zerstörer rammen die „Exodus" von beiden Seiten. Die Briten haben auf Brückenhöhe Rampen für die Enterung errichtet. Ein erstes Kommando stürmt auf das Schiff, drei Soldaten schlagen Bill Bernstein tot, einen jungen

HAGANAH Ship
EXODUS1947
יציאת אירופה תש

Zurück im Land der Mörder: Flankiert von britischen Soldaten müssen die Juden in Hamburg aus dem Zug in Lastwagen umsteigen, die sie in zwei Internierungslager bringen (oben).

Geballte Fäuste: Im Lager Pöppendorf zeigen junge Juden ihre Wut am Zaun (unten).

Juden aus den USA, Mitglied der 39-köpfigen Crew, der sich ihnen entgegenstellt. Rasend vor Wut fallen Passagiere über die Täter her, prügeln sie zusammen und sperren sie im Steuerhaus ein; den Rest der Invasoren werfen sie über Bord.

An die 20 weitere Enterversuche scheitern, drei Stunden lang tobt der Kampf. Der Bordfunker der „Exodus" berichtet darüber ununterbrochen an die *Hagana*-Zentrale, und die strahlt das Drama als Radiosendung live in Palästina aus. Am Ende schleudern die Briten Gasgranaten auf das Deck und geben die ersten MG-Salven ab. Noch einmal rammen zwei Zerstörer das Schiff, durch Lecks in den Außenwänden sickert Wasser in die Laderäume. Ein zweites Kommando klettert an Bord, zwei Einwanderer sterben im Kugelhagel, nach heftigem Handgemenge liegen Dutzende von Verletzten in Blutlachen. Da kapituliert Kommandant Jossi Harel vor den überlegenen Waffen. Als sein Schiff in den Hafen von Haifa eskortiert wird, schaltet der 27-Jährige den Lautsprecher ein, und die Geschlagenen stimmen die *Hatikwa* an, das schicksalhafte Lied, das zur Hymne des Staates Israel werden soll.

Tausende von Juden feiern an der Mole von Haifa ihre Helden. In ganz Palästina werden britische Militärlager angegriffen und Ölleitungen zerstört. Ein Armeelastwagen wird in die Luft gesprengt, und in Jerusalem heulen nach Bombenanschlägen die Alarmsirenen. Derweil werden die festgesetzten Menschen auf drei Transportschiffe verteilt. Die „Empire Rival", die „Ocean Vigour" und die „Runnymede Park" sollen die lebende Fracht über das Meer zurückbringen. Als sie zwei Wochen später im französischen Hafen Port-de-Bouc eintreffen, weigern sich fast alle Passagiere, von Bord zu gehen, und treten in einen 24-stündigen Hungerstreik. Nur 130 Alte und Gebrechliche nehmen das Asyl an, das ihnen von Paris offiziell angeboten wird.

Drei Wochen lang dauert das diplomatische Gezerre, während die Schiffe vor Anker liegen. Die Briten beginnen zu ahnen, dass sie zwar den Kampf zu Wasser gewonnen haben, nicht aber den Kampf zu Land. Frankreichs Regierung weigert sich, die Passagiere mit Gewalt von den Schiffen zu holen. Die amerikanischen Zeitungen füllen sich mit erschütternden Berichten über die Zustände an Bord, wo sich auf den Böden Schlammschichten bilden und die Wolldecken vor Schmutz verkrusten. Die ganze Welt nimmt Anteil am Leid der Juden. Noch nie haben die Zionisten so viel Rückenwind gehabt. Eine kommunistische Zeitung in Frankreich titelt: „Auschwitz auf dem Wasser!"

Mit einem Mal sind die Briten ganz auf sich allein gestellt. Sie werden zu Gefangenen ihrer Härte. Wohin mit viereinhalbtausend trotzigen Menschen, die sich durch nichts von ihrem Ziel abbringen lassen? Es bleibt nur der Weg in ein Gebiet, über das London noch die volle Kontrolle hat. Das ist die britische Zone

„Hitlers Nachfolger“: Bei einer Kundgebung in der italienischen Hafenstadt Bari zeigt ein Transparent den britischen Außenminister Bevin im Zentrum eines Hakenkreuzes.

„Hitler commandos!“: Britische Soldaten schleppen in Hamburg einen widerspenstigen Juden an Land. Szenen wie diese führen zu weltweiter Empörung.

in Deutschland – ausgerechnet dem Land der Nazimörder.

Auf einem der drei Schiffe übermalen die Flüchtlinge die britische Flagge mit einem Hakenkreuz. John Coulson, ein Mitarbeiter der britischen Botschaft in Paris, warnt seine Regierung dringend vor dem Ziel. So eine Entscheidung, schreibt er nach London, werde einen „heftigen feindlichen Ausbruch in der Presse“ zur Folge haben. Dafür braucht es in der Tat keine seherische Gabe. Fast 200 Reporter drängen sich im Hamburger Hafen, als dort die drei Schiffe einlaufen. Vor surrenden Kameras müssen 300 Militärpolizisten sich die Hände schmutzig machen, während Jazzmusik aus riesigen Lautsprechern dröhnt. Die Soldaten zerren schreiende, weinende Juden von Bord, die wild um sich schlagen und treten. Die Briten, einst als Befreier gekommen, schleppen KZ-Überlebende ins Land ihrer schlimmsten Feinde zurück. Ein Imagedesaster der höchsten Kategorie, weniger als drei Jahre nach dem Ende des Holocaust. *„Sadists!“*, gellt es auf Englisch über die Kaimauer. *„Gentlemen fascists! Hitler commandos!“*

Die Juden rollen, wie einst unter der SS, in Zügen durch das Land. Sie haben die Essensrationen, die das Rote Kreuz in die Waggons brachte, wütend auf den Bahnsteig geworfen. Am Bahnhof Lübeck-Kücknitz müssen sie in Lastwagen umsteigen, die sie in zwei

IL SUCCESSO
DI HITLER
Mr. BEVIN

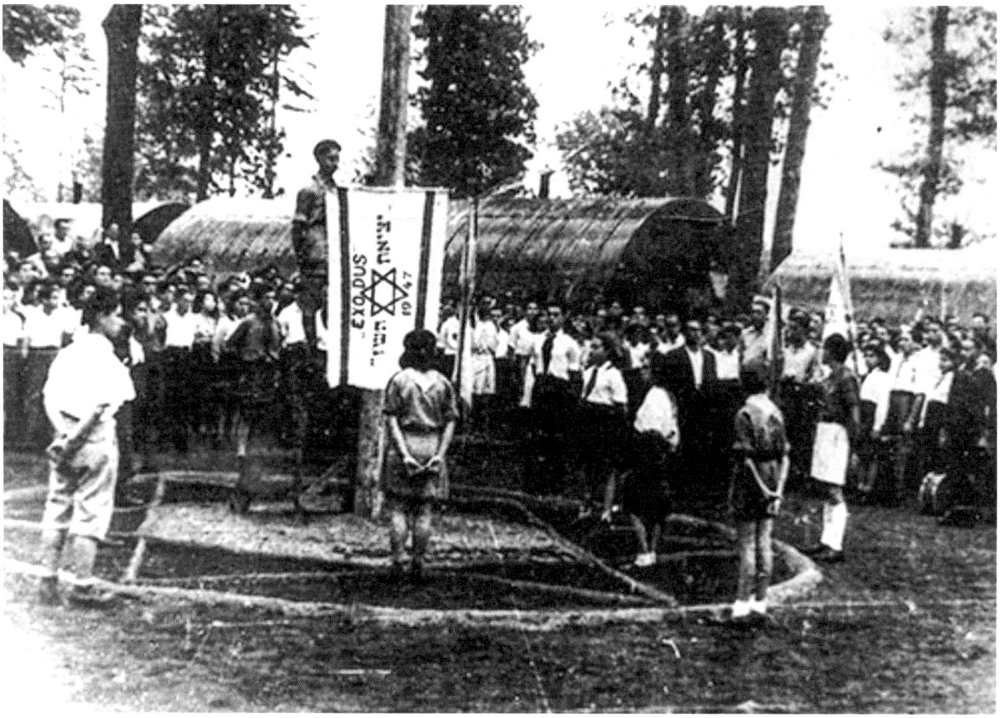

מעפילים פון עקזאדוס!
מיר זיינען מיט אייך!
פועלי ציון
בערגן-בעלזן

„Wir haben keine Wahl": Internierte „Exodus"-Passagiere hissen im Lager Pöppendorf die zionistische Flagge (oben).

Moralische Sieger: Juden im Lager Belsen demonstrieren gegen das Vorgehen der Briten (unten).

Durchgangslager bringen; das eine, Pöppendorf, liegt im Waldhusener Forst, das andere, „Am Stau", auf der Herreninsel in der Untertrave. Auf jedem Lkw sitzen zwei Bewaffnete mit Maschinengewehren. Damit die Juden nicht aus den Camps fliehen können, werden Wachtürme gebaut, zwei Meter hohe und vier Meter breite Stacheldrahtreihen gezogen. Die Niederlage der Briten in La Spezia war eine Lappalie im Vergleich zu dieser politischen Katastrophe.

„Es gibt etwas, das stärker ist als die britische Armee und die britische Marine", hat David Ben-Gurion vor einiger Zeit dem Kolonialminister Arthur Creech Jones gesagt. „Es ist das jüdische Bewusstsein, dass wir keine Wahl haben."

Die inhaftierten Juden kommen nach und nach in den folgenden Monaten frei. London aber wird immer mehr zum Gefangenen seiner eigenen Politik. Die „Exodus"-Affäre macht den Briten endgültig klar, dass sie in einer Sackgasse stecken. Aus ihr führt ein Weg nur noch rückwärts heraus.

Ende September jagen, als Rache für das Schicksal der „Exodus", jüdische Terroristen in Haifa das zehnstöckige Hauptquartier der britischen Polizei in die Luft. Zehn Tote und 54 Verletzte lautet die blutige Bilanz. Die Attentäter haben zum ersten Mal Fassbomben verwendet, die mit Metallteilen gefüllt sind. Die Sprengkörper wurden aus Lastwagen geworfen und hatten bei der Explosion einen besonders verheerenden Streueffekt. Aber die Welt kennt in diesen Wochen nur einen Bösewicht – und der sitzt an der Themse.

London ist nun fest entschlossen, sein Mandat für Palästina an die Vereinten Nationen zurückzugeben. Seine 100.000 Soldaten und Polizisten sollen nicht länger zwischen den Fronten zerrieben werden. Es ist ein Rückzug aus Ratlosigkeit. Die Flucht vor einem Problem, das der Regierung über den Kopf gewachsen ist. Die Juden freuen sich, dass ein Gegner das Feld räumt. Nur wenige von ihnen ahnen, dass sie dafür einen neuen, noch viel heftigeren Gegner bekommen werden.

DER INNERE FEIND

Gnadenwald, September 1947

Wer von Feinden umgeben ist, braucht geschlossene Reihen. Die Geschichte liefert endlos viele Beispiele dafür. Jeder Stammesführer, jeder König, jeder Staatschef kann ein Lied davon singen. Man muss einig sein im Innern, wenn man dem Gegner draußen trotzen will. Ansonsten läuft man Gefahr, dass er die Zwistigkeiten, die daraus folgende innere Schwäche zu seinen Gunsten nutzt. Doch es gibt ein Volk, das sich dieser Erkenntnis immer wieder zu widersetzen scheint. Vermutlich gibt es kein anderes Volk auf der Welt, das sich den Luxus des ständigen Streits so lustvoll leistet wie die Juden.

Hat Moses die ganze Glaubenslehre auf dem Berg Sinai erhalten, wörtlich und in einem einzigen Akt – oder gibt es eine evolutionäre, immerzu fortschreitende Offenbarung Gottes? Sind die rituellen Gesetze zeitlos und unveränderlich – oder können sie im Lauf der Epochen verändert werden? Hat am Sabbat nur die Arbeit zu ruhen – oder jedes planvolle, zielgerichtete Tun überhaupt? Es sind Tausende von religiösen Fragen, über

Konflikte am Karwendel: Im Tiroler Dorf Gnadenwald (Foto ca. 1960) streiten Juden um die Macht – und um Liegeplätze auf den Schiffen (links).

Ideologische Kluft: Die Lagerbewohner im Ex-Hotel „Wiesenhof" wirken nach außen wie eine geschlossene Gemeinschaft – doch sie sind gespalten (rechts).

die man als Jude verschiedener Meinung sein kann.

Was ist die richtige Sprache, in der ein Jude sich ausdrücken soll? Ist es die Sprache des Landes, in dem er oder sie geboren wurde? Ist es das Jiddisch der osteuropäischen, das Ladino der sephardischen Juden – oder nur das Hebräisch, die einigende Klammer? Es gibt jüdische Gruppen, Kreise, Kulturverbände, die sich wegen dieses Themas gründen oder spalten.

Wie hat ein richtiger *Kibbutz* auszusehen? Ist es ein radikales, kommunistisches Kollektiv – oder soll doch noch Platz bleiben für Individualität? Seit Jahrzehnten schon tobt diese ideologische Auseinandersetzung, die bis in jüdische Parteien hineinreicht.

Haben Juden überhaupt das Recht, sich einen Staat zu errichten – oder darf das nur der Messias selber, wenn er am Tag der Erlösung kommt? Sollen auch Araber einen Platz haben im ersehnten *Eretz Israel* – oder ist es ein Land, das nur den Juden gehört?

Selbst die Zionisten, die sich allesamt einem großen Traum verschrieben haben, teilen sich in viele Organisationen auf, die sich politisch bekämpfen. Da sind die Rechts-Zionisten von *Betar*, die Links-Zionisten von *Gordonia* und *Haschomer Hatzair*, mehr religiös orientierte Gruppen wie *Agudath Israel*. Immer länger wird die Liste neu gegründeter Parteien und parallel dazu die Liste der Abspaltungen. Dazu kommt die tiefe Kluft, die sich auftut zwischen der *Hagana* und radikalen, gewaltbereiten Gruppen wie *Irgun* und *Lechi*. Das sind Konflikte, die nicht immer nur mit geistigen Waffen ausgetragen werden.

Die Bewohner der Tiroler Dörfer, die zwischen dem Karwendel und den Tuxer Alpen liegen, bekommen so gut wie nichts davon mit,

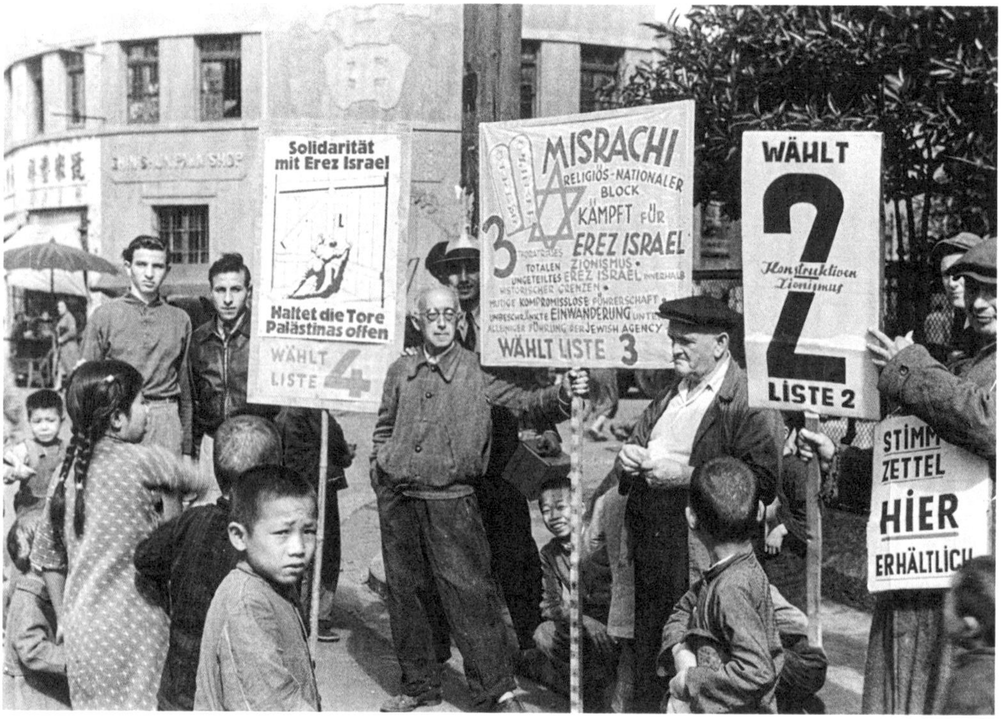
Solidarität mit Erez Israel
Haltet die Tore Palästinas offen
WÄHLT LISTE 4
MISRACHI
RELIGIÖS-NATIONALER BLOCK
KÄMPFT FÜR EREZ ISRAEL
3
WÄHLT LISTE 3
WÄHLT
2
Konstruktiven Zionismus
LISTE 2
STIMMZETTEL
HIER
ERHÄLTLICH

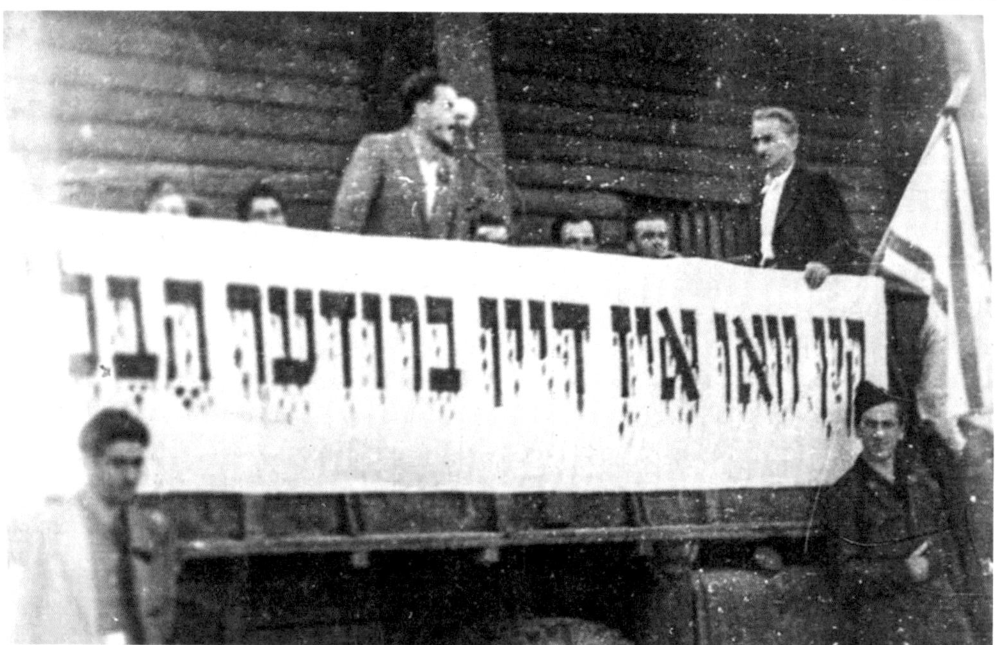

קין וואו איז דיין ברודער הבל

Nicht nur geistige Waffen: Wahlkampf zwischen jüdischen Gruppen in einem Flüchtlingslager (oben).

„Schrecklicher Brudermord“: Demonstration im Lager Saalfelden gegen die Attacke von Gnadenwald (unten).

welche geistigen und politischen Machtkämpfe unter den Juden toben. Das Hotel „Wiesenhof“ in Gnadenwald dient der *Bricha* als Operationsbasis, denn der Ort ist ein Knotenpunkt, von wo es mit Konvois über die Alpen nach Italien geht. Die eine große Schleuserroute führt von Salzburg hierher, die andere aus dem bayerischen Mittenwald. Eifersüchtig versuchen die verschiedenen Gruppen, die in diesem Camp präsent sind, möglichst viele Sitzplätze im nächsten Konvoi nach Italien, möglichst viele Liegeplätze auf dem nächsten Schiff nach Palästina zu ergattern. Es geht um Zuteilungsquoten, die immer wieder neu ausgehandelt werden, je nach Größe und Einfluss der Organisation, der sich die Flüchtlinge zugehörig fühlen. Weil *Betar* und *Irgun* mit ihren Quoten unzufrieden sind, beschließen sie kurzerhand, den ganzen „Wiesenhof“ unter ihre Kontrolle zu bringen.

Für ihre Attacke haben sie sich die Nacht zum 27. September, ausgerechnet den Sabbat, ausgesucht. Frühmorgens um drei stürmen 100 Bewaffnete, die meisten aus Rumänien stammend, den einstigen Hotelbau. Erst sperren sie das Personal im Speisesaal ein, dann schießen sie sich den Weg zum Büro des Lagerkommandanten frei. Sie strecken zwei Leute nieder und jagen dem Funker Ethan Awidow eine Kugel in den Kopf. Für ein paar Stunden ist das ganze Gelände in Aufruhr. Dann nehmen französische Militärpolizisten, die alarmiert wurden, den Großteil der Täter fest.

„Tief erschüttert teilen wir der jüdischen Öffentlichkeit mit“, dass es in Gnadenwald einen „schrecklichen Brudermord“ gegeben habe. So heißt es in einem Flugblatt, das nach der Tat vom Zentralkomitee der Juden verteilt wird. „Das erste Mal in der Geschichte der *Sche'erit Hapletah* in Österreich stehen wir am Grab eines von Juden ermordeten Juden.“ Es sei eine „grausame Tat, die die Grundlage der jüdischen Moral zerstört“.

Die *Hagana* beginnt, alle *Bricha*-Zentren unter die eigene Kontrolle zu bringen. Die „Schlacht vom Wiesenhof“ hat offengelegt, dass sich manchmal auch Freunde untereinander nicht trauen. Welches Kapital wird der Feind daraus schlagen?

„Das ist der wahre ‚Mapai‘-Stil!“: Protestplakat gegen die stärkste politische Partei der Juden.

FEUER UND FLAMME

New York, November 1947

Die Vereinten Nationen stecken noch in den Kinderschuhen. Keine zwei Jahre ist es her, dass sie unter dem englischen Namen *United Nations Organization* (UNO) aus der Taufe gehoben wurden. Nach dem traurigen Ende des Völkerbundes sind sie ein neuer Versuch der Staatengemeinschaft, ein weltumspannendes Forum zur Erhaltung des Friedens zu schaffen. Oberstes Ziel ist, wie es in der Charta heißt, „künftige Geschlechter vor der Geißel des Krieges zu bewahren, die zweimal zu unseren Lebzeiten unsagbares Leid über die Menschheit gebracht hat".

Nun steht die UNO, mit der so viele Hoffnungen verknüpft sind, vor ihrer ersten großen Herausforderung. Sie soll zur Gründungspatin zweier Staaten werden, die eigentlich nur die Geografie verbindet und ansonsten Welten trennen. Die Briten haben ihr Palästinamandat, das sie 1920 vom Völkerbund erhielten, an dessen Rechtsnachfolger zurückgegeben. Damit hat die UNO das Problem am Hals.

Teilung am Kartentisch: Die UN-Vollversammlung in New York beschließt, zwei Staaten in Palästina zu gründen (links).

Jubel bei den Juden: Die Radionachricht wird in Tel Aviv von einer begeisterten Menge gefeiert (rechts).

Was sie da lösen soll, ist wie die Quadratur des Kreises. Die Briten haben, um Verbündete zu gewinnen, bei der Mandatsübernahme sowohl den Juden als auch den Arabern versprochen, dass sie in Palästina ihren Staat bekommen würden. Seit Hitlers Vernichtungsfeldzug pochen die Juden so laut wie nie zuvor darauf. Die Araber haben zwar mit den Nazis kollaboriert, sehen aber partout nicht ein, dass sie es nun sein sollen, die für den Holocaust bezahlen.

Die UNO hat es trotzdem versucht und einen Sonderausschuss gegründet. Die elf Mitglieder sind den Sommer über, als Londons Entscheidung schon gefallen war, durch Palästina gereist. Nach den Gesprächen, die sie mit Juden und Arabern führten, kamen sie mehrheitlich – mit sieben gegen vier Stimmen – zu dem Ergebnis, dass es unmöglich sei, zwei verfeindete Völker gemeinsam in einem einzigen Staat leben zu lassen. So blieb nur der Plan, Palästina zu teilen. Das Papier trägt den Namen „Resolution 181". Es liegt der Generalversammlung vor, die im UN-Wolkenkratzer am New Yorker East River tagt.

Der Teilungsplan ist ein gut gemeinter Versuch am Kartentisch. Er soll beiden Seiten das Gefühl geben, fair behandelt zu werden. Doch geopolitisch gesehen birgt er schon das Scheitern in sich. Er zerstückelt Palästina in Gebiete, die keine natürlichen Grenzen haben – im Ernstfall wird es unmöglich sein, sie militärisch zu verteidigen.

Ende des Wartens: In europäischen Flüchtlingslagern demonstrieren Juden Solidarität – wie hier in Landsberg.

Die Juden sollen die Küstenebene erhalten, die sie zum großen Teil schon fruchtbar gemacht haben, dazu das östliche Galiläa im Norden und die Negev-Wüste im Süden, die bislang praktisch ohne Besitzer war und in der so gut wie kein Leben herrscht. Die Araber sollen das Bergland von Judäa und Samaria bekommen, dazu das westliche Galiläa, ein Stück der südlichen Küste und einen Wüstenstreifen entlang der ägyptischen Grenze. Jerusalem und seine religiösen Stätten, die beiden Seiten heilig sind, soll eine internationale Zone unter Verwaltung der UNO werden. Die zwei Staaten sollen immerhin durch eine Zoll- und Währungsunion verbunden sein und ihre Infrastrukturen gemeinsam betreiben, von der Wasser- und Stromversorgung bis hin zu Post und Telefon. Rein flächenmäßig gesehen werden 43,53 Prozent des Landes den Arabern und 56,47 Prozent (allerdings eingerechnet die menschenleere Negev-Wüste) den Juden zugesprochen.

Bei der Abstimmung in der UNO haben die Befürworter eine klare Mehrheit. 33 Staaten votieren für den Plan, darunter die USA, die Sowjetunion und fast alle Länder Europas. 13 Staaten votieren dagegen, darunter Griechenland und Indien, muslimische Länder wie der Iran, Pakistan und die Türkei, vor allem aber alle sechs arabischen Mitgliedstaaten. Zehn Delegierte enthalten sich, darunter

„Das bedeutendste Ereignis der jüdischen Geschichte“: In Österreich machen Zionisten den UN-Beschluss mit Plakaten bekannt.

Jugoslawien, China und Mexiko sowie Großbritannien als „neutrale" Mandatsmacht.

Palästina hat in der UNO weder Sitz noch Stimme. Es könnte auch gar nicht mit einer Stimme sprechen. Die meisten der mittlerweile 650.000 Juden, die dort leben, akzeptieren den Plan. Die meisten der gut eine Million Araber hingegen lehnen ihn rundweg ab. Ihre Gründe hat Mohammed Fadhel el-Dschamali, Präsident der Arabischen Liga, schon auf einen Nenner gebracht: Die Schaffung eines jüdischen Staates in Palästina sei für die Araber eine „Bedrohung ihrer politischen und wirtschaftlichen Eigenständigkeit", und daher werde man ihn nicht dulden – „weder heute noch zu jedem anderen Zeitpunkt in der Zukunft".

Die Zionisten wissen nun definitiv, dass sie *Eretz Israel* nicht geschenkt bekommen. Im Nahen Osten macht der Ruf nach dem islamischen *Dschihad*, dem „Heiligen Krieg", die Runde. Wenn sie den Traum von Theodor Herzl verwirklichen wollen, haben die Juden in den Ländern ringsum eine erdrückende Mehrheit von Muslimen gegen sich: 400.000 in Jordanien, 500.000 im Libanon, drei Millionen in Syrien, fünf Millionen im Irak, 17 Millionen in Ägypten.

So erlebt die UNO zum ersten Mal, wie machtlos auch sie wieder ist, wenn nicht alle Staaten an einem Strang ziehen. Keine Abstimmungsmehrheit in New York kann eine Lösung erzwingen, wenn bestimmte Akteure in einer Region sie so nicht wollen.

Schon am Tag nach dem UN-Beschluss müssen in Jerusalem britische Militärpolizisten arabische Jugendliche mit Panzerwagen

Feier und Feuer: triumphierende Juden in Jerusalem. Doch schon am selben Tag kommt es zu blutigen Auseinandersetzungen mit den Arabern.

und Stockschlägen daran hindern, in jüdische Viertel einzudringen. Die jüdische Selbstschutzorganisation *Hagana*, die ja eigentlich verboten ist, patrouilliert dort jetzt ganz offen mit ihren Waffen. 50 jüdische Geschäfte gehen dennoch in Flammen auf – und als Vergeltung das „Rex", das größte arabische Kino der Stadt. Die britischen Militärfeuerwehren, hastig aus allen Teilen des Landes herbeigeholt, kommen mit dem Löschen gar nicht mehr nach.

Die palästinensischen Städte Nablus, Tulkarm und Dschenin werden von den Arabern zu Festungen ausgebaut. Ein Trupp bewaffneter Juden überfällt das Dorf Tireh bei Haifa mit Handgranaten und MG-Feuer, am Ende sind zwölf Araber tot und sechs schwer verwundet. Auf den Straßen Palästinas legen arabische Milizionäre Hinterhalte, um jüdische Versorgungskonvois zu stoppen. Daher fordert die *Jewish Agency* von den Briten, sie sollten zum Schutz vor Anschlägen alle Verkehrsadern mit Soldaten besetzen und mit Flugzeugen überwachen.

In Jordanien beginnt ein dreitägiger Proteststreik gegen das Votum von New York. In Beirut, der Hauptstadt des Libanon, demonstrieren aufgeputschte Massen. In Damaskus, der Hauptstadt Syriens, richten Schüler und Studenten Rekrutierungsbüros für Freiwillige

M·729P

Lob für die Vereinten Nationen: Im Lager Saalfelden organisieren Juden eine Kundgebung (oben).

Erfüllung von Herzls Traum: Jüdische Sprecher stehen auf einem Lastwagen, der mit einem Porträt des zionistischen Visionärs geschmückt ist (unten).

ein. In Bagdad, der Hauptstadt des Irak, meldet sich eine Vereinigung „Rettet Palästina!" bei der Nachrichtenagentur Reuters mit der Ankündigung, 500.000 Kämpfer stünden für den Krieg gegen die Juden bereit; sie würden von arabischen Stammesführern bewaffnet, Offiziere aus Großbritannien, Indien und den USA würden sie in die Schlacht führen. „Es ist die Pflicht aller jungen arabischen Männer, nach Palästina zu gehen, um zu kämpfen", sagt Abdul Rahman Assam, Generalsekretär der Arabischen Liga.

Ägyptens Premier Nokraschi Pascha kündigt vor dem Parlament an, seine Regierung werde Palästina auch im Fall einer Teilung nur als ein einziges, und zwar arabisches Land anerkennen. Ibrahim Attalah Pascha, der Generalstabschef der ägyptischen Streitkräfte, fährt demonstrativ in die Grenzstadt El-Arisch, um dort eine Garnison zu inspizieren. In Alexandria drängen sich Tausende von Studenten vor dem Palast Ras at-Tin, um König Faruk ein Memorandum zu überreichen. Darin fordern sie Geld und Gewehre für die Freiwilligen, den Abbruch aller Beziehungen zu den Ländern, die für den Teilungsplan gestimmt haben, und die Konfiszierung allen jüdischen Eigentums in Ägypten.

Es bleiben gerade mal sechs Monate, bis die Briten aus Palästina abziehen werden. Sechs Monate, in denen sich das Schicksal der Juden entscheiden wird. Zumindest sehen die Zionisten es so. Sie sind entschlossen, die letzte große Chance zu nutzen, die ihnen die Geschichte bietet. Für sie ist es die Endlösung der Judenfrage – nur eben ganz anders, als Hitler sie wollte.

„Hilf Palästina befreien": Plakat mit einem Spendenaufruf der zionistischen Bewegung in den USA.

TREUESCHWUR BEI NACHT

Königsdorf, Dezember 1947

Wie sich die Zeiten ändern! Die Einwohner erinnern sich noch gut daran, was da einst auf der großen Wiese etwas abseits ihres Ortes los war. Jeden Sommer wurde sie zu einem riesigen Zeltplatz für junge Leute. Das Hochlandlager, wie es hieß, hatte in ganz Deutschland einen Klang. Es kamen junge Burschen in kurzen Cordhosen und kakifarbenen Hemden, jeder trug ein Fahrtenmesser am Lederkoppel. Es kamen junge Mädchen in weißen Blusen und marineblauen Röcken, jedes trug einen blauen Gürtel und ein schwarzes Halstuch mit braunem Lederknoten. Am linken Ärmel blitzte bei allen das Hakenkreuz, das von einer roten Armbinde abstach.

Das Hochlandlager war ein pittoreskes Stück Oberbayern, direkt an der Isar gelegen. Hier schulte die NSDAP vier Wochen lang ihre Nachwuchselite, Führungskräfte der Hitlerjugend. Hier wurden Sportwettkämpfe und Geländespiele veranstaltet, um die Teilnehmer körperlich fit zu machen, und es gab ideologischen Unterricht, um sie auf die Linie der

Nahkampf mit Holzknüppeln: Im Hochlandlager an der Isar trainieren Rekruten für den militärischen Einsatz in Palästina (links).

Drill für das gemeinsame Ziel: Jüdische Kinder aus dem Lager Rosenheim üben im Sportunterricht den Gleichschritt (rechts).

Partei zu trimmen. Das Motto, unter dem solche Sommercamps standen, hieß „Disziplin und Glaube".

Nun herrscht an diesem Fleck wieder ein seltsames Treiben, und zwar nicht nur im Sommer, sondern auch im Winter. Man tuschelt sich darüber in Königsdorf einiges zu. Aber niemand weiß es so ganz genau, und niemand will es ganz genau wissen. Man hat gelernt, sich besser herauszuhalten, wenn es um Dinge geht, die von woanders herkommen und woanders entschieden werden.

Jeden Morgen um fünf Uhr ist auf der Wiese Appell. Dabei wird die blau-weiße Flagge mit dem Davidstern gehisst. Vor dem Frühstück rennen junge Männer und Frauen erst mal zehn Kilometer durch den Wald. Dann teilen sie sich in Gruppen auf, und das tägliche Ausbildungsprogramm beginnt.

Das Hochlandlager hat seinen Namen behalten. Freilich dient es nun einem ganz anderen Zweck. Offiziell ist es schon seit längerer Zeit ein *Kibbutz*, administrativ angebunden an das zwölf Kilometer entfernte Lager Föhrenwald. Aber was da jetzt hinter dieser Fassade vorgeht, hat mit Hacken, Pflügen und Melken nur sehr wenig zu tun. Dafür wiederum viel mit Disziplin und Glaube.

Die Führer der *Hagana* wissen, dass ein Krieg mit den Arabern unausweichlich ist. Sie hat in Palästina etwa 25.000 Männer und Frauen unter Waffen. Doch da sie im Untergrund tätig ist, kann man nicht von einer Armee sprechen. Die große Mehrheit der

Potenzial ausschöpfen: Nachum Schadmi, Europa-Chef der jüdischen Verteidigungsorganisation „Hagana", will in den Flüchtlingscamps mindestens 10.000, wenn nicht 20.000 junge Männer und Frauen mobilisieren.

Kämpfer hat nur eine rudimentäre Ausbildung. Was liegt näher, als das Potenzial an jungen Menschen auszuschöpfen, das in Europa von *Eretz Israel* träumt?

Zunächst ist es ein einziger Mann, der von diesem Gedanken in den Bann geschlagen wird. Nachum Schadmi leitet die Europa-Zentrale der *Hagana* in Paris, und er ist fest davon überzeugt, in den DP-Camps mindestens 10.000, wenn nicht 20.000 Männer und Frauen mobilisieren zu können. Er weiß selber, dass es leichter gesagt ist als getan. Zwar hat die Nachricht, dass die UNO den Juden einen Staat zuerkennen will, Begeisterungsstürme in den Camps ausgelöst. Aber die jungen Leute, die wehrfähig sind, haben das Land, für das sie kämpfen sollen, nie gesehen. Sie sprechen fast alle kaum Hebräisch und stehen in dem Ruf, vom Lagerleben verdorben und undiszipliniert zu sein. Kann man Menschen in fremden Ländern für einen Staat rekrutieren, den es noch gar nicht gibt? Soll man bewusst die Souveränitätsrechte der Besatzungsmächte verletzen, die in Deutschland und Österreich noch immer das Sagen haben?

Nicht nur die Führer des *Jischuw* sind bislang wenig begeistert von Schadmis Ideen. Auch die Verantwortlichen der *Bricha*, die

Juden über die Alpen schleusen, und des *Mossad,* die den Schiffstransport nach Palästina organisieren, sind verärgert darüber, dass sich da jemand in ihre Aktivitäten einmischen und einen ganz neuen Strang einrichten will. Aber Schadmi hat die Sturheit, die Macht und die Mittel, um seine Kampagne auf eigene Faust zu starten. Er hat Ex-Soldaten der Jüdischen Brigade als Ausbilder zur Verfügung, dazu weitere 24 *Schlichim* aus Palästina, die seit dem Sommer in Europa sind, für die körperliche und geistige Schulung.

Neue Leute aus Palästina bringen der *Hagana* in Deutschland neuen Schwung. Ze'ev Gal hat die Führung übernommen. Sein Stellvertreter Jehuda Ben-David ist mit Empfehlungsschreiben und gefälschten Papieren über die Tschechoslowakei nach Bayern eingereist und gibt sich als Sportlehrer aus. Gabriel Lurie, der das Training im Hochlandlager leitet, wird als Mitarbeiter in die IRO eingeschleust – so werden die Rekruten schon bald mit den nötigen Decken, Kleidungsstücken und Lebensmitteln versorgt.

In Heidelberg, dem Hauptquartier der amerikanischen Truppen, trifft eine *Hagana*-Delegation mit Rabbi Philip Bernstein zusammen, dem US-Berater für jüdische Fragen. Sie sagen ihm ganz offen, was sie vorhaben mit den jungen DPs. Bernstein verspricht, sich dafür einzusetzen, dass die Amerikaner keine Schwierigkeiten machen. Und in der Tat, die Besatzer drücken beide Augen zu.

Die Freiwilligen, die sich für das Hochlandlager melden, werden zu Offizieren ausgebildet. Kurse mit je 80 bis 100 männlichen Teilnehmern sind vorgesehen, jeder soll sechs bis acht Wochen dauern; ein Lehrgang wird speziell für Frauen geplant. Am Ende wird die *Hagana* in Europa rund 500 neue Kommandeure haben. Sie sind der Grundstock der Truppe, die in den DP-Camps heranwachsen wird. Mit dem erworbenen Wissen sollen sie ihrerseits neue Rekruten trainieren. Und mithelfen, Juden über die Alpen zu schmuggeln.

Die Teilnehmer lernen den Nahkampf, mit Stöcken statt Waffen. Sie üben mit Steinen das Werfen von Handgranaten. Sie trainieren die Flussüberquerung, indem sie sich an einem Seil durch die Isar hangeln. Sie streifen durch die Wälder, um sich mit Navigation und Topografie vertraut zu machen. Wenn

Emblem der Holocaust-Überlebenden: Aus einem gefällten Baum wachsen ein neuer Zweig und die Umrisse von Palästina.

Ringkampf auf der Wiese: In Schulen und Sportvereinen sollen junge Juden körperlich fit werden (oben).

„Mein Leben für den Pionierkrieg": Auch in Italien melden sich Freiwillige für die Front in Palästina – hier Teenager aus dem Waisenhaus von Selvino (unten).

Schießübungen auf dem Programm stehen, gehen sie in einen abgedichteten Kellerraum, damit das Geballer kein Aufsehen erregt. Die Revolver und Maschinenpistolen, die sie dafür zur Verfügung haben, werden nach Gebrauch sorgsam unter dem Holzfußboden ihrer Unterkünfte versteckt.

Der theoretische Unterricht findet mal auf Jiddisch, mal auf Hebräisch statt. Die Ausbilder greifen auch auf Lehrmaterial in Englisch und Deutsch zurück, darunter sind Schriften, die schon die Wehrmacht benutzte. Auf dem Stundenplan stehen Themen wie Straßen- und Ortschaftskampf, Einsätze gegen reguläre Truppen, aber auch „infanteristische Tankabwehr unter palästinensischen Bedingungen".

Ein feierlicher Eid beendet den Kurs. Die Absolventen schwören der *Hagana* die Treue. In Europa wurde eine eigene Formel speziell für die *Sche'erit Hapletah*, „den übrig gebliebenen Rest", geschaffen. Das Ritual beginnt bei Nacht, im Schein eines Lagerfeuers. Auf einem Tisch liegt eine Bibel bereit. Wer schwört, legt die Hand auf das Buch der Bücher. Und gelobt auf Jiddisch oder Hebräisch, „für die Einwanderung aller verbliebenen Juden aus Europa nach Palästina zu kämpfen", und zwar „auf jede Weise und unter allen Umständen, wie es von der Zionistischen Weltorganisation festgelegt wurde". Und verspricht, „mein Leben für den zionistischen Pionierkrieg hinzugeben" – für die „nationale Unabhängigkeit des Volkes Israel".

In den Köpfen der Rekruten haben sich Bilder eingenistet, die in ihren Lagern hängen. Auch diese Bilder sind nun für immer mit dem Eid verbunden.

Da ist das Poster mit den zwei Händepaaren, die aus den gestreiften Ärmeln einer KZ-Häftlingsuniform ragen. Die Ketten, von denen die Hände einst umschlossen waren, sind gesprengt. Die Hände strecken sich den Strahlen der aufgehenden Sonne entgegen. Die Sonne ist flankiert von einer Palme und den Konturen des Felsendoms in Jerusalem.

Da ist das Poster mit dem gefällten Baum. Der durchschnittene Stamm liegt leblos da. Doch aus dem Stumpf, der starke Wurzeln im Boden hat, schießen neue Zweige empor. Sie formen sich zu den Umrissen des neuen Staates Israel. Jedes Jahr kommt dieses Poster neu heraus, und jedes Mal sind ein paar neue Zweige mehr darauf.

Nach vier Wochen Training an der Isar sind sie noch immer mehr Träumer als fertige Kämpfer. Amateure, würden Leute sagen, die das Soldatenleben kennen. Aber sie tragen eine Erfahrung in sich, die ihnen eine innere Stärke verleiht. Sie, nicht Hitler, haben den Holocaust überlebt.

NICHT LANGE FACKELN

Civitavecchia, Dezember 1947

Die Stelle, wo die Juden heute Nacht an Bord gehen sollen, ist nur wenigen Personen bekannt. Es ist eine flache, sandige Bucht, irgendwo an Italiens Westküste, zwei Autostunden nordwestlich von Rom, nicht weit von Civitavecchia entfernt. Das Wasser schwappt leise auf den Strand, das Land ist öde und überwuchert von Brombeersträuchern. Nur ein paar verstreute Bauernhöfe liegen in der Nähe. Von der See her leuchtet seit neun Uhr ein Licht – der wartende Dampfer, geankert im Tyrrhenischen Meer.

Scheinwerfer bohren sich durch die Finsternis. Reisebusse, vollgepackt mit Menschen. Der übliche Konvoi für die letzte Etappe zum Schiff. Flankiert von einem Jeep mit *Mossad*-Agenten in US-Uniformen, damit er aussieht wie ein Militärtransport. Diesmal ist aber auch noch ein Filmteam dabei. Ein Kleinlastwagen mit Anhänger folgt den Bussen, *Società Americana di Cinematografia* steht auf seinen Türen geschrieben. Es ist das erste Mal, dass der *Mossad* so etwas erlaubt. Meyer Levin, der amerikanische Kriegsreporter, der schon

„Seid ihr endlich fertig?“: Jüdische Flüchtlinge besteigen an der italienischen Küste nachts ein Schlauchboot. Es bringt sie zu einem Schiff, das im Meer weiter draußen wartet (links).

„Schluss jetzt, wir müssen los!“: Vom Schlauchboot geht es über Leitern auf das Schiff. Bis zum Morgengrauen muss es die offene See erreicht haben, um nicht schon vom Land aus entdeckt zu werden (rechts).

so viel gesehen hat, will das Drama auf Zelluloid bannen. *Lo Tafchidunu*, soll es heißen, genauso wie das geheime Schiff. Der Name bedeutet: „Wir haben keine Angst!“

Ada Sereni, die starke Frau des *Mossad*, hat dem Regisseur die Bedingungen genannt. Keine genauen Ortsangaben im Film. Keine Lichter am Strand. Keine Extratouren für die Kamera. Die Zeit ist knapp, wie immer, und die Nacht wird ziemlich kühl. Wenn es hell wird, muss das Schiff geladen und verschwunden sein. Sereni ist selber mit dabei, um den ganzen Vorgang zu überwachen. Sie und die Filmer haben sich eine Geschichte für den Notfall ausgedacht. Für den Fall, dass irgendjemand unerwartet auftaucht und fragt, was hier denn eigentlich los sei.

Als der Krieg in Italien tobte, gingen in dieser Gegend öfter Spezialkommandos des *Office of Strategic Services* (OSS) an Land. Es waren Agenten eines Geheimdienstes, der dem amerikanischen Kriegsministerium unterstand. Zu ihren Aufgaben gehörte, den Kampf hinter den feindlichen Linien zu fördern. Nach der Landung der Alliierten auf Sizilien waren sie so etwas wie ein Stoßtrupp, der das Terrain für den Vormarsch der 5. US-Armee in Richtung Norden bereiten sollte. Die OSS-Leute nahmen Kontakte zu Partisanen auf, halfen ihnen mit Informationen, Ausrüstung und Waffentraining. Davon, so die Lügenversion, handelt der Film. Kriegsszenen sollen hier gedreht werden, dazu gehören auch Flüchtlinge, die sich über das Meer in

„Wir haben keine Angst“: Juden auf der Fahrt nach Palästina. „Lo Tafchidunu“, der hebräische Name des Schiffes, ist wie eine Botschaft an die Welt (oben).

Letzte Barriere: Ein Schiff mit illegalen Einwanderern wird von den Briten im Mittelmeer abgefangen. Die Passagiere werden meist auf Zypern interniert (unten).

Sicherheit bringen wollen – daher das Schiff, daher die vielen Schauspieler.

Die *Mossad*-Helfer pumpen Schlauchboote auf. Sie haben ein Tau dabei, das so lang ist wie die Strecke zum Schiff. Das eine Ende wird an Land festgeknüpft, das andere Ende bringt ein junger Bursche schwimmend zum Dampfer hinaus. Entlang dieser Leine wollen sie sich und die beladenen Flöße übers Wasser bis zu der Steigleiter ziehen, die von der Reling herabhängt. Am Strand wird mit Holzbrettern eine notdürftige Pier gebaut, ein Kahn zu einer Art Brücke umgedreht – ein wackeliger, glitschiger Steg, über den die Leute auf das hin und her schwankende Floß balancieren müssen.

Die Juden schleppen sich, gekrümmt und tief gebeugt, mit schweren Schritten durch das Dunkel. Die Lasten, die sie tragen, drücken ihre Füße tief in den Sand. Vollgestopfte Tornister, darauf noch zusammengerollte Decken und Kleiderbündel geschnürt. Prall gefüllte Koffer, die wichtigsten Habseligkeiten. Babys, in Schals gewickelt, die Müttern vor den Brüsten hängen. Die Helfer haben kleine Sandhügel aufgeschichtet, da sollen sie sich hinsetzen und warten, bis sie aufgerufen werden. So hocken sie sich noch einmal hin, die zweite, die vierte, die sechste Reihe. Es sind viele, vielleicht zu viele in dieser Nacht. Hat da am Ende jemand falsch kalkuliert? Die einen starren stumm auf das Wasser hinaus, die anderen beginnen aufgeregt zu flüstern. Wird es wirklich einen Platz geben für jeden und jede, die heute hierhergebracht worden sind?

Levin hält eine kurze Rede, stellt sich und sein Filmprojekt vor. „Bitte kein Grinsen, keine Grimassen, kein Winken in die Kamera!“, fleht er die Flüchtlinge an. „Verhaltet euch einfach so, als wären wir Filmleute gar nicht da.“ Er fürchtet aber schon jetzt, dass seine Worte in den Wind gesprochen sind.

„Ganz ohne Licht“, sagt der Regisseur dann zu Sereni, „können wir beim besten Willen nicht arbeiten.“ Er weiß wohl um die Abmachung, und trotzdem versucht er es. „Man muss den Menschen doch in die Gesichter schauen können ...“

„Meinetwegen“, entgegnet Sereni, „zwei Fackeln. So lange, bis sie abgebrannt sind. Aber erst, wenn wir schon fast alle Flüchtlinge an Bord haben. Nur für das letzte Floß dürft ihr leuchten.“

Tatenlos muss die Film-Crew zusehen, wie sich vor ihren Augen eine filmreife Szene nach der anderen abspielt. Irgendwann hält es Levin nicht mehr aus, und er schießt zwei Leuchtraketen in den Himmel, die er heimlich mitgenommen hat. Sie tauchen das ganze Geschehen zumindest für ein paar Sekunden in grelles Licht. Sereni ist geschockt, die jungen Fluchthelfer wittern Verrat, stürzen sich wütend auf den wortbrüchigen Amerikaner und prügeln auf ihn ein. Diese Leuchtkörper sind kilometerweit zu sehen. Wäre Sereni nicht, würden die Burschen Levin wohl lynchen. So aber lassen sie doch wieder von ihm ab. Alle ahnen, dass sie nun wohl die Geschichte brauchen werden, die sie sich für den Moment X zurechtgelegt haben.

Heimliche Landung: Dieses Schiff blieb von den Briten unentdeckt. *Palmach*-Aktivisten haben an der Küste bei Naharija ein Seil gespannt. An ihm hangeln sich die Passagiere zum Strand.

Euphorie an Bord: Passagiere hissen an einem Schiffsmast die zionistische Flagge.

Es dauert nicht lange, da kommen in der Tat die ersten Einheimischen neugierig angerannt. „Keine Sorge, nichts passiert“, ruft Sereni ihnen entgegen. „Wir drehen hier nur einen Film.“ Ach ja, über die OSS-Typen, die Bauern nicken, die haben sie noch gut in Erinnerung. Und auch das mit den Flüchtlingen leuchtet ihnen ein.

„Gut, dass ihr kommt“, sagt die *Mossad*-Agentin. „Wir können hier noch Hilfe gebrauchen.“ Sie bietet 1500 Lire für eine Nacht, das ist dreimal mehr als das, was man hier als Tagelöhner nach Hause bringen kann. Die Einheimischen zögern nicht und krempeln gleich die Ärmel hoch.

Als das vorletzte Floß fertig gemacht wird, darf die Kamera endlich laufen. Levin hat zwei Fackeln in der Hand, sie brennen für etwa fünf Minuten. Jetzt machen die Passagiere doch ihre Faxen, der Regisseur hat es geahnt. Levin ist außer sich, fuchtelt ihnen schimpfend mit seinen Flammenstäben vor den Gesichtern herum. Funken fliegen ihm ins Haar, auf die Arme und in den Nacken. „Seid ihr endlich fertig?“, schreit der nervöse Kommandant der Fluchthelfer. „Schluss jetzt, wir müssen los!“

Es sind tatsächlich 100 Leute zu viel, die an diese Bucht gebracht worden sind. „Tut uns leid, ihr kommt diesmal nicht mit“, bekommen sie zu hören. „Das Schiff ist restlos voll. Ihr müsst warten bis zur nächsten Abfahrt.“ Sie lassen die Köpfe hängen, einige ballen die Fäuste. Aber sie geben nicht auf. Noch einmal müssen sie ins Lager zurück. Das nächste Mal aber werden sie nicht in der hintersten, sondern in der vordersten Reihe sitzen.

Auf dem letzten Floß, das hinausgezogen wird, befindet sich Levin mit seiner Crew. Er will mit dabei sein bis Palästina oder wohin auch immer die Fahrt gehen wird. Der Amerikaner weiß, dass die Chancen, das ersehnte *Eretz Israel* zu erreichen, etwa 10 zu 90 stehen. Wahrscheinlich wird es auch diesen illegalen Immigranten so ergehen wie fast allen anderen, die es seit Beginn der britischen Seeblockade versucht haben. Die Briten wollen hart bleiben, solange sie in Palästina noch das Sagen haben. Sie werden wohl das Schiff aufbringen und die Passagiere nach Zypern in Internierungslager verfrachten.

Die 853 Flüchtlinge, die sich auf dem Dampfer zusammenquetschen, wissen das genau so gut. Aber von hier bis zur Küste Palästinas sind es 1300 Seemeilen, von Zypern nur noch 150. Sie haben gelernt, dass man sich Stück für Stück dem Ziel entgegenrobben muss. Die Hälfte der 1500 Juden, die pro Monat legal einwandern dürfen, kommt aus den Camps auf Zypern. Also ewig werden sie dort schon nicht bleiben. Wenn nötig, werden sie auch noch ein letztes Mal ins Lager gehen. In Zypern sind sie Palästina schon ganz nah, und ab Mitte Mai sind die Briten weg. Es lohnt sich also, sich an Bord noch mal zusammenzukauern.

„Bitte Ruhe und keine Bewegung an Deck!", ruft Kapitän Gad Lasker, ein kahlköpfiger Jude, auf Jiddisch durch sein Megafon. „Solange die Küste in Sicht ist, laufen wir Gefahr, geschnappt zu werden. Daher möchte ich niemand hier oben sehen!"

Die Bauern an der Küste warten, bis das Schiff entschwunden ist. Ein paar Minuten später sehen sie, dass da draußen noch einmal zwei Leuchtraketen abgeschossen werden.

„Was ist denn mit den Filmleuten?", fragen sie. „Warum sind die denn nicht ans Land zurückgekommen?"

„Ihr habt ja selber gesehen, wie mühsam das Einsteigen hier ist", antwortet Sereni. „Wir lassen sie daher lieber in Civitavecchia von Bord gehen."

Das klingt plausibel, die Bauern nicken wieder. Sie bekommen ihre 1500 Lire und noch ein paar Konservendosen mit Fisch und Fleisch dazu. So gehen sie im Morgengrauen zufrieden nach Hause.

Huckepack in die ersehnte Heimat: *Palmach*-Helfer tragen angekommene Passagiere an Land.

ZWANG GEGEN ZWEIFEL

Feldafing, März 1948

Ein neuer, rauer Wind weht durch das Camp. Er kommt in Form von jiddischen Slogans daher. Sie hängen an Türen und Toren, an Fenstern und Mauern, und im Zentrum des Lagers wurde dafür eigens eine Anschlagtafel aufgestellt.

„Macht mobil für den Dienst am Volk!", fordern die Poster. „Jede Stunde ist kostbar und unwiderruflich."

„Der Feind wartet, rette dein Leben!", trompeten Lettern voller Dramatik. „Generationen haben darauf gewartet – du hast gewonnen, erfülle deine Pflicht!"

„Geh heute, morgen ist es vielleicht zu spät!", schreit es von anderen Postern.

„Hast du alles getan, was du für dein Volk tun könntest?", lauten Slogans, die moralischen Druck erzeugen sollen. „Keine Drückeberger in unserem Camp!"

Ein „Komitee für den Dienst am Volk" hat eine ganze Auswahl solcher Parolen aus München geschickt. Flugblätter, Rundschreiben und Infobroschüren werden verteilt. „In jedem Camp", so steht es in den begleitenden

„Keine Drückeberger in unserem Camp!“ Auch Frauen werden für den Kampf ausgebildet. Je näher der Krieg mit den Arabern rückt, umso stärker wird in den Flüchtlingslagern der Druck auf die jungen Leute (links).

„Das Vaterland ruft“: Judenkongress in Bad Reichenhall. Ein Spruchband am Podium fordert in jiddischer Sprache dazu auf, sich für den „Dienst am Volk“ zu melden (rechts).

Instruktionen, „muss es seine Ecke für den Dienst am Volk geben.“

Die *Hagana*, die *Jewish Agency* und die lokalen Vertreter des jüdischen Zentralkomitees haben diese Kampagne begonnen. Feldafing, eines der größten Judenlager, ist ein Testlauf. Schon bald breitet sie sich auf alle DP-Camps aus, auf deutschem wie auch österreichischem Boden. Palästina ist wieder ein Stück näher gerückt. Doch es strahlt nicht mehr nur in verführerischem Glanz. Der dunkle Schatten, der auf ihm liegt, ist größer geworden.

Nachum Schadmi, Europa-Chef der *Hagana*, bekommt den Lohn für seine Zähigkeit. Er will, was die Einwanderung betrifft, neue Prioritäten setzen. Junge, ledige Männer und Frauen, 18 bis 35 Jahre alt, sollen den absoluten Vorrang haben. Leute, die Waffen in die Hände nehmen. Es reicht ihm nicht, nur Freiwillige dafür zu rekrutieren. Er will eine regelrechte Wehrpflicht einführen. Seit dem UN-Votum sind in Palästina schon heftige Auseinandersetzungen mit den Arabern im Gang. In zwei Monaten, wenn die Briten abziehen, drohen sie, sich zu einem Krieg mit den Nachbarstaaten auszuweiten. Der muslimische *Dschihad* soll, wie die Stimmen aus dem feindlichen Lager klingen, mit nichts anderem enden als der Vernichtung von *Eretz Israel* – der letzten jüdischen Hoffnung, wie die Zionisten es sehen.

Schadmi hat noch einen Machtkampf zu bestehen, ehe er sich endgültig durchsetzen wird. Schaul Avigur, *Mossad*-Chef für Europa, hatte bislang immer das letzte Wort, wenn es darum ging, wer in Italien auf die Schiffe kam. Er hat sich seit Monaten dagegen gewehrt, dass die *Hagana* ihm ins Handwerk pfuscht. Auf einer Konferenz Ende Februar in Paris, an der jüdische Repräsentanten aus mehreren Ländern teilnehmen, stimmt er nur widerwillig einem Beschluss zu, in den Lagern mit einer Zwangsrekrutierung zu beginnen.

Die Bedenken, die es dagegen gibt, räumt Schadmi mit einer kühnen Argumentation aus. Die Juden in den deutschen DP-Camps seien „Bürger von Israel und nicht von Deutschland", das Gleiche gelte für die Juden in Österreich. „Sie sind Bürger von Israel – zwar daran gehindert, nach Israel zu kommen, aber dennoch Bürger von Israel." Jetzt sei eben nicht mehr die Zeit, um zu sagen: „Bleibe und warte, bis ich dich auf ein Schiff bringe." Jetzt müsse es stattdessen heißen: „Ich sage dir unverblümt: Melde dich!"

Um den Widerstand der *Mossad*-Führung endgültig zu brechen, holt Schadmi sich Rückendeckung von ganz oben. Er reist für vier Tage nach Palästina und trifft sich dort mit Ben-Gurion. Der sieht mit wachsender Sorge, welche Übermacht an arabischen Soldaten dem *Jischuw* entgegensteht, und gibt dem Rekrutierungsprogramm in Europa seinen Segen. Sein Machtwort soll den Streit mit dem *Mossad* beenden, daher gibt er Schadmi einen persönlichen Brief mit auf den Rückweg ins Pariser Büro.

„Schickt mir nur noch Leute zwischen 18 und 35, die Waffen tragen können", heißt es darin unmissverständlich und ziemlich grob. „Ihr könnt sicher sein, dass das jetzt an vorderster Stelle eurer Aktivitäten steht." Und dann folgt der tadelnde Satz, der ahnen lässt, welcher Streit da im Gang ist: „Ihr scheint wohl irgendwoanders zu leben, außerhalb unserer tragischen und grausamen Realität."

Schadmi braucht, wie er Ben-Gurion vorrechnete, 40.000 Dollar pro Monat, und das fünf Monate lang, um seine Kämpfer in Europa zu mustern. Eigentlich hätte der *Mossad* diese Summe beschaffen sollen. Aber Schadmis Vertrauen in Avigurs Leute ist nicht groß, daher treibt er das Geld lieber mit einer eigenen Spendensammlung auf. Binnen weniger Wochen kommen aus deutschen DP-Lagern sogar 300.000 Dollar zusammen, dazu 30.000 Dollar aus Italien und 50.000 Dollar Zuschuss von der *Jewish Agency*.

Drei Jahre nach ihrem Beginn ist die *Alija Bet* an einem Wendepunkt. Um die Flüchtlinge in Europa zu versorgen, wurden vom *Joint* 154 Millionen Pfund Lebensmittel, 750.000 Paar Schuhe und 500.000 Mäntel beschafft. Die Finanzierung der illegalen Einwanderung hat fast 200 Millionen Dollar gekostet. Fast 70.000 Juden sind schon mit Schiffen nach Palästina gelangt, davon 48.000 auf dem Umweg über die Internierungslager auf Zypern. 34 von 64 Schiffen, die sie transportierten, sind von Italien aufgebrochen. Zehntausende warten dort noch auf die Überfahrt. Nun aber wissen die Juden, dass ihnen in der neuen Heimat auch ein neuer Krieg bevorsteht.

In den Lagern brennen nicht unbedingt alle darauf, ihr junges Leben schon wieder aufs Spiel zu setzen. „Die meisten jüdischen Flüchtlinge sind durch die Hölle gegangen,

בירגער־קאָמיטעט פאַרן  ניום למען המולדת

אין שטוטגאַרט

שטוטגאַרט, דעם 1948

שטעל זיך צום דינסט פון פאָלק!

דערמיט ווערט איר [illegible] צו קומען אין לאָקאַל פון דער יורידישער אָפּטיילונג ביים בירגער־קאָמיטעט, [illegible] גאַס 199 – ומער שטאָק דעם [illegible] שעהן פון ביז ווענן א זייער וויכטיקן ענין.

מיט ציון־גרוס
דער בירגער־קאמיטעט

„Bürger von Israel und nicht von Deutschland“: Immer mehr Lagerbewohner zwischen 18 und 35 erhalten einen Einberufungsbescheid.

Ghetto, Sklaverei und Todescamps unter den Nazis, sowjetische Zwangsarbeitslager und andere Katastrophen“, schreibt der 27-jährige Autor Mosche Ajzenbud, der in einem deutschen DP-Lager lebt, in einer Reportage für ein jiddisches Magazin in New York. „Sie sehnen sich nach einem ruhigen Platz.“ Und sie fragten sich zu Recht: „Warum sollen wir wieder ins Feuer gehen?“

Doch wer es wagt, die Stimme gegen die Rekrutierung zu erheben, muss mit ernsten Konsequenzen rechnen. Im Lager Feldafing, das seine Quoten nicht erfüllt, wird Drückebergern angedroht, dass ihnen die Rationen gekürzt, dass sie ihren Job und ihre Wohnung verlieren würden. Schlägerbanden ziehen umher und prügeln Wehrdienstunwillige zusammen. Deren Namen werden auf *Schandelisten*, so die jiddische Bezeichnung, öffentlich ausgehängt. Die Macht der Zionisten in den Camps ist so groß geworden, dass sich kaum jemand gegen sie stellen kann, ohne Repressalien befürchten zu müssen. Es sei „unglaublich“, schreibt *Unsere Stimme*, das jiddische Organ der „Bundisten“, die der Rekrutierung kritisch gegenüberstehen, „dass Juden, die Paradeopfer

דארטן איז דיין ארט!

המרכז לשרות העם

„Dort ist dein Platz!“: Hacke in der Hand, Gewehr auf dem Rücken, *Kibbutz* im Hintergrund – Plakate werben mit Nachdruck für den Dienst mit der Waffe.

von Faschismus und Terrorismus, zu solcher Art von Gewalt fähig sind“.

Nachum Schadmi aber bügelt verbal alles nieder, was sich gegen ihn erhebt. Auf dem dritten und letzten Kongress der *Sche'erit Hapletah* Ende März in Bad Reichenhall schleudert er hehre Sätzen vom Podium ins Publikum. Er bringe die Grüße der „jüdischen Helden“ von der Front, die „die jüdische Ehre verteidigen“. „Jeder muss jetzt in der *Hagana* sein, es gibt keine Ausreden mehr“, ruft er vom Rednerpult. „Alle, die dazu fähig sind, müssen mobilmachen. Sie müssen nach *Eretz Israel* kommen und in die Truppe eintreten.“

Ein „Genosse“ Rerter, der sich schon eingeschrieben hat, springt ihm artig zur Seite. „Juden, die jetzt nicht ihre Pflicht erfüllen und sich nicht registrieren lassen, werden künftig als Deserteure bezeichnet.“ Zum Abschluss des Kongresses verliest Tagungsleiter Natan Frischmann eine lange Resolution. Darin heißt es, alle Rekrutierungsgegner würden „aus dem sozialen und politischen Leben entfernt“.

In Feldafing werden immerzu neue Poster aufgehängt. „Rette dein Leben und deine Freiheit!“, steht auf ihnen geschrieben. „Es wird keinen jungen Juden geben außerhalb der Reihen von Gründern und Kämpfern.“

„Es gibt keine Ausreden mehr“: Schaul Avigur, *Mossad*-Chef für Europa, sperrt sich erfolglos gegen die Rekrutierungspläne.

FEHLENDER STACHEL

Kfar Jona, Mai 1948

Was da entstehen soll, ist nicht nur ein neuer Staat, sondern auch ein neuer Mensch. Die jungen Einwanderer, die aus Europa kommen, können ihn im *Palmach* erkennen wie in einer Nussschale.

Der *Palmach* ist die Elitetruppe der *Hagana*. Junge, hoch motivierte Freiwillige, die später einmal wichtige Staatsämter bekleiden werden. Sie sind zu Gehorsam erzogen, aber nicht nur dem Vorgesetzten, sondern auch dem eigenen Gewissen gegenüber. Sie haben keinen Dienstgrad und keine Rangabzeichen, reden sich mit Vornamen an und salutieren nicht voreinander. Die meisten von ihnen wurden in einem *Kibbutz* geprägt und wollen keine privilegierten Offizierskasten, die sonstwo in der Welt typisch für das Militärwesen sind.

Der Schlachtruf, den *Palmach*-Kommandanten ausstoßen, heißt *Aharai!*, „Mir nach!" Er ist zu einem Markenzeichen geworden, denn er besagt, dass ein Führer selber voranstürmt, statt seine Leute von hinten ins Feuer zu schicken. Strategie und Taktik sollen nicht von irgendwelchen Experten stammen,

Die alte Welt abstreifen: Rekruten üben in Palästina mit Steinen das Werfen von Handgranaten (links).

Kein Dienstgrad, kein Rangabzeichen: Rekruten lernen in der neuen Heimat den Umgang mit einem Maschinengewehr (rechts).

sondern aus dem Ambiente herauswachsen – wie das Werk eines Künstlers, das durch sein Talent, das Geschick seiner Hände und das verfügbare Material entsteht.

Palmach-Kämpfer sind es gewohnt, mit bescheidenen Mitteln zu operieren. Sie agieren still und leise, im Schutz der Nacht, im Stil einer Guerilla. Ihr Verband wurde 1941 gegründet, um die Juden in Palästina auf einen möglichen Endkampf gegen die Nazis vorzubereiten – damals, als das deutsche Afrikakorps unter General Erwin Rommel auf den Suezkanal vorrückte. Nach Rommels Rückzug kämpfte der *Palmach* gegen die Briten, weil sie die Juden an einer Masseneinwanderung nach Palästina hinderten. Jetzt, in der Geburtsstunde von Israel, geht es gegen den dritten Feind innerhalb von wenigen Jahren. Wer ihn besiegen will, muss, wenn er aus Europa kommt, nicht nur seinen alten Namen ablegen. Er muss die alte Welt abstreifen wie abgenutzte Kleidung.

Der Idealtyp ist der *sabra*. Ein Jude, der in Palästina aufgewachsen ist. Er ist wie die Kaktusfeige, die auf Hebräisch so bezeichnet wird. Ein Gewächs, das aus ödem, trockenem, steinigem Boden sprießt. Nach außen hin zäh und stachelig, im Innern aber zart und süß. Ein *sabra* ist aufrecht, schlicht und geradeheraus, furchtlos und manchmal auch rücksichtslos. Eine Frucht des harten Lebens im *Kibbutz*. Ein Typ, der zupacken kann. Einer, der sich zu wehren weiß.

Ein *sabra* ist anders als die Juden in der Diaspora. Er verachtet die verwöhnten Söhne und Töchter, die aus dem jüdischen Großbürgertum in Westeuropa stammen und sich in intellektuellen Spielereien ergehen. Er lächelt über die religiösen Traditionalisten in Osteuropa, die an den Lippen des Rabbiners hängen und nichts anderes im Kopf haben als die Befolgung von Geboten und Verboten. Hier, im Land der Pioniere, herrscht ein anderer Ton.

Kfar Jona, zehn Kilometer von der Küste Palästinas gelegen, scheint wie gemacht für diese Botschaft an die Neuankömmlinge. Ein verlassenes, verlottertes Camp, das früher mal die Briten genutzt haben. Heruntergekommene Gebäude, die erst mal renoviert werden müssen. Unterkünfte, die diesen Namen nicht verdienen. Busse kippen hier ihre Ladung aus, schwächliche junge Burschen und Mädchen, die vor Kurzem noch auf Schiffen waren. Es gibt hier keine Ärzte, die sie untersuchen. Hier liegen nur ein paar leichte Waffen herum, sie werden ihnen in die Hand gedrückt. Statt Uniformen tragen die Neulinge Sachen am Leib, die sie selber zusammengeflickt haben. Das muss für den Anfang reichen.

Einen Monat lang sollen *Palmach*-Rekruten hier ihre Grundausbildung erhalten. Die

Außen zäh und stachelig, innen zart und süß: Ein verwundeter Kämpfer wird an der Front von Kameraden versorgt.

Elitetruppe ist auf 6000 Mann angewachsen, rund 1000 davon sind Immigranten aus Europa. Ihnen hat man nicht einmal ein paar Tage gelassen, um sich von den Strapazen der Schiffsreise zu erholen oder Verwandte zu besuchen. Die meisten von ihnen sprechen kaum Hebräisch, können nicht mal die Befehle richtig verstehen. So herrscht ein wahres Sprachgewirr, als sie damit beginnen, das Robben im Gelände zu üben. Der Kommandant schreit etwas hinaus, einer gibt es auf Jiddisch weiter, wieder andere brüllen es sich auf Deutsch, Polnisch oder Russisch zu.

Sind das wirklich die Menschen, die Israel braucht? Manchen *Palmach*-Führern steht die Skepsis im Gesicht geschrieben. Manche rasten geradezu aus, als sie sehen, welche Leute sie da ins Feld führen sollen. Die neuen Bürger, die an den Küsten landen, wirken wie *awak adam*, „menschliche Wracks".

Es ist gut, dass die meisten von ihnen nicht wissen, wie mächtige Zionistenführer über sie denken. Ben-Gurion ist einmal eine Bemerkung herausgerutscht, als er Kranke in einem europäischen DP-Lager besuchte. „Was in Polen passierte, wäre nie in Palästina passiert", sagte er. „Niemand hätte uns in den Synagogen niedergemetzelt; jeder Junge, jedes Mädchen hätte jeden deutschen Soldaten erschossen."

Kaum sind sie im Land ihrer Träume, bekommen sie den Vorwurf zu hören, Juden ihres Schlags hätten sich wie Schafe zur Schlacht bank führen lassen. Ausnahmen seien nur die Ghetto-Rebellen und die jungen Partisanen, die unter Einsatz ihres Lebens gegen die Nazis gekämpft hätten. Es sind nicht wenige Juden in Palästina, die so über die Juden in Europa denken. Wer dem Holocaust zum Opfer fiel, sei ein Feigling gewesen – und wer ihn überlebte, ein Egoist und Opportunist.

Selbst Nachum Schadmi, der Chefrekrutierer in Europa, hat einmal in aller Offenheit gesagt: „Wir werden viel Geduld brauchen, um dieses Pack zu Männern zu machen, die militärische Positionen halten können." Aber er glaubte immerhin fest daran, dass sie durch das, was sie im neuen Staat Israel erwartet, zu „aufrechten jungen Leuten" werden, „die kaum noch von unseren *sabras* zu unterscheiden sind".

Gleiche Rechte, gleiche Pflichten: In den jüdischen Verbänden kämpfen Männer und Frauen Seite an Seite.

Nicht wie Schafe zur Schlachtbank: Jüdische Kämpfer im Palästinakrieg. Die unerfahrenen Rekruten aus Europa werden von den Einheimischen anfangs eher mit Skepsis behandelt (oben).

Sprachgewirr unter der Fahne: Überlebende des KZs Buchenwald bei der Ankunft in Haifa (unten).

Der 14. Mai führt sie schon vom Anlass her zusammen. Es ist der Tag, an dem sich Furcht und Hoffnung wild ineinander mischen. Die Briten holen in Palästina den Union Jack ein. Um Mitternacht wird ihr letztes Kriegsschiff, mit Hochkommissar Alan Cunningham an Bord, in Haifa ablegen. Nicht weit davon wartet ein Schiff aus Italien auf die offizielle Einfahrtsgenehmigung. Sein prominentester Passagier heißt Raffaele Cantoni – er hat das Besuchervisum Nummer eins für den neuen Staat bekommen, der an diesem Tag ausgerufen wird.

In Kfar Jona hängen sie an Radiogeräten. Sie lauschen gebannt der Gründungsrede, die Ben-Gurion als Sprecher eines 37-köpfigen „Volksrats" im 40 Kilometer entfernten Tel Aviv beginnt. Es ist vier Uhr nachmittags, am Vorabend des Sabbat. „Im Land Israel entstand das jüdische Volk", sagt der 61-jährige Zionistenführer. „Hier prägte sich sein geistiges, religiöses und politisches Wesen. Hier lebte es frei und unabhängig, hier schuf es eine nationale und universelle Kultur und schenkte der Welt das Buch der Bücher."

Die Rede dauert 32 Minuten, 250 Gäste wurden dazu ins Stadtmuseum von Tel Aviv eingeladen. Der Holocaust, sagt Ben-Gurion, „bewies unwiderleglich aufs Neue, dass das Problem der jüdischen Heimatlosigkeit durch die Wiederherstellung des jüdischen Staates im Lande Israel gelöst werden" müsse. „Gleich

„Nationale und universelle Kultur": Im bayerischen Mittenwald hissen jüdische Lagerbewohner die Flagge des neuen Staates Israel.

„Im Land Israel entstand das jüdische Volk": Das Stadtmuseum von Tel Aviv ist Schauplatz einer historischen Proklamation. Unter einem Herzlporträt ruft David Ben-Gurion den Staat der Juden aus (oben).

„Natürliches Recht": In München wird die Gründung Israels mit einer Demonstration vor dem Gebäude des „Zentralkomitees der befreiten Juden in der US-Zone Deutschlands" gefeiert (unten).

allen anderen Völkern, ist es das natürliche Recht des jüdischen Volkes, seine Geschichte unter eigener Hoheit in einem eigenen souveränen Staat selbst zu bestimmen."

Schon am nächsten Tag greifen Armeen aus fünf arabischen Nachbarländern den neuen Judenstaat an. Von Norden rücken 2000 Libanesen und 4500 Iraker vor, von Osten 6000 Syrer und fast 9000 Jordanier, von Süden 5500 Ägypter, die Zahlen werden in den folgenden Wochen noch wachsen. Die Truppen schließen sich mit der „Armee des Heiligen Krieges", 5000 bis 10.000 lokalen Milizionären, zusammen. Dieser Krieg, den die Juden jetzt führen, ist nicht mehr ein Untergrundkampf. Sie stehen nicht nur den palästinensischen Freischärlern, sondern auch regulären Streitkräften gegenüber, die Artilleriegeschütze, Panzer und Flugzeuge haben.

Ghetto-Kämpfer als Vorbild: Entwurf für ein Plakat, das den Warschauer Judenaufstand 1943 thematisieren soll.

In den Judenlagern auf deutschem und österreichischem Boden werden Jubelfeiern veranstaltet. In Wien ziehen Juden mit Transparenten über die Ringstraße zum Grab von Theodor Herzl auf dem Döblinger Friedhof. In Kfar Jona aber fallen Bomben, abgeworfen von arabischen Piloten.

Eretz Israel war ein schöner Traum. Er hat Juden quer durch Europa getrieben, über die Alpen und das Mittelmeer. Der Empfang, den sie in Kfar Jona erleben, ist ein brutales Erwachen.

ל לעבן די יידישע מדינה

BLUTEN IM OLIVENHAIN

Latrun, Mai 1948

Die Angst hat eine große Macht. Sie kann den Menschen vor Unheil schützen. Sie kann ihm aber auch die Vernunft rauben. Meist weiß man erst hinterher, ob die Angst gerechtfertigt war. Dann ist man immer klüger – aber dann ist es oft zu spät.

David Ben-Gurion hat Angst um Jerusalem. Es ist die Stadt, die den Juden mehr bedeutet als jede andere in der Welt. 100.000 seiner Landsleute sind dort eingeschlossen. Wegen arabischer Scharfschützen trauen sie sich häufig nicht einmal mehr vors Haus, so haben sie ihre Kellermauern durchbrochen, um wenigstens unterirdisch zu den Nachbarn zu gelangen. Sie sind abgeschnitten von den drei Quellen, die Jerusalem mit Wasser versorgen, Ras el-Ein im Westen, Ein Farah im Osten, Salomons Teiche im Süden. Denn die Araber haben all diese Leitungen gekappt. Die Juden können nur noch aus Wasservorräten in alten, römischen Zisternen schöpfen, die sie aus der Not heraus freigelegt und gesäubert haben.

Seit einem Monat sind keine Lebensmittel mehr in die jüdischen Viertel der Stadt gekommen. Die einzige Straße, die von der Küste nach Jerusalem führt, ist unpassierbar geworden. Sie schlängelt sich durch das enge, sechs Kilometer lange Wadi Imam Ali, dort ist die Fahrbahn durch Felsbrocken versperrt und liegt für die arabischen Kämpfer, die sich zu beiden Seiten der Schlucht eingegraben haben, wie auf einem Präsentierteller. Die Juden in Jerusalem, fürchtet Ben-Gurion, werden nicht mehr lange aushalten. Und wenn Jerusalem fällt, ist der Krieg verloren. Daher muss diese Straße freigekämpft werden – koste es, was es wolle.

Jigael Jadin hat Angst um seine Leute. Er ist stellvertretender Stabschef der *Hagana* und weiß, was seine Truppe kann und was nicht. Alle Erfahrung, Planung und Logistik stammen aus britischen Mandatszeiten, in denen jüdische Siedlungen gegen Überfälle verteidigt und begrenzte Gegenschläge ausgeführt wurden. Die *Hagana* hat noch nie Städte, Straßenabschnitte oder größere Flächen erobern müssen. Sie verfügt über zwei Cromwell-Panzer, die von den Briten gestohlen wurden, und zwei 65-mm-Kanonen aus dem 19. Jahrhundert. Sie hat nie gegen reguläre Verbände gekämpft, die Nachschub von weiter hinten und Unterstützung durch Flugzeuge bekommen. Die ersten schweren Waffen, die gerade aus dem Ausland eintreffen, sind noch nicht einmal zusammengebaut, die erste große Lieferung an Maschinengewehren steckt noch in Vaseline-Packungen zum Schutz vor Korrosion. Die Immigranten aus Europa sind allen-

Straße als Lebensader: Ein Lastwagen-Konvoi mit Versorgungsgütern auf dem Weg von Tel Aviv nach Jerusalem. Dort sind 100.000 Juden von den Arabern eingeschlossen.

Blockade am Bab el-Wad: Mit Felsbrocken haben Araber die Straße nach Jerusalem an einer Engstelle versperrt (oben).

„Schlachtet die Juden!“ Arabische Kämpfer an einem gepanzerten Lastwagen des Feindes. Sie haben den Transporter aus dem Hinterhalt in Brand geschossen (unten).

falls eine zahlenmäßige Verstärkung. Sie haben keinerlei Kampferfahrung, bestenfalls vier Wochen Grundausbildung – und teilweise noch nicht einmal Feldflaschen zum Trinken.

Jadin fleht Ben-Gurion an, die geplante Aktion an der Straße nach Jerusalem um acht bis zehn Tage zu verschieben, seine Truppen seien einfach noch zu schwach. Sein Reden aber lässt den Staatsführer ungerührt. Ja, es scheint, als wünsche Ben-Gurion geradezu den Moment herbei, in dem endlich auch die Juden aus Europa ihren Blutzoll entrichten sollen. Vor Kurzem kam ihm der Satz über die Lippen: „Für die Verteidigung des Vaterlandes haben sie bisher noch keinen einzigen geopfert.“

Der Ort des geplanten Angriffs heißt Latrun, genau auf halber Strecke zwischen der Küste und Jerusalem. Laut UN-Teilungsplan sollte hier die Grenze zwischen dem jüdischen und arabischen Staat verlaufen. Die arabische Ortschaft thront auf einem Bergrücken, von dem aus man die ganze Gegend überblicken kann. Östlich des Dorfes tritt der Fluss Ajalon am Bab el-Wad, dem „Tor zum Tal“, aus dem Wadi in die Ebene hinaus. Westlich des Dorfes liegen ein Trappistenkloster, eine alte Kreuzritterfestung und eine frühere Polizeistation der Briten, die umgeben ist von mächtigen Betonmauern.

Am 17. Mai, zwei Tage nach Ausrufung des Staates Israel, wurde dieses Fort von 1200 Soldaten der Arabischen Legion besetzt. So heißt die wichtigste Einheit der jordanischen Armee, die von den Briten gegründet wurde und noch immer unter dem Kommando des britischen Generals John Bagot Glubb steht. Seit einer Woche hat sie an diesem Punkt die Kontrolle über Jerusalems Lebensader. Offensichtlich hat die *Hagana* die Präsenz der Jordanier, mehrheitlich gut trainierte Beduinen, gar nicht mitbekommen. Sie glaubt es nur mit lokalen Freischärlern, maximal 1000 an der Zahl, zu tun zu haben.

Am Abend des 24. Mai sammeln sich vier jüdische Kompanien in einem Eukalyptuswald beim *Kibbutz* Hulda. Lastwagen bringen 140 junge Immigranten, die erst vor wenigen Tagen mit Schiffen angekommen sind. Ihre Gesichter sind blass, ihre Hände zerren an Gürteln und Schnallen, weil die neuen Uniformen nicht passen. Um Mitternacht soll der Einsatz beginnen, bei Tagesanbruch abgeschlossen sein. Man wartet auf Infanteristen und Artilleristen, die noch dazustoßen sollen. Aber sie treffen nicht ein, und irgendwie geht es nicht voran. Die Soldaten hören, wie ihre Kommandanten sich streiten, das stärkt nicht gerade die Zuversicht. Drei Stunden lang sitzen sie genervt in Bussen, die sie zur Front bringen sollen. Als es endlich losgeht, ist es bereits vier Uhr am Morgen – nur noch eine Stunde bis zur Dämmerung.

Ariel Scharon ist gerade mal 20, aber schon Führer eines Zugs von 36 Mann. Latrun ist der erste Waffengang in seiner Karriere, die ihn einmal bis in die Regierung des Staates Israel

Arabische Truppen: Zum ersten Mal müssen die Juden nicht im Untergrund, sondern auf offenem Feld gegen reguläre Armeen kämpfen (oben).

Jüdische Truppen: Alle bewaffneten Verbände gehen nach der Gründung Israels in einer gemeinsamen Armee auf (unten).

führen wird. Eine halbe Stunde lang schützt die Angreifer noch ein dichter Frühnebel, als sie durch Olivenhaine den Hang zum Dorf Latrun hinaufkriechen. Dann aber geht die Sonne auf, und die Schwaden verziehen sich in wenigen Minuten. Die Araber haben ihre Feinde nun voll im Blick, nur der Weinberg der Mönche liegt noch zwischen ihnen. Ein Feuerhagel bricht los, vom Kloster her wie auch von den Hügeln ringsum. Es war Wahnsinn, noch mit vier Stunden Verspätung einen Befehl zum Angriff zu geben.

Eine Kugel zertrümmert Scharons Funkgerät, damit hat er keine Verbindung mehr zur Einsatzleitung. Seine Leute robben den Hang wieder hinab, krallen sich an Sträuchern fest, suchen in einem Bachbett Schutz. Die Schreie von Verwundeten mischen sich mit Gebrüll aus feindlichen Kehlen. Die Araber rufen *Dahaba el Jahud!*, „Schlachtet die Juden!". Die Sonne beginnt zu brennen, ein heißer Wind fegt von der Ebene herauf. Schwarze Stechmücken umschwirren die *Hagana*-Kämpfer, am Boden labt sich ein Heer Ameisen an frischem Menschenblut. Dann streckt ein Schuss in den Unterleib Scharon nieder.

Ein 16-Jähriger, der erst vor zwei Tagen zur Truppe stieß, findet ihn auf dem Rücken liegend. Jakob Bogin wurde der Unterkiefer zerfetzt, trotzdem lädt er sich den Vorgesetzten auf die Schulter, schubst ihn über die Mauern von Terrassenfeldern. Dann übernimmt sein Kamerad Moschik Lanzet den Transport, so wanken sie durch Getreidefelder, die in Brand geschossen worden sind. Sie sehen hinter sich, wie die Araber über die Hänge streifen und ihre Waffen schwenken. Die Verfolger erschießen die Verwundeten, auf die sie stoßen, und plündern die Toten aus.

Vier, fünf, sechs Kilometer sind es noch, bis Scharon und seine Helfer die Straße nach Hulda erreichen. Auf dem Weg ins Hospital erfährt er, dass sein Zug so gut wie ausgelöscht wurde: 15 gefallen, elf verwundet, der Rest noch verschollen. Der gescheiterte Angriff auf Latrun kostet insgesamt 75 junge Israelis das Leben – der höchste Blutzoll, den die Juden bisher haben bezahlen müssen.

Aber der Schock zwingt den neuen Staat trotzdem nicht in die Knie. Um Latrun und das Bab el-Wad zu umgehen, bauen die Israelis weiter südlich eine neue Straße, die sie *Burma Road* nennen. Sie kämpfen dafür einen Korridor frei, folgen alten Trampelpfaden für Ziegenherden und -hirten, arbeiten nur in der Nacht. Die 26 Kilometer lange Route, die sich zum Teil in Serpentinen die Berge hinaufzieht, ist in nicht weniger als acht Wochen fertig. Sie wird den Westteil Jerusalems, wo die Juden leben, mit Israel verbinden. Der Korridor, der sich an ihr entlang bildet, wird das Rückgrat des neuen Staates.

Hat Ben-Gurion wieder einmal recht mit seinem eiskalten Kalkül? Dieser Krieg schmiedet Menschen zusammen, die nie zuvor etwas miteinander zu tun hatten. Die Armee, die sich Ende Mai formell gründet, wird zum harten

„Eure Rache muss in eurer Existenz bestehen“: Bestattung eines gefallenen jüdischen Soldaten. Bei Latrun erleben die Juden noch eine schwere Niederlage – danach aber wendet sich das Blatt.

Kern des neuen Staates. Alle jüdischen Militärorganisationen gehen in ihr auf, *Hagana* und *Palmach* wie auch *Lechi* und *Irgun*. Große und doch geheime Waffenlieferungen treffen ein, vor allem aus der Tschechoslowakei. Die Juden erhalten von dort Kanonen, Mörser und Maschinengewehre, schweres Gerät und Munition. Die ersten Kampfflugzeuge des Staates Israel sind Nachfolgemodelle der deutschen Messerschmitt, die auf tschechischem Boden gebaut wurden.

Die Einwanderer aus Europa sehen fasziniert, wozu Juden fähig sind, wenn sie an ein großes Ziel glauben. Sie haben gelernt, nur auf sich selber zu vertrauen, das macht sie immun gegen Illusionen. Einige von ihnen mögen die beschwörende Rede von Samuel Gringauz in Erinnerung haben. Er hielt sie vor zweieinhalb Jahren, im September 1945. Da feierten sie im Lager Landsberg das erste Jom-Kippur-Fest nach dem Holocaust. „Ihr müsst der Welt zeigen, dass wir noch am Leben sind“, rief er damals aus. „Ihr müsst schaffen und bauen, tanzen und singen, leben und glücklich sein, leben und arbeiten.“ Gringauz sagte ihnen den wegweisenden Satz: „Eure Rache muss in eurer Existenz bestehen.“

„Dir zu Diensten, Palästina“: Ein Plakat ruft junge Araber zu den Waffen.

DER LANGE SCHATTEN

Berge von Judäa, Oktober 1948

Das erste Ziel der „Operation *Ha-Har*“ heißt Deir Aban. Auf einem Hügel gleich neben dem Dorf hat sich der Gegner in Schützengräben verschanzt. Ägyptische Soldaten und lokale Milizen halten seit Wochen diese Position. Sie liegen hinter Felsen und Metallschwellen, die aus der nahe gelegenen Eisenbahnstrecke gerissen und zum Bau von Barrieren verwendet wurden. Nur 60 Meter sind die Araber entfernt. Was können 60 Meter in einem Krieg bedeuten!

Die jüdischen Angreifer haben einen Koffer mit einem Grammofon dabei. In der Nacht vor dem geplanten Angriff drehen sie es auf volle Lautstärke. Eine Schallplatte beginnt, sich zu drehen, der Sound von MG-Salven prasselt durch das Megafon in die Finsternis. Ein Knattern und Krachen, als stürme da ein übermächtiges Heer heran. Das Täuschungsmanöver hat eine durchschlagende Wirkung. Bei den Verteidigern drüben bricht Panik aus, in wilder Hast ergreifen sie die Flucht.

Als es hell wird, macht sich ein zweites Mal Verwirrung breit, diesmal auf der jüdischen Seite. Da kauern junge Rekruten aus Europa,

„Bevölkerung vertreiben": Die Jüdische Brigade hat Beit Nattif erobert. Bald wird das arabische Dorf dem Erdboden gleichgemacht – um eine Rückkehr der Einwohner zu verhindern (links).

Säuberungen nach Plan D: Juden auf dem Vormarsch mit Panzern des Typs „M4 Sherman". Waffenlieferungen haben die junge israelische Armee deutlich gestärkt. Die Zahl ihrer Soldaten ist auf fast 100.000 gewachsen (rechts).

es ist ihr erster Einsatz an der Front. Wieder bricht die Hölle los, aus Maschinengewehren und Mörsern. Die Neulinge haben so etwas noch nie erlebt. Sie glauben anfangs, der Kugelhagel komme vom Feind, dabei sind es die eigenen Leute, die den Sturm der Infanteristen vorbereiten. Als sie attackieren, kommt gar keine Gegenwehr mehr. Die 2000 Dorfbewohner sind weg. Die Harel-Brigade, durchsetzt mit Immigranten, feiert den ersten Sieg der „Operation Berg". Die Juden sind entschlossen, diesen Ort geben sie nicht mehr her.

In Palästina hat sich das Blatt gewendet. Die Araber haben nur eines gemeinsam, den Feind. Ansonsten sind sie zerstritten in rivalisierende Clans, in Stadt- und Landbewohner, in eine muslimische Mehrheit und eine christliche Minderheit. Drei Viertel von ihnen sind Analphabeten, arme, technisch rückständige Bauern. Sie haben zwar einen fanatischen Führer, Mohammed Amin al-Husseini, den Großmufti von Jerusalem, der sie seit Jahren mit anti-jüdischen Wortschwallen aufputscht. Sie haben aber keine effizienten Strukturen. Ihre Kämpfer sind schlecht organisiert, die lokalen Milizen wie auch die Soldaten aus den Bruderstaaten. Hass allein reicht nicht aus für militärische Siege. Sie haben es auch nach monatelanger Belagerung nicht geschafft, die Juden Jerusalems in die Knie zu zwingen. Auch sonstwo in Palästina ist ihnen keine Eroberung gelungen.

Die Juden aber haben eine Vision. Zehntausende sind mit ihr aus Europa gekommen,

„In die Luft jagen“: Jüdische Soldaten durchsuchen ein arabisches Dorf. Mehr und mehr macht sich ein stillschweigendes Einverständnis mit ethnischen Säuberungen breit (oben).

Vorstoß bis in die Negev-Wüste: Israelische Truppen nehmen einen Schützengraben in Besitz, den ägyptische Soldaten aufgegeben haben (unten).

aus Asien, Afrika und Amerika, der Strom der Einwanderer schwillt unaufhörlich an. Die Armee des jungen Staates Israel erhält immer bessere Waffen. Die Truppenstärke nimmt jeden Monat zu, im Sommer waren es schon 55.000, im Herbst sind es fast 100.000. 20 Prozent davon sind Einwanderer, sie erkämpfen sich im Feld den Respekt, der ihnen am Anfang so oft verweigert wurde.

Die Araber sind aus Haifa und Jaffa geflohen, die meisten in der Illusion, schon bald wieder nach Hause zu dürfen, wenn die Armeen der Nachbarstaaten Israel den Todesstoß versetzt haben würden. Aber seit einem halben Jahr läuft es genau umgekehrt. Israels Feinde sind an allen Fronten zurückgewichen. Das Gebiet unter jüdischer Kontrolle ist von 56 Prozent, wie es der UN-Teilungsplan vorsah, auf mehr als 75 Prozent Palästinas angewachsen. Nun laufen die letzten großen Offensiven der Israelis. Im Süden stoßen sie in die Negev-Wüste vor, die ägyptische Truppen lange abgeriegelt haben. Im Norden sind sie dabei, ganz Galiläa zu erobern. In der Mitte wollen sie den Korridor verbreitern, der nach Jerusalem führt. Dafür sind sie in den westlichen Ausläufern des Judäischen Gebirges unterwegs. Sie säubern die Gegend so, dass sich hier ein für alle Mal kein Widerstand mehr regen wird.

Das zweite Ziel der „Operation *Ha-Har*“ heißt Deir al-Hawa. Es sind nur ein paar Häuser aus Stein und Lehm, 60 Einwohner, zwei Kilometer von Deir Aban entfernt. Aber das Nest liegt 300 Meter höher. Wer dort oben sitzt, hat einen guten Blick auf die Berge, die sich bis nach Bethlehem und Hebron ziehen. Die Harel-Brigade nimmt die Hänge unter Beschuss. Granaten schlagen in Gärten mit Apfel- und Mandel-, Feigen- und Olivenbäumen ein. Kleine Trupps schleichen sich im abendlichen Dunkel von mehreren Seiten hinauf, um Mitternacht haben sie die Anhöhe in der Hand. Ein Teil der Dörfler ist tot, die anderen sind mit ihren Tieren geflohen. Und die Juden sind entschlossen, diesen Ort geben sie nicht mehr her.

Eigentlich haben die Zionisten immer von friedlicher Koexistenz mit den Arabern geredet. Sie sagten, dass sie gute Nachbarn sein wollten, so wie die Juden, die schon seit einer, zwei oder drei Generationen in Palästina lebten. Als Ben-Gurion Mitte Mai den Staat der Juden ausrief, versprach er in seiner Proklamation feierlich, Israel werde „all seinen Bürgern, ohne Unterschied von Religion, Rasse und Geschlecht, soziale und politische Gleichberechtigung gewähren“. Er rief „die in Israel lebenden Araber“ dazu auf, sich am Aufbau des neuen Staates „in allen provisorischen und permanenten Organen“ zu beteiligen. War dieser Appell ehrlich gemeint? Oder nur eine Floskel zur Beschwichtigung?

Schon damals hatte die *Hagana* dieses geheime Archiv, in dem alle arabischen Dörfer in Palästina aufgelistet sind. Informanten, Kartografen und Fotografen haben dafür eine Unmenge präziser Daten, Skizzen und Bilder geliefert. Sie geben Auskunft über die Qualität

Eine neue Ära: Ein Plakat kündigt die erste Vereidigung von Einheiten der „Israelischen Verteidigungsstreitkräfte“ an. Mann und Frau in Uniform sind nicht mehr idealistische Freischärler, sondern professionelle, wehrpflichtige Soldaten.

und Nutzung des Landes, die Zahl der Bäume in Plantagen, die Zufahrtswege und Wasserquellen, die Laden- und Werkstattbesitzer, die geistlichen und weltlichen Führer, das Verhältnis zu Nachbardörfern und die Einstellung der Bewohner den Juden gegenüber. Wozu haben die Zionisten diesen enormen Aufwand getrieben?

Das nächste Ziel der „Operation *Ha-Har*“ heißt Allar. Ein Ort mit reicher Geschichte. Mauerreste aus den Zeiten der Kreuzzügler, der Mamelucken und Osmanen zeugen davon. Auf den Feldern wachsen Gurken, Auberginen und grüne Bohnen. Allar liegt über dem „Tal der Zitronen“ und dem „Tal der Granatäpfel“, seine Wasserquellen tragen blumige Namen, *Umm al-Uyun*, „Mutter der Augen“, *Umm al-Hassan*, „Mutter der Güte“, *Umm al-Sa'ad*, „Mutter des Glücks“. Die 440 Einwohner wehren sich nicht. Sie raffen Weizen und Linsen, die Reste der Ernte, und Bettmatratzen zusammen, türmen alles auf kleine Lieferwagen und brausen davon. Einige Familien campen erst mal in Höhlen und Bachgräben, sie haben noch die Illusion, vielleicht doch zurückkehren zu dürfen. Allar wird eine leichte Beute für die Harel-Brigade. Und die Juden sind entschlossen, diesen Ort geben sie nicht mehr her.

Das Gebiet südwestlich von Jerusalem wäre laut UN-Teilungsplan an die Araber gefallen. Aber dieser Plan ist längst Makulatur. Stattdessen tritt hier der „Plan D“ der Zionisten in Kraft. Er ist die Fortschreibung und Konkretisierung der Pläne A, B und C, in denen schon erste Anleitungen für den Umgang mit der arabischen Bevölkerung standen. „Plan D“ ging an die Kommandanten der jüdischen Brigaden, die den Staat Israel zu konsolidieren hatten. In dem Dokument sind Empfehlungen enthalten, wie sie gegen Siedlungen vorgehen sollen, die „auf Dauer schwierig zu kontrollieren“ seien. Man solle sie „in Brand setzen“, „in die Luft jagen“ und „Minen in die Trümmer legen“. Im Fall von Widerstand müssten „die bewaffneten Kräfte vernichtet und die Bevölkerung über die Staatsgrenzen hinaus vertrieben werden“.

Das nächste Ziel der „Operation *Ha-Har*“ heißt Beit Nattif. Es ist gesäumt von Wäldern mit Eichen und Johannisbrotbäumen, nach Süden blickt man in das Tal von Elah, das berühmt für seine Terpentinpistazien ist. Laut Bibel lagerten dort die Israeliten, als David mit seiner Steinschleuder den Riesen Goliat besiegte. Nun soll auch hier die Flagge mit dem Davidstern wehen. Denn die Straße, die durch das Tal verläuft, führt ins 20 Kilometer entfernte Jerusalem hinein, und die Juden wollen die Kontrolle darüber, damit die Zeit der Schüsse aus dem Hinterhalt endgültig zu Ende ist.

Flugzeuge haben schon Vorarbeit geleistet. Ein Bombenregen ging auf Beit Nattif nieder. Die gut 2000 Dorfbewohner haben das Weite gesucht. Sie sollen, so lautet der Auftrag für die Harel-Brigade, keine Chance mehr auf eine Rückkehr haben. Den Piloten folgen die Pioniere. Sie legen Sprengsätze in allen Häusern,

יום-שבועה לצבא-ישראל
הוצא לאור ע"י מחלקת התרבות
של צבא ההגנה לישראל
בוח"תר

„Nicht mehr zwischen guten und schlechten Arabern unterscheiden“: Arabische Kämpfer werden in einem Schützengraben gefangengenommen (oben).

„Warum sollten wir sie zurückbringen?“ Arabische Familien fliehen mit ihrer Habe über eine Landstraße (unten).

die den Luftangriff überstanden haben. Beit Nattif sinkt für immer in Trümmer. Die Juden können sicher sein, auch an diesem Ort wird es keine Araber mehr geben.

Was da läuft, ist eine ethnische Säuberung. Sie wird nie zur offiziellen Politik von Israel, denn das wäre ein Bruch mit den Prinzipien des Zionismus. Doch mit jeder Schlacht in diesem Krieg, die die Juden für sich entschieden haben, ist ein Gedanke stärker geworden: Der neue Staat ist umso sicherer, je weniger Araber in ihm leben. Man braucht im Grunde den „Plan D“ gar nicht mehr. Denn es herrscht ein ungeschriebenes, stillschweigendes Einverständnis, das fast alle politischen und militärischen Führer verbindet: Es ist gut, wenn möglichst viele Araber gehen. Es ist noch besser, wenn möglichst keine von ihnen zurückkommen.

Ja, es haben nicht alle Araber auf Juden geschossen. Es gab auch welche, die sich nicht anstecken ließen von den Hasstiraden, die Imame in den Moscheen losließen. Aber Krieg ist eben Krieg, so lautet die brutale Devise derer, die ihn gewinnen. Jakob Schimoni, ein hoher Regierungsbeamter, hat in einem Satz ausgedrückt, wie die Stimmung unter den jüdischen Kommandeuren ist: „Es gibt keine Möglichkeit mehr, zwischen guten und schlechten Arabern zu unterscheiden.“

Neubürger aus Europa: Immigranten wie dieser Mann mit Koffer richten sich in entvölkerten Städten und Dörfern Israels ein.

„Sie haben uns den Krieg erklärt, und der Krieg ist ein Krieg der Zerstörung", hat Ben-Gurion im Sommer bei einem Treffen seiner *Mapai*-Partei gesagt. „Sie wollten uns vernichten. Warum sollten wir sie jetzt zurückbringen? Damit sie wieder damit anfangen können?"

Das nächste Ziel der „Operation *Ha-Har*" heißt Beit Itab. Das Dorf liegt fast 700 Meter hoch, überragt alle anderen Erhebungen ringsum, das verleiht ihm eine große strategische Bedeutung. Bei der UNO in New York bahnt sich wieder mal ein Aufruf zu einem Waffenstillstand an, es wäre schon der dritte seit der Gründung des Staates Israel. Vorher soll die Harel-Brigade aber unbedingt noch dieses Dorf besetzen. Die 540 Einwohner sind in Richtung Bethlehem und Hebron geflüchtet. So können die Soldaten ganz ungestört ans Werk gehen. Die Häuser gehen auf in Rauch und Staub. Nur ein 80 Meter langer Felstunnel, der zur wichtigsten Wasserquelle führt, bleibt heil. In ihm soll sich, wie die Bibel berichtet, der israelitische Held Samson

Unheilvolle Parallelen: Lager für geflüchtete Palästinenser am Rand der syrischen Hauptstadt Damaskus. Hunderttausende von frustrierten Arabern träumen nun in Israels Nachbarländern von einer Heimkehr – und eine neue Saat der Gewalt geht auf.

verborgen haben, nachdem er die Kornfelder der Philister in Brand gesteckt hatte.

Die „Operation *Ha-Har*“ dauert nicht länger als vier Tage. Aber sie reicht aus, um ein Dutzend arabische Dörfer zu besetzen, zu entvölkern, zu zerstören. Ein paar Tausend Menschen haben dadurch ihre Heimat verloren. Am Ende sind es in Israel rund 750.000, drei Viertel der arabischen Bevölkerung, die auf diese Weise entwurzelt werden. Sie landen in Flüchtlingslagern außerhalb des Judenstaates, im Gaza-Streifen, im Westjordanland, in all den Nachbarländern, die einst geschworen hatten, mit ihren Truppen Israel zu vernichten und danach ein arabisches Palästina zu errichten.

Dawajima, westlich von Hebron gelegen, ist erst an der Reihe, als die „Operation *Ha-Har*“ schon abgeschlossen ist. Eine Woche nach Ausrufung der dritten Waffenruhe in diesem Palästinakrieg nähern sich drei Kolonnen mit gepanzerten Fahrzeugen. Eine Kolonne kommt von Süden, eine von Westen, eine von Norden. So bildet das 89. Bataillon der israelischen Armee einen Halbkreis um das arabische Dorf. Er ist nach Osten, zum Westjordanland hin, offen – dorthin, und nur dorthin, sollen die Bewohner fliehen.

Früher wohnten in Dawajima 3000 Menschen. Jetzt aber sind es 6000 geworden, im Dorf wimmelt es von Flüchtlingen, die aus zerstörten Dörfern kommen und hier Zuflucht gesucht haben. Die Juden aber wollen nicht, dass sie hierbleiben. Sie brauchen diese Gegend, um ihre neu gewonnenen Gebiete zu arrondieren. Daher wollen sie, dass die Araber weiterziehen, so erklärt sich der Halbkreis, der sich jetzt immer enger um sie legt. Das Ventil in Richtung Osten aber scheint nicht zu funktionieren, die Massen machen sich nicht auf den Weg. Da greifen die Soldaten zu anderen Mitteln. Die meisten von ihnen kämpften einst für *Irgun* und *Lechi*, die zwei radikalsten Untergrundgruppen der Juden. Die hatten schon wenig Hemmungen, als es gegen die Briten ging. Sollen sie jetzt weniger Hemmungen haben?

Sie legen an und schießen auf alles, was sich bewegt. Die Menschen rennen wieder in die Moschee, wo sie gerade eben beim Freitagsgebet waren, und in Höhlen, die es rings um das Dorf gibt. Mehr als eine Stunde peitschen Schüsse durch Dawajima. Dann liegen, wie der Dorfvorsteher Hassan Mahmud Ihdeib zählt, 60 Leichen in der Moschee, 80 vor der Quelle Iraq el-Zagh und viele weitere in den Straßen. Der *mukhta*r sieht tote Kinder, denen mit Stöcken die Schädel eingeschlagen wurden. Nun beginnen die Soldaten damit, die Häuser von Dawajima zu sprengen.

Die Geburt des Staates Israel ist nicht nur von ethnischen Säuberungen begleitet. Eine Blutspur von rund 70 Massakern zieht sich durch das Land. Die meisten Opfer gab es bisher in Slichah (mehr als 70), in Deir Jassin (fast 120) und Lod (etwa 250). Nun gehört auch Dawajima in diese Reihe.

Am selben Tag, dem 29. Oktober, veranstalten israelische Soldaten 150 Kilometer weiter nördlich, im galiläischen Dorf Safsaf, eine zweite Blutorgie. Josef Nachmani, ein führender Akteur des Jüdischen Nationalfonds, dessen Ziel der Landerwerb für jüdische Siedlungen ist, wird eine Woche später

Ergreifender Trauerzug: Juden transportieren die Asche von KZ-Opfern durch Jerusalem, um sie in der Erde Israels zu bestatten.

davon erfahren. Er schreibt in sein Tagebuch: „Sie stellten Männer und Frauen in zwei getrennten Gruppen auf, fesselten 50 bis 60 Einwohner an den Händen, erschossen sie und warfen sie alle in eine einzige Grube. Sie haben auch mehrere Frauen aus dem Dorf vergewaltigt." Nachmani listet weitere Orte auf, in denen die Soldaten ähnlich vorgingen. „Wo haben sie dieses Verhalten erlernt, das so grausam ist wie das der Nazis?", bringt er zu Papier. Ein Offizier habe ihm gesagt: „Die Wildesten waren diejenigen, die das KZ überlebt hatten."

Geschichte wiederholt sich nicht. Wohl aber tun es Denkmuster, die menschliches Handeln bestimmen. In Israel wird jahrzehntelang ein Mantel des Schweigens über den Vorfällen liegen. Nie steht ein Soldat wegen dieser Kriegsverbrechen vor Gericht. Die Flüchtlinge, die einst Nachbarn waren, entschwinden dem Blick der Öffentlichkeit. Neben den Ruinen von mehr als 400 zerstörten arabischen Dörfern werden neue jüdische Siedlungen entstehen. Der große Traum des Zionismus ist zugleich sein Fluch. Wo Menschen eine neue Heimat finden, haben andere Menschen ihre Heimat verloren. Die Geburt des Staates Israel wird in das Gedächtnis der Araber als *Nakba* eingehen, als „Katastrophe".

Die Flüchtlingslager in Europa, in denen Juden jahrelang hausten, beginnen sich zu leeren. Dafür entstehen im Nahen Osten neue arabische Lager. Deren Insassen werden wieder am Tropf der Vereinten Nationen hängen, wie einst die Juden. Sie werden von einer Heimkehr träumen, wie einst die Juden. Es werden Generationen heranwachsen, die fest daran glauben, dass man Gewalt nur mit Gewalt beantworten kann.

Israels Landwirtschaftsminister Aaron Zisling ist einer der wenigen, die das Verhängnis voraussehen. Er wurde im russischen Zarenreich geboren, hat sein ganzes Leben dem Zionismus gewidmet. Er setzte sich für die *Alija* der Kinder und Jugendlichen ein, die vor Hitlers Schergen gerettet werden sollten. Er gehörte der *Hagana*-Führung an, war Mitgründer des *Palmach*. Er hat die *Jewish Agency* bei der UNO vertreten und ist einer der 37 Juden, die im Mai die Ausrufung des Staates Israel unterzeichneten. Jetzt ist er entsetzt darüber, in welche Richtung die Dinge laufen.

„Wir haben immer noch nicht richtig verstanden, was für einen Feind wir nun außerhalb der Staatsgrenzen nähren", hat er im Juli in einer Kabinettssitzung gesagt. „Unsere Feinde, die arabischen Staaten, sind das reine Nichts im Vergleich zu diesen Hunderttausenden von Arabern, die von Hass, Hoffnungslosigkeit

„Die Araber retten Palästina": Inschrift auf einem palästinensischen Plakat. Es nährte die Illusion, dass eine muslimische Übermacht aus fünf Nachbarstaaten die Juden ins Meer treiben würde.

„Dies ist kein Dachau – nicht wahr, Herr Mufti?" Karikatur in der „New York Times" zur Staatsgründung Israels. Der islamische Führer Mohammed Amin el-Husseini hatte jahrelang Hassreden gegen die Juden gehalten – und sogar ein Bündnis mit den Nazis gesucht.

und unendlicher Feindschaft motiviert sind, gegen uns Krieg zu führen."

Mitte November steht er traurig vor dem provisorischen Staatsrat, dem Vorläufer des israelischen Parlaments. „Ich konnte die ganze Nacht nicht schlafen", sagt er. „Ich spürte, da passieren Dinge, die tun meiner Seele weh, der Seele meiner Familie, der Seele von uns allen." Dann kommt dem 47-Jährigen der furchtbare Satz über die Lippen. „Juden haben sich jetzt wie Nazis verhalten – mein ganzes Dasein ist erschüttert."

Der Schatten des Holocaust ist lang. Erst lag er über den Ghettos und Konzentrationslagern. Dann fiel er auf die Flüchtlingscamps in Deutschland und Österreich. Er wanderte durch Nord- und Südtirol, wuchs über die Alpen hinweg und über das Mittelmeer. Nun hat er Israel erreicht. Mit jedem Tag, so scheint es, wird er ein Stück länger. Er folgt den Menschen auf Schritt und Tritt, den Tätern wie auch den Opfern. Niemand, der sich in diesem Schatten befindet, kommt aus ihm heraus.

„Da passieren Dinge, die tun meiner Seele weh": Soldaten hissen die Flagge Israels in Eilat am Roten Meer. Ein Jahr nach der Gründung ihres Staates haben die Juden drei Viertel Palästinas in ihrem Besitz. Doch es ist noch lange nicht ihr letzter Kampf.

GLOSSAR

Hebräische Begriffe

Alija
„Aufstieg". Seit dem Babylonischen Exil (586–539 v. Chr.) bezeichnet das Wort die ersehnte Rückkehr der Juden in die verlorene Heimat.

Alija Bet
„Einwanderung B". Illegale jüdische Migration nach Palästina unter der britischen Mandatsherrschaft. Der hebräische Buchstabe *Bet* steht hier für „Plan B" – als Gegensatz zur *Alija A,* der legalen Einwanderung.

B'nai B'rith
„Söhne des Bundes". Philanthropische Organisation, gegründet 1843. Sitz: Washington. Sie ähnelt mit ihrem Aufbau (Großlogen, Hauptlogen, Distrikte) den Freimaurern, ist aber nicht mit ihnen verbunden.

Bricha
„Flucht". Geheime Fluchthelferorganisation. Sie wird 1944 von jüdischen Partisanen in Osteuropa gegründet. Nach dem Kriegsende 1945 baut sie ein Netz auf, das sich über fast den ganzen Kontinent zieht.

Chanukka
„Weihung". Achttägiges „Lichterfest". Es erinnert an die Einweihung des zweiten jüdischen Tempels in Jerusalem 164 v. Chr. nach dem erfolgreichen Makkabäeraufstand gegen den Seleukidenherrscher Antiochos IV.

Chassidim
„Fromme". Religiöse Bewegung im osteuropäischen Judentum. Sie entsteht im 18. Jahrhundert. Rituelle Musik und Tanz spielen für sie eine mystische Rolle.

Eretz Israel
„Land Israel". Bezeichnung für das „Land vom Nil bis zum Euphrat", das Gott laut Bibel den Nachkommen Abrahams versprochen hat. Spätere Textstellen bezeichnen damit das (deutlich kleinere) Siedlungsgebiet der Israeliten.

Hachschara
„Tauglichmachung". Landwirtschaftlicher Kurs zur Vorbereitung auf das Leben in einer Kollektivfarm.

Hagana
„Die Verteidigung". Paramilitärische Untergrundorganisation, die für die Errichtung eines jüdischen Staats Israel kämpft.

Irgun
Kurzform für *Irgun Zwai Leumi*, „Nationale Militärorganisation". Jüdische Untergrundtruppe, die von 1931 bis 1948 gegen die britische Mandatsherrschaft über Palästina kämpft. Ihr letzter Führer ist Menachem Begin, der 1977 Regierungschef von Israel wird.

Jischuw
„Siedlung". Bezeichnung für das jüdische Gemeinwesen in Palästina vor der Gründung Israels.

Kibbutz
„Kommune". Landwirtschaftliche Kollektivsiedlung mit Gemeineigentum und basisdemokratischen Strukturen.

Lechi
Kurzform für *Lohamei Cherut Israel,* „Kämpfer für die Freiheit Israels". Radikal-zionistische, paramilitärische Untergrundorganisation. Sie wird 1940 von Abraham Stern gegründet und daher von den Briten als *Stern Gang* bezeichnet. Einer seiner Nachfolger, Jitzhak Schamir, wird 1983 Ministerpräsident von Israel.

Mapai
Kurzform für *Mifleget Poalei Eretz Israel,* „Partei der Arbeiter des Landes Israel". Existiert von 1930 bis 1968. Stärkste politische Partei in der zionistischen Bewegung. Wird zwei Jahrzehnte lang von David Ben-Gurion geführt, der 1948 erster Regierungschef des Staates Israel wird.

Mossad Le Alija Bet
„Institut für Einwanderung B". Organisiert vor allem illegale Schiffsfahrten über das Mittelmeer nach Palästina. Nicht zu verwechseln mit dem Geheimdienst „Mossad", der später in Israel entsteht.

Palmach
Kurzform für *Plugot Machatz,* „Einsatztruppen". Kampfverband der *Hagana*, der in Palästina jüdische Siedlungen verteidigt und arabische Dörfer angreift.

Rabbi
„Mein Meister". Jüdischer Gelehrter, der die Vorschriften der Tora auslegt.

Sche'erit Hapletah
„Der übrig gebliebene Rest". Unter dieser Bezeichnung sammeln sich 1945 Juden in Europa, die den Holocaust überlebt haben, zu einer politischen Bewegung.

Schoah
„Katastrophe". Hebräische Bezeichnung für *Holocaust* (englisch, siehe dort). Der nationalsozialistische Völkermord an den Juden.

Schlichim
„Abgesandte". Nach 1945 werden Emissäre aus Palästina nach Europa geschickt, die in den Flüchtlingslagern Juden unterrichten und auf ein neues Leben im Staat Israel vorbereiten.

Tora
„Weisung". Die fünf Bücher Mose. Ältester Teil der hebräischen Bibel.

Englische Begriffe

Displaced Persons (DPs)
„Vertriebene Personen". So bezeichnen die alliierten Streitkräfte alle Zivilisten, die als Folge des Zweiten Weltkriegs ihren Wohnsitz verloren haben. Das sind in erster Linie Zwangsarbeiter und KZ-Häftlinge.

Holocaust
Ableitung vom griechischen Adjektiv *holókauston*, „vollständig verbrannt". Das englische Wort steht seit 1600 für „Feuertod", seit 1800 für „Massaker". Ende

1942 wird der Begriff erstmals für den nationalsozialistischen Völkermord an den Juden verwendet – von der britischen Tageszeitung *News Chronicle*.

Infiltrees
Administrative Bezeichnung für Juden, die nicht im KZ gesessen, sondern ihre Heimat verlassen haben, weil sie dort für sich keine Zukunft mehr sehen.

IRO
Abkürzung für *International Refugee Organisation,* „Internationale Flüchtlingsorganisation der Vereinten Nationen". Sie tritt 1946 die Nachfolge der UNRRA (siehe dort) an. Bis zu ihrer Auflösung 1952 betreut sie etwa eine Million Menschen.

Jewish Agency
„Jüdische Agentur". 1929 auf dem 16. Zionistenkongress gegründet. Offizielle Vertretung der Juden in Palästina, Ansprechpartner der britischen Mandatsverwaltung. Ihre Hauptaufgabe ist, Juden aus aller Welt zur Einwanderung zu motivieren – zunächst nach Palästina, später in den neuen Staat Israel.

Joint
Kurzform für *American Jewish Joint Distribution Committee*. 1914 gegründet, um jüdische Notleidende im Ersten Weltkrieg zu unterstützen. Von 1933 an verhilft die Organisation Juden zur Ausreise aus Nazideutschland. Sie schickt auf geheimen Wegen Geld und Lebensmittelpakete an Juden in dem von der Wehrmacht besetzten Osteuropa. Nach 1945 finanziert sie zum großen Teil die Schleuseraktionen, mit denen jüdische Holocaust-Überlebende nach Palästina gebracht werden.

UNRRA
Abkürzung für *United Nations Relief and Rehabilitation Administration*, „Nothilfe- und Wiederaufbauverwaltung der Vereinten Nationen". Sie organisiert nach dem Kriegsende 1945 die Rückführung der *Displaced Persons* (siehe dort) in ihre Heimatländer.

YIVO
Abkürzung für *Yidisher visnshaftlekher institut.* Renommierte wissenschaftliche Einrichtung zur Erforschung des osteuropäischen Judentums. 1926 gegründet, mit Sitz im litauischen Wilna. 1940 nach New York verlegt, ehe die Nazis 1942 die noch vorhandenen Bestände plündern.

White Paper
Das Weißbuch von 1939. Es bestimmt die Palästinapolitik der britischen Regierung in und nach dem Zweiten Weltkrieg. Ziel ist, innerhalb von zehn Jahren zwischen Jordan und Mittelmeer einen gemeinsamen Staat für Juden und Araber zu gründen. Der Anteil der Juden soll ein Drittel der arabischen Bevölkerungszahl nicht übersteigen. Die Zahl jüdischer Neueinwanderer wird auf insgesamt 75.000 begrenzt. Die Juden umgehen diese Beschränkung durch illegale Einwanderungsrouten.

Deutsche Begriffe

Bundisten
Mitglieder einer sozialistischen Bewegung, die auf den 1897 gegründeten Allgemeinen Jüdischen Arbeiterbund (Kurzform: Bund) für Russland und Polen zurückgeht. Sie lehnen das traditionelle jüdische Leben in Osteuropa als „reaktionär", aber auch die Einwanderung nach Palästina ab – weil sie eine Flucht und keine Lösung sei.

Jiddisch
Alltagssprache der Juden in Osteuropa bis zum Holocaust. Sie geht aus dem Mittelhochdeutschen hervor. Heute wird sie als Muttersprache nur noch von streng orthodoxen Juden verwendet.

Judas Makkabäus
Jüdischer Freiheitskämpfer im 2. Jahrhundert v. Chr. Die nach ihm benannten Makkabäer lehnen sich gegen den Seleukidenherrscher Antiochos IV. auf, der die Juden zum Abfall von ihrem Glauben zwingen will.

Jüdische Brigade
5000 Mann starke Einheit der britischen Truppen. Sie kämpft im Zweiten Weltkrieg gegen Nazideutschland. Juden aus dem britischen Mandatsgebiet Palästina haben sich dafür freiwillig gemeldet.

Palästina-Mandat
Nach dem Rückzug der Türken am Ende des Ersten Weltkriegs überträgt der Völkerbund 1920 ein Mandat an Großbritannien über ein großes Gebiet im Nahen Osten. 1923 wird davon das Emirat Transjordanien abgetrennt, das 1946 ein unabhängiges Königreich wird. Das Restgebiet zwischen Jordan und Mittelmeer wollen die Briten zwischen Juden und Arabern aufteilen. Der UN-Plan von 1947, der die Gründung zweier Staaten vorsieht, wird von den Juden, nicht aber von den Arabern akzeptiert. 1948 ziehen die Briten ab. Als Folge kommt es zum ersten Krieg zwischen den verfeindeten Lagern.

Rabbiner
Jüdischer Seelsorger. Seine Hauptaufgabe ist, die Tora zu lehren.

Zionismus
Abgeleitet von *Zion*, dem Namen des Tempelberges in Jerusalem. Jüdische Nationalbewegung, entstanden im Europa des 19. Jahrhunderts. Ihr Ziel ist die Gründung eines jüdischen Staates.

BILDNACHWEIS

Archive

Adobe.stock/nickolae: S. 200

agefotostock: S. 60

akg-images/Benno Gantner/Mondadori Portfolio: S. 12

Alamy Stock Photo: S. 44 (Granger Historical Picture Archive); S. 49 (Interfoto); S. 162/163 (Keystone Press); S. 232 u. (Science History Images)

Amt für Film und Medien, Autonome Provinz Bozen-Südtirol, Leo Bährendt/Bestand Bährendt: S. 26 o.

Archivio CDEC, Milano/Fondo Israel Kalk: S. 42, 62, 214, 226 o., 234 u.

Archivio CDEC, Milano/Fondo Carceri, campi in Italia. Riproduzione dell'originale conservato nell'Archivio storico del Comune di Carpi: S. 192

Bundesarchiv Koblenz: S. 54, 129 li., 164 u., 209, 268/269

Centro Studi e Documentazione – Fondazione Fossoli, Archivio fotografico: S. 193

Deutsches Historisches Museum Berlin/Foto Henry Ries, © Photo SCALA, Florenz/bpk, Bildagentur für Kunst, Kultur und Geschichte Berlin: S. 43

Dokumentationsarchiv des österreichischen Widerstandes (DÖW): S. 36, 164 o.

Dorfwerkstatt Mölten: S. 24

Erzabtei Sankt Ottilien/Bildarchiv: S. 30, 31

Ghetto Fighters House Archives: S. 23 re., 35, 108 o., 184 u., 213, 228, 234 o., 248 u., 284

Israeli Government Press Office/National photo Collection: S. 155 (Foto Pinn Hans), 156 (Foto Kluger Zoltan), 191, 239 u. (Foto Shershel Frank), 251 (Foto Pinn Hans), 255 (Foto Pinn Hans), 282 und Umschlagfoto hinten re. (Foto Kluger Zoltan), 294

Habricha Legacy Association: S. 23 li., 106, 150 o., 212, 220

Haus der Bayerischen Geschichte: S. 55, 142 u.

Heimat- und Kulturverein Marchegg: S. 20

IDF and Defense Establishment Archives: S. 89 o.

Imperial War Museums, London: S. 159, 186, 189

JDC Archives: S. 53, 65 re., 71 u., 107

Jüdisches Historisches Institut Warschau/Julia Pirotte: S. 182 o.

Jüdisches Museum Meran: S. 231

Kheel Center for Labor-Management Documentation and Archives, Cornell University Library/ILGWU Publication „Justice": S. 306

Library of Congress Prints and Photographs Division Washington D.C.: S. 46, 188 (Matson Photograph Collection)

Main-Post/Walter Röder: S. 128

Manfred Deiler, Europäische Holocaustgedenkstätte Stiftung: S. 132, 133, 134

MuMeSE (Museo Memoriale di Sciesopoli Ebraica 1945–1948)/Marco Cavallarin: S. 116

National Archives, College Park: Record Group 111: Records of the office of the chief signal officer: S. 15, 18, 28, 64, 68, 71 o., 123, 150 u., 208 o.

National Army Museum: S. 38

National Library of Israel: S. 124

Österreichische Nationalbibliothek/Bildarchiv Austria: S. 145, 158, 184 o.

Palais Mamming Museum, Meran: S. 230

Palmach Photo Gallery: S. 87, 88, 90, 91, 92, 153, 169, 238, 242, 244 o., 258, 262 o., 271, 278, 279, 280, 281, 286, 291 u., 292, 296 o., 300 o., 307

Robert Capa/International Center of photography/Magnum/Contrasto: S. 304

Stadtarchiv Bozen, Bestand Öffentliches Bauwesen, Foto Nr. 2185: S. 16

Stadtarchiv Innsbruck: S. 76 o., 160, 161 re., 167

Stadtarchiv Landsberg: S. 80 u. (Bildarchiv-Nr. 797)

Stadtarchiv Wolfratshausen/Fotoclub Wolfratshausen e.V.: S. 143

Stadtmuseum Judenburg: S. 94, 96

Stadtmuseum Trofaiach: S. 100

Süddeutsche Zeitung Photo: S. 114 u. (Foto Scherl), 180, 236 (United Archives/TopFoto), 241 u.

Technisches Museum Wien/Sammlung Österreichische Mediathek: S. 129 re.

The Oster Visual Documentation Center, ANU – Museum of the Jewish People: S. 22, 85, 89 u.

The Palestine Poster Project Archives: S. 57, 249, 293, 299

Tiroler Landesarchiv, Innsbruck: S. 72

Tiroler Landesmuseum Ferdinandeum/Bibliothek des Ferdinandeums: S. 175 li.

Tiroler Landesmuseum Ferdinandeum/Historische Sammlungen: S. 161 li.

UN Photo: S. 250

United Nations Archives and Record Management Section: S. 198 u.

United States Holocaust Memorial Museum (USHMM): S. 13, 33, 51, 56, 58, 66, 78, 79, 81, 93, 95, 102, 108 u., 113, 114 o., 118, 122, 125, 126, 130, 135, 136, 140, 142 o., 144, 147, 152, 170, 179, 181, 194, 204 re., 210, 218, 239 o., 241 o., 244 u., 247, 248 o., 261, 262 u., 270, 273, 285 u., Umschlagfoto hinten li.

Vorarlberger Landesbibliothek/Sammlung Risch-Lau: S. 148, 196, 198 o., 246

Repro: **www.nurinst.org**: S. 259, 260, 272

Yad Vashem Archives: S. 32, 34, 40, 48, 52, 80 o., 82, 84, 117, 127, 138, 139, 141 li., 203, 205, 207, 208 u., 216, 243, 252, 266, 283

Yivo Institute for Jewish Research, New York: S. 115, 141 re., 204 li., 253, 275, 276

Privatpersonen

Crommelin, Miff: S. 98, 99

Keplinger, Thomas: S. 14

Löwer, Hans Joachim: S. 221

Luffy, Norbert: S. 26 u.

Morscher, Wolfgang: S. 226 u.

Moshe Talit, Tel-Aviv: S. 256

Nissim, Daniele: S. 86

Recla, Robert, Tiroler Geschichtsverein Brixen: S. 76 u.

Shpangenthal, Ora: S. 224

Sinkoff, Nancy: S. 206

Sturm, Philipp und Günther; S. 232 o.

Tiefenbrunner, Klaus: S. 222

Urban, Susanne/privat: S. 104, 105

Zeiri Sarner, Nitza: S. 121

Web

S. 39: en.wikipedia.org/wiki/Jewish_Brigade

S. 61: commons.wikimedia.org/wiki/File:Mussolini_e_Petacci_a_Piazzale_Loreto,_1945.jpg

S. 65 li.: commons.wikimedia.org/wiki/File:Yehuda_Arazi.jpg

S. 101 li.: de.m.wikipedia.org/wiki/Datei:Ernest_Bevin_August_1945.jpg

S. 101 re.: commons.wikimedia.org/wiki/File:Frederick_E._Morgan.jpg

S. 110: https://bunkerbooks.weebly.com/s---der-stuumlrmer-deutsches-wochenblatt-zum-kampfe-um-die-wahrheit1.html

S. 146: commons.wikimedia.org/wiki/File:AbaGefen_Briha_CAJR.jpg

S. 168: he.wikipedia.org/wiki/%D7%A7%D7%95%D7%91%D7%A5:Ada_Sereni.jpg

S. 171: www.poliziadistato.it/articolo/luigi-ferrari

S. 173: de.wikipedia.org/wiki/Datei:Judenstein_Anderl2.png

S. 182 u.: www.exodus-1947.com/blank-9?lightbox=dataItem-j6xpmt2m

S. 201: commons.wikimedia.org/wiki/File:Marie_Syrkin.jpg

S. 257: www.yumuseum.org/collections/index/item/6335

S. 285 o.: commons.wikimedia.org/w/index.php?curid=33261039

S. 288 o.: en.wikipedia.org/wiki/1947%E2%80%931949_Palestine_war#/media/File:Machsom.jpg

S. 288 u.: en.wikipedia.org/wiki/1947%E2%80%931949_Palestine_war#/media/File:PikiWiki_Israel_20804_The_Palmach.jpg

S. 291 o.: commons.wikimedia.org/wiki/File:Gun_on_roof_of_Latrun_pollice_station.jpg

S. 295: commons.wikimedia.org/wiki/File:PikiWiki_Israel_21221_The_Palmach.JPG

S. 296 u.: en.wikipedia.org/wiki/Battles_of_the_Separation_Corridor#/media/File:Israelis_at_Faluja.jpg

S. 300 u.: commons.wikimedia.org/wiki/File:Palestinian_refugees_1948.jpg:

S. 301: 100.federationcja.org/decades/1947-1956/

S. 302: commons.wikimedia.org/wiki/File:Man_see_school_nakba.jpg

S. 305: Eltaher.org

www.palyam.org: S. 264, 265, 277

Literatur

S. 67 und S. 75: aus: Mitterer, Wittfrida, [Grenze] Brenner-Pass, 2006 (Archiv Athesia-Tappeiner Verlag)

S. 74: aus: R. Steininger, Toni Ebner 1918–1981. Südtiroler Politiker, Journalist, Unternehmer, Bozen 2018, S. 457

S. 172, 175 re. und 176: aus: Bernhard Fresacher, Anderl von Rinn. Ritualmordkult und Neuorientierung in Judenstein 1945–1995, 1998, S. 13, 16, 20 (Archiv Tyrolia Verlag Innsbruck)

S. 217: aus: Alpine Peace Crossing/Roland Floimair (Hrsg.), Über die Berge dem Gelobten Land entgegen. Schriftenreihe des Landespressebüros. Salzburg Dokumentationen; Nr. 117, 2008, S. 57

Trotz intensiver Recherche konnten die Urheberrechte nicht in jedem Fall zweifelsfrei geklärt werden. Wir bitten gegebenenfalls um Mitteilung.

QUELLEN

Literatur

AJDC (Hg.): Rebuilding Jewish Lives and Jewish Life; New York, o. J.

Albrich, Thomas: Der Todesmarsch in die Alpenfestung. In: Geschichte und Region. Jahrbuch der Arbeitsgruppe; Regionalgeschichte 6 (1997)

Albrich, Thomas (Hg.): Flucht nach Eretz Israel; Innsbruck 1998

Albrich, Thomas: Exodus durch Österreich; Innsbruck 1987

Albrich, Thomas: Flucht durch Österreich. In: Benz, Wolfgang (Hg.): Exodus – Die Juden Europas nach dem Holocaust. Schriften des Bundesinstituts für Kultur und Geschichte der Deutschen im östlichen Europa 7 (2017)

Albrich, Thomas: Jüdisches Leben im historischen Tirol, Bd. 3: Von der Teilung Tirols bis in die Gegenwart; Innsbruck 2012

Albrich, Thomas: Tirolo: terra di transito dell'esodo ebraico 1945–1948; Materiali di lavoro. Rivista di studi storici 1–4 (1988)

Anderl, Gabriele / Usaty, Simon (Hg.): Schleppen, Schleusen, Helfen; Wien 2016

Appleman-Jurman: Alicia – My Story; New York 1988

Aschauer-Smolik, Sabine / Steidl, Mario (Hg.): Tamid Kadima – Immer vorwärts. Der jüdische Exodus aus Europa 1945–1948; Innsbruck-Wien-Bozen 2010

Auron, Yair: The Holocaust, Rebirth, and the Nakba; Lanham-Boulder-New York-London 2017

Aviel, Avraham: Freedom & Loneliness; Jerusalem 2008

Anery, Uri: In den Feldern der Philister; Kreuzlingen-München 2005

Baumel, Tydor: Double Jeopardy. Gender and the Holocaust; London-Portland 1998

Bayerische Verwaltung der staatlichen Schlösser, Gärten und Seen (Hg.): KZ-Friedhöfe und -gedenkstätten in Bayern

Beckman, Morris: The Jewish Brigade; Staplehurst 1998

Ben Natan, Asher / Urban, Susanne: Die Bricha; Düsseldorf 2005

Benz, Wolfgang / Weber, Matthias (Hg.): Exodus; Oldenburg 2017

Biber, Jacob: Risen from the Ashes; San Bernardino 1990

Blum, Howard: Ihr Leben in unserer Hand; München 2002

Brenner, Michael: After the Holocaust; Princeton 1997

Casper, Bernard M.: With the Jewish Brigade; London 1947

Cesarani, David u. a. (Hg): Survivors of Nazi Persecution in Europe after the Second World War, Bd. 1; London-Portland 2010

Checinski, Michael: Die Uhr meines Vaters: erzähltes Leben; Frankfurt / Main 2001

Clemens Winter, Martin: Gewalt und Erinnerung im ländlichen Raum: Die deutsche Bevölkerung und die Todesmärsche; Berlin 2018

Costantini, Francesca: I luoghi della memoria ebraica di Milano; Mailand-Udine 2016

Crago-Schneider / Kierra Mikaila: Jewish „Schtetls" in Post-War Germany; Los Angeles 2013

Crainz, Guido / Pupo, Raoul / Salvatici, Silvia (Hg): Naufraghi della Pace; Rom 2008

Denes, Magda: Brennende Schlösser: eine jüdische Kindheit; München 1997

Dengler, Judith: Die tirolische Legende vom „Anderl von Rinn" – Andreaskult und Wallfahrtskirche (BA-Seminararbeit); Innsbruck 2018

Di Santo, Costantino: Stranieri Indesirabili; Verona 2011

Eder, Angelika: Flüchtige Heimat; München 1998

Eisterer, Klaus: Französische Besatzungspolitik – Tirol und Vorarlberg 1945 / 46; Innsbruck 1991

Eisterer, Klaus (Hg): Tirol zwischen Diktatur und Demokratie (1930–1950); Innsbruck 2002

Elam, Shraga: Hitlers Fälscher; Wien 2000

Embacher, Helga: Vom DP-Lager nach Israel und in die USA. In: Salzburg. Geschichte & Politik, Mitteilungen der Dr. Hans Lechner Forschungsgesellschaft, 11. Jg., Heft 3 (2001)

Fahlbusch, Jan H. u. a.: Pöppendorf statt Palästina – Dokumentation einer Ausstellung; München-Hamburg 1999

Feingold, Marko M.: Wer einmal gestorben ist, dem tut nichts mehr weh: Wien 2000

Floimair, Roland (Hg.): Über die Berge dem Gelobten Land entgegen; Salzburg 2008

Fresacher, Bernhard: Anderl von Rinn; Innsbruck 1998

Fritz Bauer Institut (Hg.): Überlebt und unterwegs; Frankfurt-New York 1997

Gallas, Elisabeth: Das Leichenhaus der Bücher; Göttingen 2016

Gallas, Elisabeth: Preserving East European Jewish Culture – Lucy Dawidowicz and the Salvage of Books after the Holocaust. In: Jahrbuch des Simon-Dubnow-Instituts XI (2012)

Gay, Ruth: Safe among the Germans; London-New Haven 2011

Gelber, Yoav: Palestine 1948; brighton-Portland 2006

Gelber, Yoav: The Meeting Between the Jewish Soldiers from Palestine Serving in the British Army and She'erit Hapletah. In: Gutman, Yisrael / Drechsler, Adina (Hg): She'erit Hapletah, 1944–1948: Rehabilitation and Struggle (1990)

Giacomozzi, Carla / Paleari, Giuseppe: Das Pol. Durchgangslager Bozen; Bozen 2006

Golani, Motti: Palestine between Politics & Terror, 1945–1947; Waltham 2013

Glubb, John B.: A Soldier with the Arabs; London 1957

Golub, Aharon: Kaddishel: A Life Reborn; Jerusalem-New York 2005

Goñi, Uki: Odessa – Die wahre Geschichte; Berlin 2006

Grodzinsky, Yosef: In the Shadow of the Holocaust; Monroe 2005

Grossmann, Atina: Juden, Deutsche, Alliierte; Göttingen 2012

Grossmann, Atina: Living On. Zippi in Feldafing. In: Jürgen Matthäus (Hg.): Holocaust Testimony and its Transformations (2009)

Grossmann, Kurt R.: The Jewish DP Problem. Its Origin, Scope, and Liquidation; New York 1951

Gruber, Ruth: Exodus 1947: the ship that launched a nation; New York 2007

Gurewitsch, Brana: Mothers, Sisters, Resisters; Tuscaloosa 1998

Guthörl, Milena Katharina: Die Jüdische Brigade *(Magisterarbeit)*; Heidelberg 2010

Gutman, Yisrael / Saf, Avital: She'erit Hapletah, 1944–1948; Jerusalem 1990

Hadari, Ze'ev Venia: Second Exodus; London 1991

Halder, Klemens (Prior): Der angebliche Ritualmord am Kind Andreas von Rinn. In: Stiftung Wilten Aktuell, Jahrgang 22 / 4, Innsbruck (2019)

Halper, Jeff: An Israeli in Palestine; London-New York 2008

Hefez, Nir / Bloom, Gadi: Ariel Sharon; New York 2006

Heymont, Irving: Bei den Überlebenden; Cincinnati 1982

Hillenbrand, Klaus: Nicht mit uns; Frankfurt / Main 2008

Hillenbrand, Klaus: Fremde im neuen Land; Frankfurt / Main 2015

Hulme, Kathryn: The Wild Place; Boston 1953

Hutton, Bud (Oram C.) / Rooney, Andrew: Conquerors' Peace; Garden City 1947

Hyman, Abraham S.: The Undefeated; Jerusalem 1993

Innerhofer, Joachim / Mayr, Sabine: Mörderische Heimat; Bozen 2015

Institut für Strukturforschung und Erwachsenenbildung der AK Steiermark: Konflikt und Integration. Die Lager Trofaiach / Gai 1915–1960; Graz 2003

Jacobmeyer, Wolfgang: Vom Zwangsarbeiter zum heimatlosen Ausländer; Göttingen 1985

Kaniuk, Yoram: 1948; Berlin 2013

Kochavi, Arieh J.: Post-Holocaust Politics; University of North Carolina Press, Chapel Hill 2001

Königseder, Angelika / Wetzel, Juliane: Lebensmut im Wartesaal; Frankfurt / Main 1994

Kokkonen, Susanna: Jewish Displaced Persons in Post-War Italy, 1945–1951. In: Jewish Political Studies Review 20: 1 / 2 (2008)

Kühn, Udo (Hg.): Der alte Krimmler Tauernweg; Erbach-Bullau 1998

Lavsky, Hagit: New Beginnings; Detroit 2002

Leibner, William: Brichah; New York 2017

Levi, Primo: Wann, wenn nicht jetzt?; München-Wien 1986

Levin, Meyer: In Search; London 1951

Luzzatto, Sergio: I bambini di Moshe; Turin 2018

Marcus, Jacob Rader / Peck, Abraham (Hg.): Among the Survivors of the Holocaust 1945; Cincinnati 1982

Malovany, Pesach: Wars of Modern Babylon; Lexington 2017

Mankowitz, Ze'ev W.: Life between Memory and Hope; Cambridge 2009

Martino, Antonio: Lavoratori portuali „sovversivi" nelle carte della Regia Questura di Savona; Wrocław 2013

Megged, Aharon: The Story of the Selvino Children; London-Portland 2002

Miller, Anita: Sharon – Israel's Warrior-Politician; Chicago 2002

Milstein, Uri: History of the War of Independence, Bd. 1: A Nation Girds for War; Lanham-New York-London 1996

Morpurgo, Gualtiero: Il violino liberato; Mailand 2008

Morris, Benny: The Birth of the Palestinian Refugee Problem Revisited; Cambridge-New York 2004

Moskowitz, Moses: The Germans and the Jews. Postwar Report. In: Commentary 2 (1946)

Nadich, Judah: Eisenhower and the Jews; New York 1953

Oertel, Christine: Juden auf der Flucht durch Austria; Wien 1999

Oertel, Christine: Die jüdischen Displaced Persons Lager in der amerikanischen Zone Österreichs unter besonderer Berücksichtigung der Lager in Wien *(Diplomarbeit)*; Wien 1997

Oertel, Christine: Gateway to Freedom? The Bricha and the Rothschild Hospital. In: Journal of Israeli History: Politics, Society, Culture 19. Jg., Heft 3 (1998)

Ofer, Dalia / Ouzan, Françoise / Baumel-Schwartz, Judy Tydor (Hg.): Holocaust Survivors; New York-Oxford 2012

Paganoni, Marco (Hg.): Per ricostruire e ricostruirsi; Mailand 2010

Pappé, Ilan: The 1948 Ethnic Cleansing of Palestine. In: Journal of Palestine Studies 36. Jg., Heft 1 (2006)

Patt, Avinoam J. / Berkowitz, Michael: We are here; Detroit 2010

Patt, Avinoam J.: Finding Home and Homeland; Detroit 2009

Patt, Avinoam J.: The people must be forced to go to Palestine. In: Holocaust and Genocide Studies 28. Jg., Heft 2 (2014)

Pfanzelter, Eva: Südtirol unterm Sternenbanner; Bozen 2005

Pinson, Koppel S.: Jewish Life in Liberated Germany. In: Jewish Social Studies 9. Jg., Heft 2 (1947)

Proudfoot, Malcolm J.: European Refugees, 1939–1952; Evanston 1956

Rauch, Anita: Polizeiliches Durchgangslager Bozen; Innsbruck 2003

Ravagnan, Martina: I campi Displaced Persons per profughi ebrei stranieri in Italia (1945–1950). In: Storia e Futuro 30 (2012)

Renzo, Chiara: The Organization of the Jewish refugees in Italy: Cultural activities and Zionist propaganda inside the Displaced Persons camps. In: Studies in 20th Century European History 5 (2017)

Rolinek, Susanne: Jüdische Lebenswelten 1945–1955; Innsbruck 2007

Salerno, Eric: Mossad base Italia; Mailand 2010

Salvatici, Silvia: Between National and International Mandates: Displaced Persons and Refugees in Post-War Italy. In: Journal of Contemporary History 49 (2014)

Schochet, Simon: Feldafing; Vancouver 1983

Schoeps, Julius H. (Hg.): Leben im Land der Täter; Berlin 2001

Schönborn, Susanne (Hg.): Zwischen Erinnerung und Neubeginn; München 2006

Segev, Tom: Die ersten Israelis; München 2010

Segre, Bruno: Gli ebrei in Italia; Florenz 2001

Sereni, Ada: I clandestini del mare; Mailand 1994

Shapira, Anita: The Yishuv and the Survivors of the Holocaust. In: Studies in Zionism 7 (1986)

Shapira, Anita: Historiography and Memory: Latrun, 1948. In: Jewish Social Studies (New Series) 3. Jg., Heft 1 (1996)

Sharon, Ariel: Warrior; New York 1989

Shephard, Ben: The Long Road Home: The Aftermath of the Second World War; New York 2011

Shilo, Bilha: „Funem Folk, Farn Folk, Mitn Folk": The Restitution of the YIVO Collection from Offenbach to New York. In: Moreshet, Journal for the Study of the Holocaust and Antisemitism 14 (2017)

Sila, Roland: Das Tagebuch der Innsbruckerin Anna Mutschlechner 1944–1951; Innsbruck 2003

Sinkoff, Nancy: Lucy S. Dawidowicz and the Restitution of Jewish Cultural Property. In: American Jewish History 100. Jg., Heft 1 (2016)

Spiss, Roland: Landeck 1918–1945; Innsbruck 1998

Steinacher, Gerald: Nazis auf der Flucht; Innsbruck 2008

Steinacher, Gerald: L'Alto Adige como regione di transito dei rifugiati (1945–1950). In: Studi Emigrazione 43. Jg., Heft 164 (2006)

Steiner, Gertraud: Gehlüste; Salzburg 1995

Stone, Isidor F.: Underground to Palestine; New York 1946

Syrkin, Marie: The State of the Jews; Washington 1980

Tagliacozzo, Michael: Attività dei soldati di Eretz Israel in Italia (1943–1946). Il corpo ausiliario dei soldati palestinesi nell'armata di liberazione inglese. In: La Rassegna Mensile di Israel (terza serie) 69. Jg., Heft 2 (2003)

Tobias, Jim G. / Schlichting, Nicola: Heimat auf Zeit; Nürnberg 2006

Tobias, Jim G.: Vorübergehende Heimat im Land der Täter; Nürnberg 2002

Tobias, Jim G.: Sie sind Bürger Israels; Nürnberg 2007

Toscano, Mario: La „Porta di Sion"; Bologna 1990

Troen, S. Ilan / Lucas, Noah (Hg.): Israel – The First Decade of Independence; New York 1995

Vescovi, Thomas: The crimes of 1948: Jewish fighters speak out; London 2018

Villa, Andrea: Dai lager alla terra promessa; Mailand 2005

Villani, Cinzia: Infrangere le frontiere. L'arrivo in Italia delle *displaced persons* ebree 1945–1948 *(Doktorarbeit)*; Trient 2009

Villani, Cinzia: Milano, Via Unione 5. Un centro di accoglienze per „displaced persons" ebree nel Secondo Dopoguerra. In: Studi Storici 50. Jg., Heft 2 (2009)

Voigt, Klaus: Villa Emma; Berlin 2002

Waitzbauer, Harald (Hg.): Das Krimmler Tauernhaus und seine Umgebung in Geschichte und Gegenwart; Neukirchen am Großvenediger 2000

Wetzel, Juliane: Die Lager für „jüdische Displaced Persons" in Deutschland nach 1945. In: Forschungen zum Nationalsozialismus und dessen Nachwirkungen in Österreich (2012)

Wilson, Francesca: Aftermath; New York 1947

Wyman, Mark: DPs – Europe's Displaced Persons, 1945–1951; London 1989

Yablonka, Hanna: Survivors of the Holocaust; New York 1999

Yablonka, Hanna: The recruitment of Holocaust survivors during the War of Independence. In: Studies in Zionism 13 (1992)

Yablonka, Hanna: The formation of Holocaust consciousness in the State of Israel. In: Zikher, Efrayim (Hg.): Breaking crystal (1998)

Zertal, Idith: From Catastrophe to Power. Holocaust Survivors and the Emergence of Israel; Berkeley-Los Angeles-London 1998

Internet

DEUTSCHLAND

Bundeszentrale für politische Bildung, *bpb.de*

DP Hospital St. Ottilien, *dphospital-ottilien.org*

Europäische Holocaustgedenkstätte Stiftung, *landsberger-zeitgeschichte.de*

haGalil, *hagalil.com*

Historisches Lexikon Bayerns, *historisches-lexikon-bayerns.de*

Jüdische Geschichte und Kultur, *judentum-projekt.de*

Friedrich Schreiber: Todesmarsch von Dachau, *gedenken-im-wuermtal.de*

Alois Schwarzmüller: Geschichte des Marktes Garmisch-Partenkirchen, *gapgeschichte.de*

ÖSTERREICH

Alpine Peace Crossing, *alpinepeacecrossing.org*

Das jüdische Echo, *juedischesecho.at*

David – Jüdische Kulturzeitschrift, *davidkultur.at*

Historia.scribere, *historia.scribere.at*

Stadt Wien (Stadtgeschichte), *wien.gv.at/kultur/archiv/geschichte*

ITALIEN

Fossoli Fondazione Ex-Campo, *fondazionefossoli.org*

Jüdische Gemeinde Meran, *meranoebraica.it*

Stadt Bozen (Geschichte und Erinnerung: NS-Lager), *gemeinde.bozen.it/cultura*

USA

American Jewish Committee, *ajcarchives.org*

Center for Israel Education, *israeled.org*

Holocaust Memorial Museum, *ushmm.org*

JewishGen, *jewishgen.org*

YIVO Institute for Jewish Research, *yivo.org*

ISRAEL UND PALÄSTINENSERGEBIETE

Israeli Defense Forces, *archives.mod.gov.il*

MidEastWeb, *mideastweb.org*

Palestine Remembered, *palestineremembered.com*

Palmach House, *palmach.org.il*

Yad Vashem Archives, *yadvashem.org*

Zionism & Israel Information Center, *zionism-israel.com*

DANK

Annette Demmel (Saulgrub) und Keren Demmel (München) haben mir bei der schwierigen Transkription von Namen und Begriffen aus dem Hebräischen ins Deutsche zur Seite gestanden. Mein Freund und Ex-Kollege Manfred Röllinghoff (Aschaffenburg) hat alle Texte mit kritischem Blick gelesen und sie an vielen Stellen verbessert. Ihnen bin ich zu besonderem Dank verpflichtet.

NEUE HEIMAT IM NAHEN OSTEN
Die Gründung Israels

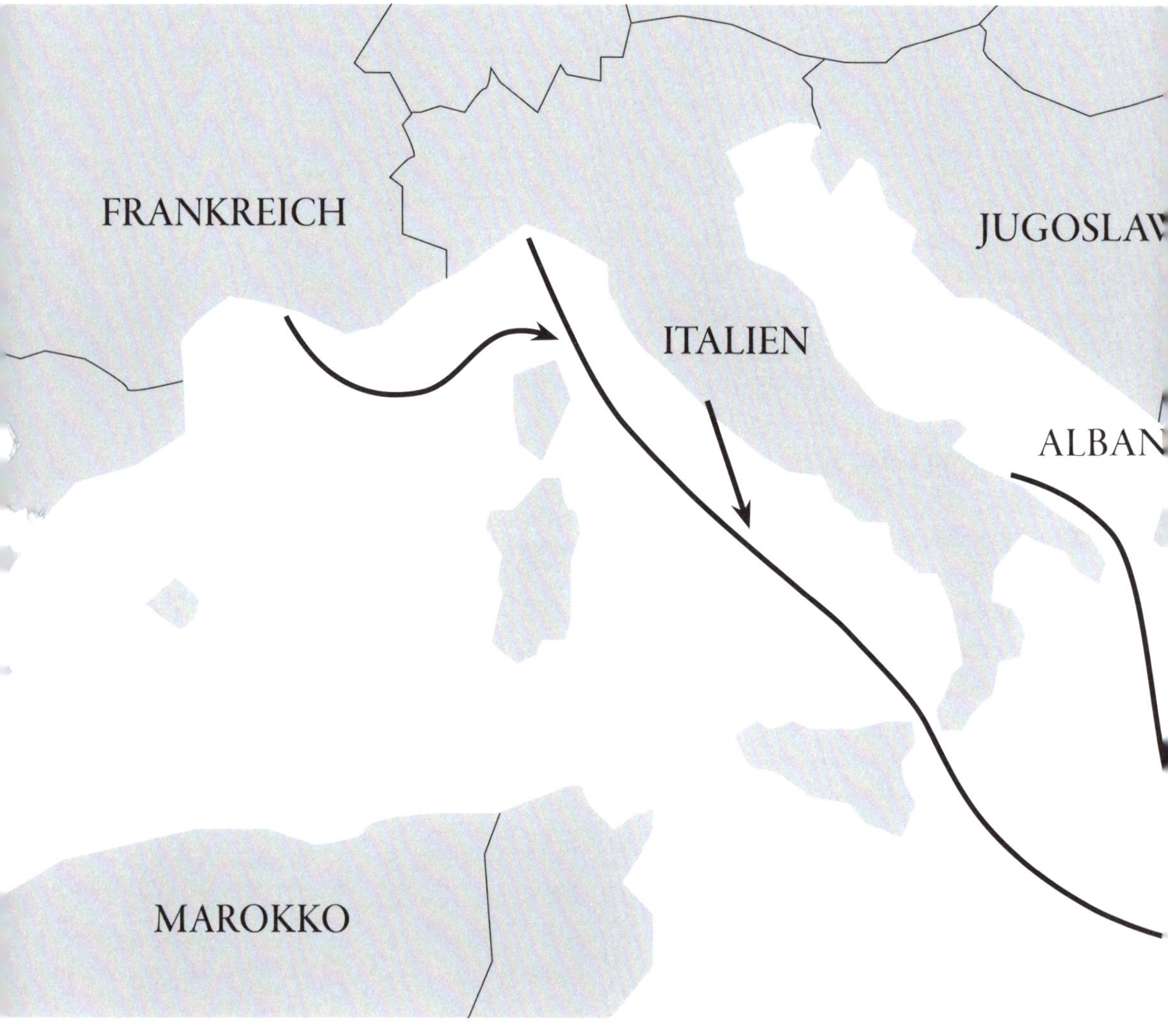

FRANKREICH
JUGOSLAV
ITALIEN
ALBAN
MAROKKO

Palästina (1920–1948)
Britisches Mandatsgebiet
Jüdische Siedlungen 1947
LIBANON
SYRIEN
Haifa
42
Tel Aviv
32
Amman
Jerusalem
Totes Meer
TRANS-
JORDANIEN
ÄGYPTEN

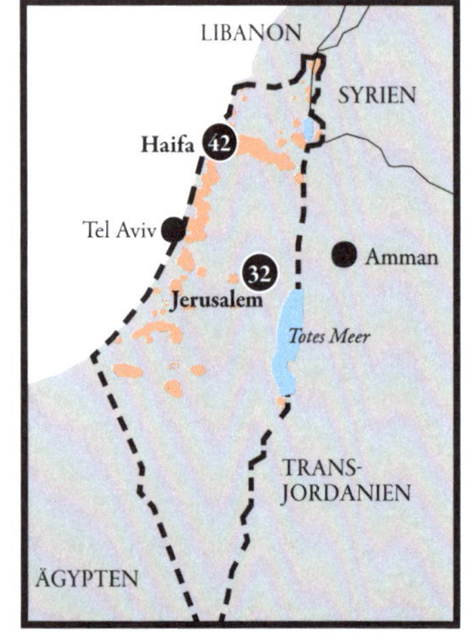

UN-Teilungsplan (1947)
Jüdischer Staat
Arabischer Staat
LIBANON
SYRIEN
Haifa
Tel Aviv
Amman
Jerusalem
Totes Meer
TRANS-
JORDANIEN
ÄGYPTEN

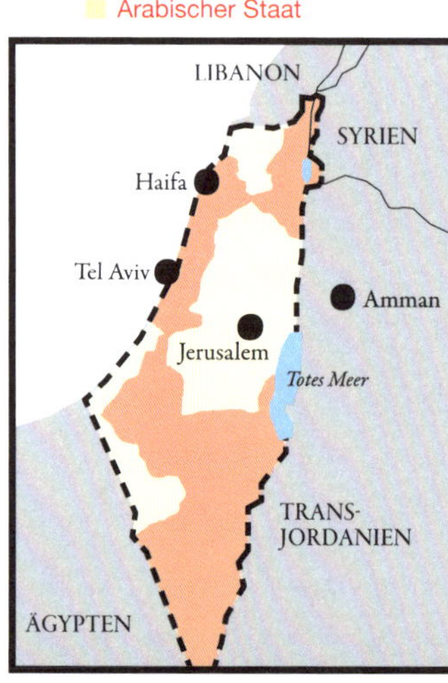

Israel (ab 1949)
Grenzen nach dem Waffenstillstand
UN-Teilungsplan
Annektierte Gebiete
LIBANON
SYRIEN
Haifa
Tel Aviv
Latrun
49
48
Jerusalem
Kfar Jona
50
Berge
von
Judäa
Totes Meer
Amma
JORDANIEN
ÄGYPTEN

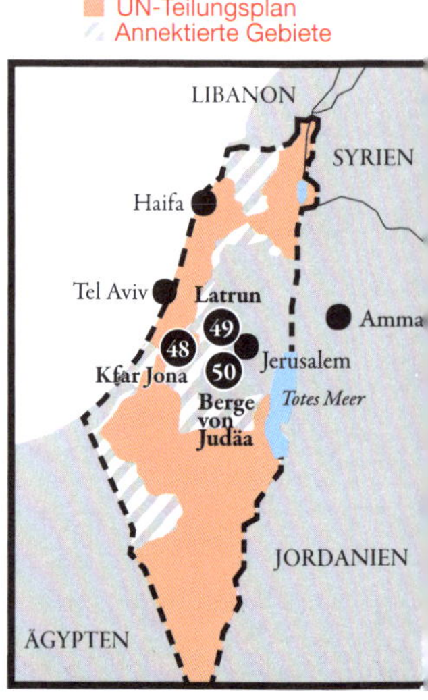